LA TERRE PLANÈTE HABITÉE

Gaston Côté

Géographie générale
Première secondaire

102 211 10

Coordonnateur

Michel Leduc

Chargées de projet et réviseures

Suzanne Berthiaume
Marie-Claude Leduc

Conception graphique et réalisation technique

Matteau Parent Graphistes inc.

Consultants en cartographie

Raymond Damian
Luce Deschênes Damian

Réalisation des cartes

Interscript

Graphiques et diagrammes

Interscript

Illustrations

Stéphane Vallières

*Nous remercions madame Denise Gagnon,
enseignante à la commission scolaire
Chomedey de Laval, pour ses suggestions
au cours de l'élaboration de cet ouvrage.*

Dépôt légal: 1er trimestre 1992
Bibliothèque nationale du Québec
Bibliothèque nationale du Canada

ISBN 2-7617-0988-8
Imprimé au Canada

Bonjour!

As-tu déjà rêvé de partir à l'aventure, d'explorer le monde fascinant dans lequel tu vis? Est-ce qu'il t'arrive parfois de te poser des questions sur ta planète et sur les êtres qui l'habitent? De quoi la Terre est-elle faite? Pourquoi y a-t-il des saisons? Comment se forment les montagnes, les volcans? Pourquoi la Terre tremble-t-elle dans certaines régions du monde? Comment se fait-il que la végétation et les climats ne soient pas partout les mêmes? Comment les humains font-ils pour vivre dans les déserts ou dans les régions polaires?

Afin de répondre à ces questions et de t'aider à comprendre le fonctionnement du monde qui t'entoure, treize dossiers exploitant chacun un thème précis te sont proposés dans ce livre. Tu pourras observer les différents phénomènes étudiés à l'aide des nombreuses illustrations qui accompagnent des textes simples, brefs et clairs. Pour faciliter ta compréhension, tu auras l'occasion de faire le point à chacune des étapes du dossier. Et à la fin, des activités variées te permettront de faire la synthèse de tes découvertes.

Bonne route!

TABLE DES MATIÈRES

L'astérisque signale les éléments facultatifs relativement au programme d'enseignement du ministère de l'Éducation.

DÉCOUVRIR LA TERRE

Ce premier module t'emmène dans l'espace, d'où tu pourras observer la Terre. Tu découvriras qu'elle est infiniment petite en comparaison de l'Univers, et qu'elle réunit des caractéristiques qui la distinguent de toutes les autres planètes connues.

DOSSIER 1 :

L'étude de la géographie

Qu'est-ce que la géographie? Comment fait-on de la géographie? Quels sont les outils de la géographie? Quelle est l'utilité de cette science?

DOSSIER 2 :

La Terre dans l'Univers

De quoi se compose l'Univers? Quelle situation y occupe la Terre? Quelles sont les principales caractéristiques de la Terre? En quoi est-elle unique dans le système solaire?

DOSSIER 3 :

Les mouvements de la Terre

Quels sont les deux mouvements qui animent la Terre? Quelles conséquences ces mouvements ont-ils? En quoi influencent-ils ta vie quotidienne?

L'ÉTUDE DE LA GÉOGRAPHIE

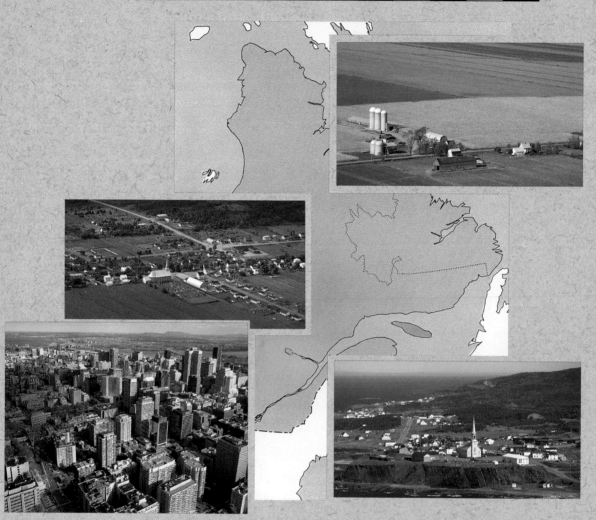

UNE NOUVELLE AVENTURE !

1. Observe bien les illustrations. Quel paysage ressemble le plus à celui de la région où tu habites ?

2. Si tu voulais parler de toi et de ta région à un correspondant africain :
   a) comment lui décrirais-tu ton environnement ?
   b) que lui dirais-tu de ta façon de vivre ?

3. La géographie peut expliquer certains phénomènes tels les changements de température, les tremblements de terre. Connais-tu d'autres phénomènes qu'elle pourrait t'aider à comprendre ?

L'ÉTUDE DU PRÉSENT DOSSIER TE PERMETTRA :

- de découvrir ce qu'est la géographie ;

- de différencier ses outils ;

- de comprendre son utilité.

As-tu déjà imaginé à quoi ressemblerait ta vie si tu allais habiter quelque part en Afrique, sur les bords d'un désert ou en pleine jungle? Ou encore dans le Nord québécois, à Kuujjuak ou Ivujivik, là où vivent les Inuit? Voyager ou aller vivre ailleurs, c'est partir à l'aventure.

C'est aussi une aventure qu'on te propose dans ce livre de géographie, où tu pourras découvrir des visages inconnus de ta planète et de ses habitants. Mais de même qu'on se prépare à faire un long voyage, tu dois d'abord t'initier aux outils et aux techniques de la géographie.

La géographie, c'est un grand coffre à outils que tu apprendras à utiliser pour explorer le monde. C'est aussi un coffre à trésor dans lequel tu puiseras des connaissances sur la Terre et sur les humains qui l'habitent.

1. Qu'est-ce que la géographie?

Si tu as déjà eu l'occasion d'observer la Terre du haut d'un avion, tu as pu voir défiler une grande variété de paysages: ici des montagnes, là une rivière au fond d'une vallée, plus loin un océan. Et si tu pouvais faire le tour de la Terre en avion, tu verrais que les humains habitent des milieux très différents les uns des autres: certains vivent dans des villes, des villages ou des campagnes qui ressemblent à ce qu'il y a autour de chez toi, d'autres vivent dans des déserts, d'autres encore en montagne ou dans des forêts tropicales.

La géographie s'intéresse à tout cela. Elle étudie la Terre comme environnement des êtres humains.

La géographie est la science qui décrit et explique les phénomènes physiques et humains de la Terre, et leur interdépendance.

A. La géographie physique

La géographie physique te permet d'observer et de comprendre les composantes physiques de la Terre: Comment le relief s'est-il formé? Comment évolue-t-il? Quel est l'effet du climat sur la végétation? Quelle est l'importance de l'eau? Etc.

1

La géographie physique décrit et explique les éléments naturels d'un milieu.

1. Identifie les éléments physiques que tu observes sur chacune des photos.

2. Lequel de ces deux endroits te semble le plus habitable? Pourquoi?

Le parc national de Banff, en Alberta

2

Le désert du Sahara (Algérie)

B. La géographie humaine

La géographie humaine te permet d'observer et de comprendre les liens qui unissent les êtres humains à la Terre: Où vivent-ils? Comment vivent-ils? Comment se sont-ils adaptés à leur milieu? Quels changements y ont-ils apportés? Etc.

3

Des Masaïs en Tanzanie

La géographie humaine explique la relation entre les humains et leur milieu.

1. Identifie les éléments humains qui apparaissent sur chacune des photos.

2. Selon toi, de quoi les gens de chacun de ces milieux vivent-ils?

5

Des enfants inuit à Salluit

4

Une ferme à Mirabel

VÉRIFIE TES CONNAISSANCES

1. Un organisme touristique de ta région t'invite à préparer un document d'information sur la région que tu habites.

   a) Dans une partie du document, présente les principaux éléments physiques du paysage de ta région.

   b) Dans une autre partie, décris sa population: Vit-elle à la ville, à la campagne, en banlieue? Quels types de métiers les gens exercent-ils surtout? Y a-t-il des activités de loisir spécifiques à cette région? Etc.

2. Comment faire de la géographie?

Pour tes parents, faire de la géographie consistait la plupart du temps à repérer ou à situer sur une carte des villes, des pays, des continents... dont ils apprenaient les noms par cœur! Aujourd'hui, la géographie vise un tout autre objectif: t'amener à comprendre les liens entre les éléments physiques et humains d'un milieu en t'expliquant le POURQUOI des choses.

Pour y parvenir, la géographie utilise une méthode comportant des étapes bien précises.

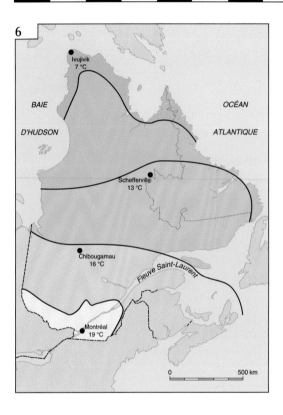

6

Pourquoi les températures de ces villes sont-elles différentes?

1. À partir des données de température inscrites près de chacune des villes, quelle observation peux-tu faire?

2. À partir de cette observation, quelle hypothèse peux-tu formuler?

3. Quels moyens peux-tu utiliser pour vérifier ton hypothèse?

Voici les grandes étapes de la méthode scientifique qui permet l'étude des phénomènes géographiques.

A. Observer les faits

La curiosité est le point de départ de toute recherche. C'est elle qui amène les géographes à se pencher sur un phénomène, à observer les faits en rapport avec ce phénomène et à tenter de l'expliquer.

Supposons que tu sois géographe et que tu constates que les villes de Montréal, Chibougamau, Schefferville et Ivujivik présentent des températures différentes.

B. Recueillir les données

Pour bien comprendre le phénomène observé, il est nécessaire de recueillir à son sujet des informations qu'on appelle données.

Afin de poursuivre ton travail de géographe, tu pourrais, par exemple, compiler les relevés de température transmis dans les bulletins météorologiques des stations de télévision.

C. Formuler une hypothèse

À partir des différentes informations compilées, on peut formuler une hypothèse qui constitue une explication possible du phénomène observé.

Ainsi, tu pourrais émettre l'hypothèse que, généralement, au Québec, plus une ville est située au nord, plus sa température est basse.

D. Analyser les données

L'analyse des informations ou données permet de vérifier l'hypothèse formulée. Cette analyse exige souvent l'apport d'autres sciences telles que les mathématiques, la physique, etc.

Il te faudrait, par exemple, mesurer les écarts de température, calculer des moyennes saisonnières, comparer la situation géographique des villes et présenter les résultats sous forme de tableaux, de diagrammes ou de textes.

E. Interpréter les résultats

L'analyse des données permet de tirer des conclusions qui confirment ou rejettent l'hypothèse de départ.

Sans doute conclurais-tu que, généralement, au Québec, plus une ville est située au nord, plus sa température est basse.

F. Formuler une généralisation

On peut formuler une généralisation si les conclusions s'appliquent à d'autres situations.

Ton analyse pourrait, par exemple, t'amener à conclure que la température devient généralement de plus en plus basse au fur et à mesure que l'on s'approche des pôles.

7

La température moyenne de Montréal, pour une année, est de 7,3 °C.

8
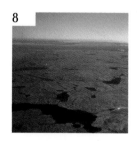
Ivujivik, le point le plus au nord du Québec, a une température annuelle moyenne d'environ −7 °C.

1. Énumère et décris les grandes étapes de la démarche géographique.

2. Laquelle de ces étapes est à la base de toute recherche?

3. Que fait le géographe quand ses conclusions peuvent s'appliquer à d'autres situations?

3. Quels sont les outils de la géographie?

Pour bien observer les phénomènes géographiques, les géographes utilisent deux types d'outils.

A. Les outils d'observation directe

Les outils d'observation directe permettent d'observer les phénomènes eux-mêmes sur le terrain: la boussole, pour s'orienter, et le thermomètre, pour mesurer la température de l'air, en sont des exemples.

La girouette indique d'où vient le vent.

9

10

L'observatoire du mont Mégantic

L'observatoire permet de regarder l'Univers de façon directe.

B. Les outils d'observation indirecte

À défaut de pouvoir observer sur les lieux mêmes les divers phénomènes géographiques, les géographes utilisent des outils d'observation indirecte. C'est le cas de tous les outils qui illustrent un phénomène géographique, tels la carte, le globe terrestre, le graphique, la photographie, le vidéo, etc.

11

Une photographie est un outil d'observation indirecte d'une réalité géographique.

1. As-tu déjà visité Percé?

2. Quel phénomène naturel peux-tu y observer?

Percé

12

Le globe terrestre permet d'étudier la Terre de façon indirecte.

Identifie les éléments représentés par le globe.

De tous les outils d'observation indirecte, c'est la carte qui est utilisée le plus souvent en géographie. Elle se prête à une foule d'usages: en plus de situer les éléments naturels et humains, elle facilite les comparaisons et permet d'établir les liens entre ces divers éléments.

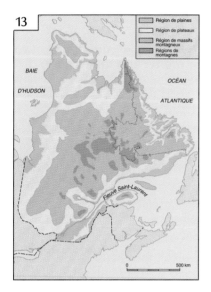

Le relief du Québec

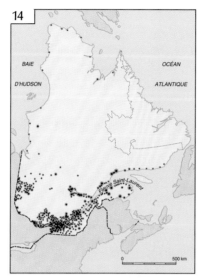

La population du Québec

La carte peut représenter diverses réalités d'une même région.

1. Qu'est-ce qui différencie ces deux cartes?

2. Y a-t-il d'autres réalités qu'une carte pourrait représenter?

3. As-tu déjà utilisé une carte? Si oui, à quelle occasion?

Tous ces outils, qu'ils servent à l'observation directe ou indirecte, sont autant de moyens pour étudier et illustrer les phénomènes géographiques. Au fur et à mesure que tu les maîtriseras, tu découvriras que la géographie est une science qui met le monde à ta portée.

VÉRIFIE TES CONNAISSANCES

1. Ton amie Hélène s'intéresse à l'astronomie, tandis que ton copain André se passionne pour la randonnée en forêt et à bicyclette.

   a) Dresse la liste des outils utilisés par Hélène et André.

   b) Classe ces outils en deux catégories: les outils d'observation directe et les outils d'observation indirecte.

2. La carte est l'instrument d'observation le plus utilisé. Identifie les réalités illustrées par les cartes affichées en classe.

4. Pourquoi étudier la géographie?

Longtemps on a pensé que la géographie répondait seulement aux besoins des voyageurs. Mais aujourd'hui, plus que jamais, la géographie répond à plusieurs autres besoins.

A. Pour ta culture personnelle

À l'ère des médias, combien de revues, de livres et d'émissions de télévision t'ouvrent toutes grandes les portes du monde! Tu ne seras plus un étranger ou une étrangère vivant sur une planète méconnue. La géographie te permet de situer les événements rapportés par les médias.

15

La géographie te fait voir le monde différemment.

De plus, nombre de connaissances acquises te permettront de voyager avec un œil neuf. Tes récits ne se limiteront plus à des exclamations banales. Sans t'en rendre compte, ton esprit cherchera à comprendre et à expliquer les phénomènes et les événements.

B. Pour comprendre un milieu

La géographie t'aide à mieux comprendre les liens entre les éléments naturels et la vie dans un milieu; elle t'explique comment les humains vivent et s'adaptent à des milieux différents.

16

La géographie t'aide à comprendre un milieu.

1. Énumère des raisons qui amènent les humains à s'installer et à vivre à différents endroits.

2. Décris le site de Québec selon ce que tu en sais.

3. Trouve des raisons qui ont fait de Québec une ville importante.

La ville de Québec

C. Pour transformer ou préserver un milieu

Aujourd'hui, le développement des techniques amène les humains à transformer le visage de la Terre: des champs sont cultivés, des routes sont tracées, des villes et des villages sont construits, des industries naissent. Comment faire en sorte que ces changements ne détériorent pas définitivement un milieu? Les connaissances apportées par la géographie sont nécessaires à la préservation de l'environnement.

17

La géographie aide à aménager un milieu.

1. Pourquoi construit-on des barrages?

2. À ton avis, quelle conséquence la construction d'un barrage peut-elle avoir sur un milieu?

La construction du barrage Daniel-Johnson, en 1968

D. Pour développer ta solidarité

Il ne se passe pas un jour sans que la télévision ou les journaux ne rapportent des événements qui marquent ta vie quotidienne ou celle de millions d'êtres humains ailleurs dans le monde: tremblement de terre, éruption volcanique, inondation, pollution, sécheresse... En t'expliquant le pourquoi des choses, la géographie te sensibilise à ces problèmes et aux solutions proposées.

18

Des enfants du Burkina-Faso

La géographie te sensibilise aux problèmes à résoudre.

1. Identifie la situation vécue par ces enfants.

2. Crois-tu qu'il est possible de les aider?

Voilà autant de réalités que la géographie t'aide à observer et à analyser. Tu seras ainsi plus à même de comprendre comment vivent les êtres humains sur la Terre qui est devenue, à cause des moyens de communication, un immense village.

1. a) La construction d'un barrage change le milieu. Selon l'article ci-dessous, quelles conséquences pourrait avoir, sur l'environnement, la construction des barrages dont il est question?

   b) Selon les Cris, en quoi leur mode de vie serait affecté?

2. a) Identifie et décris brièvement un projet important d'aménagement du territoire (autoroute, parc, usine, etc.) dans ton milieu ou ailleurs.

   b) À quels besoins répond-il?

   c) Souligne les effets que ce projet pourrait avoir sur l'environnement.

Les Cris et la phase 2 du projet hydroélectrique de la baie James

[...]

Le projet comporte le détournement de la Grande rivière de la Baleine, de la Petite rivière de la Baleine, de la rivière Nasta-poca et de la rivière Boutin, la création de quatre réservoirs, la construction de digues, de barrages et de trois centrales connues sous les noms de GB Un, GB Deux et GB Trois.

« Le projet inondera ou nuira à au moins 12 terrains de trap-page et territoires de chasse et plus de 5000 kilomètres carrés de terre et d'eau » [selon les Cris].

[...]

Les Cris soutiennent que le complexe aura des impacts néfastes sur le poisson dans les rivières de la baie d'Hudson, sur les mammifères marins, les oiseaux migrateurs, les eaux navigables, la qualité de l'eau, sur le climat et sur la vie tra-ditionnelle des Cris.

« Le projet détruira les vallées, là où se concentrent la végéta-tion et la faune », a déclaré Robbie Dick,

chef de la bande de Whapmagoostui, un village situé à l'embouchure de la Grande rivière de la Baleine.

[...]

4 juin 1990

BILAN

Les connaissances

1. a) La géographie physique décrit et explique les composantes physiques de la Terre.

   b) La géographie humaine décrit et explique les rapports que les humains entretiennent avec leur milieu.

2. La méthode géographique propose une démarche scientifique qui permet d'étudier les phénomènes géographiques.

3. La géographie utilise des outils d'observation directe et des outils d'observation indirecte.

4. La géographie sert à ton enrichissement personnel, t'aide à mieux comprendre ton milieu et à t'ouvrir sur le monde.

U T I L I S E R

Activités de synthèse

1. Les photographies suivantes ont été prises en divers lieux de ta planète.

   a) Identifie les éléments physiques de chacun de ces milieux.

   b) Identifie les éléments humains.

19

Un Inuk dans la région du Nouveau-Québec

20

Des paysans dans la région de Sienne (Italie)

21

Une ferme dans la région du mont Saint-Grégoire

22

Un paysan dans la campagne thaïlandaise

2. Fais partager ton expérience à tes camarades. Si tu as déjà visité une autre région ou si tu es originaire d'un autre pays:

   a) présente les éléments physiques de cette région ou de ce pays;

   b) décris le mode de vie de ses habitants.

3. Consulte la table des matières de ton manuel et identifie:

   a) les dossiers qui présentent les éléments physiques de la géographie;

   b) les dossiers qui présentent les éléments humains de la géographie.

4. Tes grands-parents peuvent te faire découvrir la géographie physique et humaine.

   a) Demande-leur:
      — de situer et de décrire le milieu physique où ils ont vécu à ton âge;
      — de noter les changements apportés par les humains;
      — de te raconter...
         • la journée de travail de leurs parents;
         • une journée type de leur enfance.

   b) Compare tes données avec celles de tes camarades.

   c) Fais un bref résumé et communique-le à la classe.

5. a) Dresse la liste de tous les outils d'observation géographique mis à ta disposition.

   b) Classe-les en deux catégories: les outils d'observation directe et les outils d'observation indirecte.

   c) Indique l'usage de chacun.

6. La carte est l'outil le plus utilisé. Dans ton manuel, cherche cinq reproductions de la carte du monde.

   a) Inscris le titre de chacune de ces cartes et la page où elle figure.

   b) Formule en tes mots ce que chacune de ces cartes illustre.

   c) Explique pourquoi la carte est l'outil le plus utilisé.

7. Aujourd'hui, la télévision et les journaux sont des sources d'information importantes. Pendant les deux prochains jours, écoute des émissions d'information à la télévision et parcours un journal de ton choix.

   a) Note les événements qui suscitent ton intérêt.

   b) Partage avec tes camarades le fruit de ta cueillette.

   c) Choisis les deux événements qui t'intéressent le plus et fais-en la présentation à la classe:
      — situe géographiquement chacun de ces événements;
      — résume-les et explique-les à tes camarades.

LA TERRE DANS L'UNIVERS

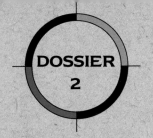

UNE NOUVELLE AVENTURE!

1. Peux-tu reconnaître les éléments illustrés sur cette page?

2. Selon toi, comment les humains sont-ils arrivés à connaître de mieux en mieux l'Univers?

3. a) Peux-tu nommer des planètes autres que la Terre?

   b) En quoi dirais-tu que la Terre est différente des autres planètes?

L'ÉTUDE DU PRÉSENT DOSSIER TE PERMETTRA:

• de situer la Terre dans l'Univers;

• de connaître ses principales caractéristiques.

Les Terriens ont toujours cherché à comprendre le monde qui les environne. Autrefois, les connaissances des premiers humains se limitaient à ce qu'ils voyaient à l'œil nu. Selon eux, les **étoiles**, le **Soleil**, la **Terre** et la **Lune** étaient contrôlés par des dieux et réglaient depuis l'origine du monde le rythme des jours, des nuits et des saisons. Aujourd'hui, l'astronomie t'apporte d'autres réponses.

1. Qu'y a-t-il dans l'Univers?

A. L'Univers est immense...

L'**Univers** n'aurait pas toujours été tel qu'il est aujourd'hui! Selon certains astronomes, son histoire aurait commencé par une naissance fracassante. Une énorme explosion, désignée sous le nom anglais de big bang, aurait libéré toute la matière et l'énergie de l'Univers.

> L'Univers est l'ensemble de tous les astres ou corps célestes qui existent. On emploie aussi le terme *cosmos*.

Projetées par l'explosion, d'immenses boules de gaz très chauds et lumineux auraient formé les milliards d'étoiles. Notre Soleil est l'une d'elles. Certaines étoiles paraissent isolées; d'autres semblent plus rapprochées, comme en familles: ce sont les constellations. Tu connais peut-être, par exemple, la constellation de la Petite Ourse qui renferme l'**étoile Polaire.**

Les étoiles sont d'immenses boules de gaz chauds qui émettent de la lumière. On pourrait les comparer à de vastes océans de feu.

La galaxie d'Andromède contient plus de 200 milliards d'étoiles. C'est la galaxie la plus proche de la nôtre.

Avec le temps, ces étoiles se seraient rassemblées peu à peu en des noyaux immenses appelés **galaxies.** Il existerait d'innombrables galaxies, environ un milliard, faites de poussières, de gaz et de milliards d'étoiles. Les galaxies seraient comme autant d'îles isolées dans l'espace, séparées les unes des autres par des milliards de milliards de kilomètres.

B. Ta galaxie, la Voie lactée

En sortant par une nuit sans nuages, tu as sans doute remarqué une grande traînée blanche chargée d'étoiles qui traverse le ciel. C'est ta galaxie, la **Voie lactée,** dont tu ne vois qu'une mince tranche sur le fond du ciel.

De grosseur moyenne, ta galaxie compte plus de 100 milliards d'étoiles. Si tu voulais les compter une à une, à raison de cinq étoiles à la seconde, il te faudrait près de 800 ans...

Une galaxie est un regroupement de milliards d'étoiles.

Vue de face, ta galaxie aurait la forme d'une énorme spirale avec des bras bien déroulés; c'est au bout d'un des bras que loge notre étoile, le Soleil.

25

26

Vue de profil, elle ressemble à un disque bombé.

C. De quoi le système solaire se compose-t-il?

Le Soleil n'est pas une étoile isolée: il vit en famille, entouré de la Terre et de huit autres **planètes** importantes, ainsi que de petites planètes éparpillées, appelées **astéroïdes.** Tout cet ensemble constitue le **système solaire**, notre résidence dans la Galaxie: explorons-le...

> Le système solaire est formé d'une étoile, le Soleil, des planètes qui gravitent autour et de leurs satellites.

27

Contrairement à ce que croyaient les Anciens, Copernic a prouvé que c'est le Soleil, et non la Terre, qui est le centre de notre système.

a) Le Soleil

De grandeur moyenne, le Soleil est l'une des cents milliards d'étoiles qui composent la Voie lactée. Son immense masse de gaz chauds pourrait se comparer à un océan de feu. S'il nous semble différent des autres étoiles, c'est qu'il est beaucoup plus près de nous. Son diamètre est 109 fois plus grand que celui de la Terre.

28

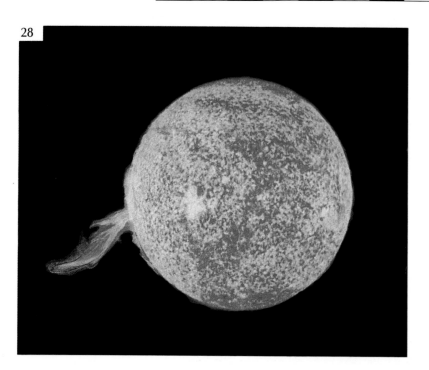

Situé à plus de 150 millions de kilomètres de la Terre, le Soleil est le moteur du système. Il est si important pour les humains, qu'autrefois, les Aztèques, les Égyptiens, les Grecs et les Romains l'ont adoré.

1. À quelle famille d'astres le Soleil appartient-il?

2. De quoi est-il composé?

3. Pourquoi le Soleil est-il la seule étoile visible pendant la journée?

4. Pourrait-on se passer du Soleil?

b) Les planètes

Le système solaire comporte neuf planètes connues, réparties comme des billes sur un même disque plat. Contrairement aux étoiles qui sont des corps émettant de la lumière, les planètes ne font que réfléchir une partie de la lumière qu'elles reçoivent du Soleil.

La plupart des planètes sont accompagnées d'astres plus ou moins nombreux qui tournent autour d'elles: ce sont les **satellites**, tels la Lune autour de la Terre.

Les planètes sont toujours en mouvement. Elles tournent sur elles-mêmes comme des toupies (**rotation**); en même temps, elles gravitent autour du Soleil (**révolution**) en suivant un tracé presque circulaire, appelé **orbite.**

> Une planète est un astre sans lumière propre qui gravite autour du Soleil.

Le système solaire

> *La masse du Soleil est si grande qu'elle attire les neuf planètes comme un aimant: ce phénomène, c'est la force de gravitation découverte par Newton en 1687.*

1. Combien de planètes y a-t-il dans le système solaire?

2. Le Soleil est-il une planète? Explique.

3. Énumère en ordre les planètes du système solaire en partant du Soleil.

4. Quelle position la Terre occupe-t-elle?

5. Comment nomme-t-on le groupe de mini-planètes qui gravitent entre Mars et Jupiter?

Les planètes ne sont pas toutes pareilles. Il leur aura fallu des milliards d'années pour prendre l'apparence qu'on leur connaît aujourd'hui. Certaines, semblables à la Terre, se sont solidifiées (Mercure, Vénus, Mars), d'autres sont demeurées surtout à l'état gazeux (Jupiter, Saturne, Uranus, Neptune).

La planète Vénus est si brillante qu'on la confond avec une étoile lorsqu'elle apparaît en direction du soleil couchant ou levant, d'où son surnom d'étoile du soir ou du matin, ou encore d'étoile du berger.

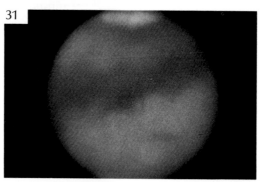

Le sol fissuré de la planète Mars est de couleur rougeâtre. Parce qu'elle présente des similitudes avec la Terre, on a longtemps cru que la vie y était possible.

La planète Jupiter est la plus imposante des planètes. Sa masse est près de deux fois et demie plus grande que celle des huit autres planètes réunies.

La planète Saturne, la plus majestueuse des planètes, est entourée de nombreux anneaux formés de milliards de particules rocheuses et glacées.

Le développement de l'astronomie et la mise au point d'instruments perfectionnés ont permis de découvrir que la Terre est située dans un système solaire comprenant notre Soleil et neuf planètes avec leurs satellites; que notre Soleil fait partie d'un amas de plus de cent milliards d'étoiles, la Galaxie, appelée Voie lactée; et que des milliards de galaxies constituent l'Univers.

Un observatoire

Les instruments d'exploration de l'Univers.

Un radiotélescope

La navette spatiale
américaine Atlantis

Il y a encore de nombreux phénomènes fascinants dans
le système solaire sur lesquels tu pourrais faire une
recherche: les météorites, les «étoiles filantes», les
comètes, les aurores boréales...

VÉRIFIE
TES CONNAISSANCES

1. Voici, en ordre alphabétique, des
termes qui désignent des éléments de
l'espace:
*galaxie, planète, satellite, système
solaire, Univers.*
Place ces éléments par ordre de
grandeur, du plus grand au plus petit.

2. L'Univers est constitué d'une variété de
corps célestes qu'on appelle aussi
«astres». Pour désigner ceux-ci ou les
ensembles dont ils font partie, on
utilise les termes *étoile, galaxie,
constellation, planète, système solaire,
satellite.*

Associe chacune des définitions
suivantes à l'un des termes énumérés
et donne un exemple:

a) astre composé de gaz chauds qui
émet de la lumière;

b) amas de milliards d'étoiles;

c) astre sans lumière propre qui
réfléchit celle du Soleil;

d) ensemble constitué du Soleil et
d'astres gravitant tout autour;

e) groupe d'étoiles formant une figure
d'aspect reconnaissable;

f) astre gravitant autour d'une planète.

3. Dans l'énumération suivante, trouve les planètes manquantes (en commençant par la planète la plus près du Soleil):

a) _____, b) Vénus,

c) _____, d) _____,

e) astéroïdes, f) Jupiter,

g) _____, h) Uranus,

i) _____, j) _____.

4. Observe l'illustration suivante.

a) Quel ensemble de corps célestes cette illustration représente-t-elle?

b) D'après les données ci-dessous, quelle planète associerais-tu à chacun des énoncés suivants:
   — elle est la plus grande;
   — elle est la plus petite;
   — elle est la plus éloignée du Soleil;
   — elle est la plus rapprochée de la Terre;
   — elle est la plus rapprochée du Soleil;
   — elle est la plus éloignée de la Terre.

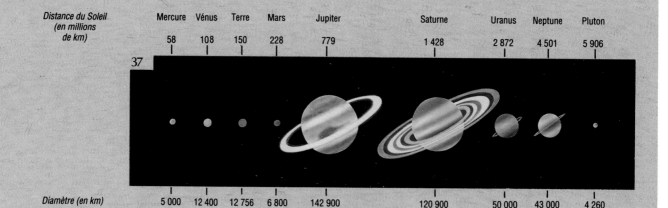

Distance du Soleil (en millions de km)	Mercure	Vénus	Terre	Mars	Jupiter	Saturne	Uranus	Neptune	Pluton
	58	108	150	228	779	1 428	2 872	4 501	5 906
Diamètre (en km)	5 000	12 400	12 756	6 800	142 900	120 900	50 000	43 000	4 260

2. La planète Terre

Un extraterrestre en mission dans notre système solaire observerait que la Terre ressemble à première vue aux autres planètes qui l'environnent; sa forme et ses dimensions n'ont rien d'exceptionnel. Pourtant, la Terre est unique dans l'espace.

La Terre, telle que la verrait un visiteur venu de l'espace...

Imagine qu'un extraterrestre fasse un reportage sur la planète Terre.

1. À quelle étoile rattacherait-il la Terre?

2. À quelle position par rapport au Soleil situerait-il ta planète dans le système solaire?

3. a) Comment décrirait-il l'apparence de la Terre?
   b) Quelles caractéristiques la Terre a-t-elle en commun:
      — avec toutes les autres planètes?
      — avec certaines planètes?

4. Selon toi, en quoi reconnaîtrait-il que la Terre est un astre unique dans notre système solaire?

A. Quelle est l'apparence de la Terre?

a) Sa forme

Aujourd'hui, tout le monde sait que la Terre est ronde. Pourtant, cette idée paraissait autrefois totalement absurde. En effet, quel que soit l'endroit où l'on habite, on a l'impression que le sol est toujours en bas, et le ciel toujours en haut!... Pour les Anciens, il semblait donc logique de croire que la Terre était plate et surmontée d'un ciel en forme de coupole.

Loin du port, on ne perçoit que les cheminées du navire à l'horizon. Plus le navire s'approche, plus sa coque devient visible.

Si la Terre était plate, observerait-on le même phénomène? Qu'y aurait-il de changé?

39

Des voyages de plus en plus lointains ont confirmé la sphéricité de la Terre. Il fallut attendre 1522 pour que l'un des vaisseaux de l'expédition de Magellan en fasse le tour et prouve hors de tout doute que la Terre était bien ronde.

En 1961, le cosmonaute soviétique Iouri Gagarine a effectué le premier vol orbital autour de la Terre. Depuis, au cours des différentes expéditions spatiales, on en a pris de nombreuses photos, dont certaines à partir de la Lune.

b) Ses dimensions

La Terre a un diamètre 109 fois plus petit que celui du Soleil. Ainsi, si la Terre était une bille d'un centimètre, le Soleil serait une sphère de 1,09 mètre de diamètre, située à environ 117 mètres de la Terre.

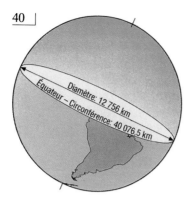

40

Diamètre: 12 756 km
Équateur – Circonférence: 40 076,5 km

Si on classe les neuf planètes du système solaire selon leurs dimensions, la Terre occupe le cinquième rang.

1. Quelle est la circonférence de la Terre à l'équateur?

2. Quel est le diamètre équatorial de la Terre?

c) Son inclinaison

Si tu observes la position de la Terre, tu constateras qu'elle est inclinée par rapport à l'orbite qu'elle décrit autour du Soleil.

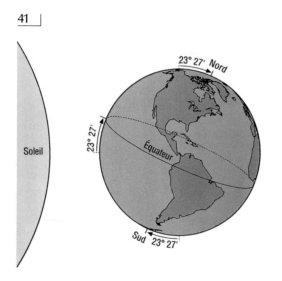

41

23° 27' Nord

Soleil

23° 27'

Équateur

Sud 23° 27'

Par rapport à son orbite autour du Soleil, la Terre a une inclinaison de 23° 27'.

B. En quoi la Terre est-elle unique?

S'il y regardait de plus près, notre extraterrestre découvrirait avec étonnement que la Terre est une planète unique. Il constaterait que le visage de la Terre est très différent de celui des autres planètes du système solaire.

Il observerait qu'elle est entourée d'une mince couche gazeuse transparente: **l'atmosphère**. Composée d'azote, d'oxygène et d'ozone, l'atmosphère protège la planète contre les écarts extrêmes de température.

> La Terre se compose d'une lithosphère, d'une hydrosphère, d'une atmosphère et d'une biosphère.

Il constaterait que sa surface est recouverte en très grande partie d'eau liquide qui compose les mers et les océans: c'est l'**hydrosphère**. Il verrait qu'elle est aussi constituée d'une croûte solide qui forme les continents: c'est la **lithosphère**.

Il découvrirait avec surprise que, sous l'effet du Soleil, l'atmosphère, l'hydrosphère et la lithosphère ont créé une infinie variété de formes de vie: on désigne sous le nom de **biosphère** l'ensemble des organismes vivants. Ces quatre composantes font de la Terre une planète unique dans le système solaire.

42

Le parc national de Banff, en Alberta

La Terre est la seule planète du système solaire à réunir ces quatre composantes: une hydrosphère, une lithosphère, une atmosphère et une biosphère.

1. À laquelle des composantes de la Terre peux-tu associer:
   — les montagnes?
   — les lacs?
   — les nuages?
   — les arbres?

2. Selon toi, que faut-il pour que la vie existe sur notre planète?

C. La Lune, satellite de la Terre

Située à environ 384 000 km de la Terre, la Lune est sa plus proche voisine et son seul satellite naturel. Elle fait un tour complet autour de la Terre en un peu plus de 29 jours. Dans le même temps, elle fait aussi un tour sur elle-même. C'est pour cette raison qu'elle nous montre toujours la même face. Comme notre planète, elle a des jours et des nuits. En 1969, l'expédition Apollo a démontré que le sol lunaire était semblable à celui de la Terre.

Ce qui frappe, c'est l'apparence de la Lune. Vers 1609, lorsque Galilée l'observa à travers sa lunette, il vit d'immenses étendues uniformes et sombres qu'il appela «mers», entourées de surfaces plus brillantes qu'il apparenta aux continents. En fait, on y retrouve des plaines recouvertes de poussière grisâtre, des plateaux et même des montagnes qui dépassent les plus hauts sommets terrestres.

La Lune est un satellite naturel qui gravite autour de la Terre en 29 jours 12 heures 44 minutes.

Bombardée de météorites depuis des millions d'années, la Lune est criblée de centaines de milliers de cratères. L'un des plus grands d'entre eux s'enfonce à une profondeur de plus de 3000 mètres et s'ouvre sur plus de 230 km de diamètre.

43

Le sol lunaire présente un relief accidenté.

1. Selon ce que tu sais de la Lune:
   a) est-elle une planète?
   b) est-elle le seul satellite naturel de la Terre?
   c) pourquoi brille-t-elle?

2. Tu as appris que la Terre possédait quatre composantes.
   a) Lesquelles d'entre elles n'existent pas sur la Lune?
   b) Quelles conséquences cela entraîne-t-il?

3. Selon toi:
   a) la Lune a-t-elle une influence sur notre planète?
   b) comment serait-il possible d'habiter sur la Lune?
   c) les Terriens pourraient-ils se passer de la Lune?

Contrairement à la Terre qui est peuplée d'êtres vivants, la Lune est complètement inanimée. En l'absence d'atmosphère et d'hydrosphère, elle présente des caractéristiques très distinctes de celles de la Terre:

— la température y est extrême: plus de 120 °C au Soleil, et −180 °C à l'ombre;

— il n'y a aucune vie dans ce lieu privé d'eau et d'air (donc pas de biosphère);

— un silence absolu y règne, comme dans l'espace, puisqu'il n'y a pas d'air pour véhiculer les ondes;

— son ciel est noir même le jour, car il n'y a pas d'atmosphère pour réfléchir la lumière.

Le satellite Lune a un diamètre quatre fois plus petit que celui de la Terre (diamètre: 3472 km). Comme sa masse est 81 fois moindre que celle de la Terre, son attraction est beaucoup plus faible. Ainsi, si tu pèses 60 kg sur Terre, tu pèserais six fois moins sur la Lune, c'est-à-dire 10 kg!

* Comment les éclipses se produisent-elles?

Les **éclipses** constituent un phénomène spectaculaire et sont la preuve même du mouvement des astres.

Une éclipse est la disparition temporaire d'un astre.

Comme la Lune gravite autour de la Terre, il arrive parfois qu'en passant entre le Soleil et la Terre, elle masque momentanément les rayons solaires. L'ombre projetée alors sur une petite partie de la Terre crée une éclipse solaire. Selon la position de la Lune, il y aura disparition totale ou partielle du Soleil.

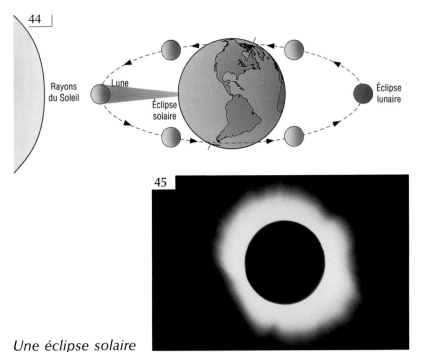

44

Rayons du Soleil

Lune

Éclipse solaire

Éclipse lunaire

45

Une éclipse solaire

L'éclipse solaire : le passage de la Lune entre la Terre et le Soleil projette un cône d'ombre en un point restreint de la Terre.

L'éclipse lunaire : il se produit une éclipse de la Lune lorsqu'elle se trouve dans l'ombre projetée par la Terre.

1. Explique comment se produit:
   a) l'éclipse solaire;
   b) l'éclipse lunaire.

2. Est-il possible que tous les Terriens voient en même temps une éclipse solaire? Pourquoi?

VÉRIFIE TES CONNAISSANCES

1. La Terre a des caractéristiques qui lui sont propres; associe à chacune les chiffres qui conviennent.

   a) Sa circonférence: 30 076 km, 40 076 km ou 50 076 km?

   b) Son diamètre: 8 756 km, 10 756 km ou 12 756 km?

   c) Son inclinaison: 5° 27', 23° 27' ou 45° 27'?

2. Par ses composantes, la Terre est unique dans le système solaire.

   a) Nomme et décris chacune de ces composantes.

   b) À laquelle de ces composantes peux-tu associer chacun des énoncés suivants?

   — J'aime me baigner dans un lac.

   — J'habite le Canada.

   — Es-tu déjà allé en montgolfière?

   — Ce parc est rempli de fleurs magnifiques, d'arbres matures et de petits animaux sauvages.

3. La Terre a un satellite, la Lune.

   a) Comment définirais-tu le terme *satellite*?

   b) Identifie la composante de la Terre que l'on trouve également sur la Lune.

   *c) À l'aide d'un schéma, comment expliquerais-tu le phénomène de l'éclipse solaire?

SAVOIR

Les connaissances

1. L'Univers est l'ensemble de tous les corps célestes. Il est composé de milliards de galaxies.

2. a) Une galaxie est un regroupement de milliards d'étoiles.

   b) Une étoile est une masse de gaz chauds qui émet de la lumière.

3. a) Ta galaxie est la Voie lactée.

   b) Ton étoile est le Soleil.

4. Le système solaire est l'ensemble constitué du Soleil et des astres qui gravitent autour: les planètes, leurs satellites et la ceinture d'astéroïdes.

5. a) La Terre, comme toute planète, a une forme sphérique.

   b) Sa circonférence est de 40 076 km.

c) Son diamètre est d'environ 12 756 km.

d) Son inclinaison est de 23° 27'.

6. La Terre est formée de quatre composantes:

   a) une composante solide: la lithosphère (les continents);

   b) une composante liquide: l'hydrosphère (les eaux);

   c) une composante gazeuse: l'atmosphère (l'air);

   d) une composante vivante: la biosphère (les organismes vivants).

7. La Terre a un satellite: la Lune.

UTILISER

Activités de synthèse

1. L'Univers se compose d'ensembles et de sous-ensembles immenses. Si un extraterrestre habitant la galaxie voisine de la tienne voulait t'expédier un message par courrier « spatial », à quelle adresse précise te l'enverrait-il?

2. L'Univers comprend des galaxies, des étoiles, des planètes, des satellites, des constellations, un système solaire.

   a) Place en ordre croissant chacun de ces éléments.

   b) Associe les éléments de la colonne A aux bons éléments de la colonne B.

A	B
le Soleil	un satellite
Neptune	une constellation
la Lune	une étoile
la Voie lactée	une galaxie
la Petite Ourse	une planète

3. Tu connais maintenant les principaux corps célestes qui font partie du système solaire: les astéroïdes, Jupiter, Mars, Mercure, Neptune, Pluton, Saturne, le Soleil, la Terre, Uranus, Vénus.

   a) Récris en ordre les composantes du système solaire en partant du Soleil.

   b) Dans ton cahier de notes, trace le schéma du système solaire en situant les planètes au bon endroit par rapport au Soleil.

4. a) En 1522, après quatre années de navigation, un des vaisseaux de l'expédition de Magellan a fait le tour du monde. Selon toi, quelle caractéristique de la Terre cet exploit a-t-il permis de prouver?

   b) Dans ton cahier de notes, établis maintenant la fiche d'identité de ta planète:
   — dessine un cercle d'environ 5 cm de diamètre;
   — inscris les données chiffrées correspondant à son inclinaison, son diamètre et sa circonférence.

5. Dans la sonde spatiale *Voyager*, les scientifiques de la NASA ont fixé des disques contenant des sons et des images pour faire connaître la Terre à d'éventuels extraterrestres.

   Si tu avais été en charge de ce projet:

   a) quels sons aurais-tu choisis?

   b) quelles images aurais-tu proposées?

   c) quel message aurais-tu expédié aux extraterrestres pour les aider à te localiser?

Voyager 2 survivra à l'homme

Selon la NASA, en l'an 40 176, *Voyager 2* devrait passer à 1,65 année-lumière de Ross 248, — ce sera la première fois que le vaisseau sera plus proche d'une autre étoile que du Soleil, qui sera alors à 1,99 année-lumière de la sonde.

Si des extraterrestres trouvent un jour l'un des disques de cuivre de *Voyager*, ils seront salués en 60 langues différentes et par un petit garçon de 7 ans s'exprimant au nom de tous les enfants de la Terre. Ils pourront écouter quelques airs de Chuck Berry, de Mozart, de Bach ou de Beethoven, mais aussi le bruit du vent, de la pluie, du tonnerre, de la mer, le rire des hyènes, le coassement des grenouilles, le grondement d'un train, d'un camion, d'une fusée, d'un avion, les pleurs d'un bébé et les baisers d'un couple d'amoureux. Ils pourront contempler des photos ou des dessins représentant la Terre, ses habitants, un fœtus humain, des chromosomes, le Golden Gate, la grande muraille de Chine, etc.

Enfin, ils pourront lire un message rédigé par le président Jimmy Carter le 16 juillet 1977.

Associated Press
23 septembre 1989

Un des disques de cuivre de Voyager

6. Tu as sans doute regardé souvent la Lune. Mais la connais-tu bien? Si tu devais en parler à tes grands-parents:

   a) de quelle façon leur expliquerais-tu qu'elle est différente de la Terre?

   *b) quel schéma dessinerais-tu pour leur faire comprendre le phénomène de l'éclipse?

LES MOUVEMENTS DE LA TERRE

UNE NOUVELLE AVENTURE!

1. Observe les photos de cette page.
   a) Quel titre donnerais-tu à chaque photo ou groupe de photos?
   b) Crois-tu que les étoiles tournent vraiment autour de la Terre?

2. Ces photos illustrent la succession des jours et des saisons.
   a) D'après ce que tu en sais, qu'est-ce qui cause la succession des jours?
   b) À ton avis, pourquoi y a-t-il des saisons?
   c) Crois-tu que tous les Terriens peuvent observer les phénomènes apparaissant sur ces photos?

L'ÉTUDE DU PRÉSENT DOSSIER TE PERMETTRA:

- de comprendre le mouvement de rotation de la Terre et ses conséquences;

- de comprendre le mouvement de révolution de la Terre et ses conséquences.

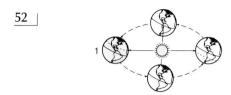

Le 21 juin, c'est le solstice d'été dans l'hémisphère Nord. Les rayons du Soleil atteignent perpendiculairement le tropique du Cancer, qui est alors la région la plus chaude de la Terre.

1. D'après l'illustration, à quel endroit du globe les rayons atteignent-ils perpendiculairement la Terre le 21 juin?

2. Est-ce alors l'hémisphère NORD ou l'hémisphère SUD de la Terre:
   a) qui reçoit les rayons les plus intenses?
   b) qui profite de la saison d'été?
   c) qui connaît une nuit permanente au pôle?
   d) qui connaît un jour permanent au pôle?
   e) qui connaît le jour le plus long?

Position 1
Solstice d'été
21 juin

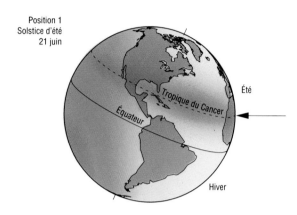

Été

Tropique du Cancer

Équateur

Hiver

Durant notre été, le Soleil éclaire constamment le pôle Nord.

1. Selon les saisons, les pôles connaissent des nuits ou des jours permanents. À quel moment de l'année le nord du Canada connaît-il:
   a) un jour permanent?
   b) une nuit permanente?

2. D'après toi, à quel mouvement et à quelle caractéristique de la Terre est lié ce phénomène?

53

Le soleil de minuit

Le solstice d'hiver

Le 22 décembre, le Soleil éclaire et réchauffe beaucoup plus intensément l'hémisphère Sud. À midi, ses rayons sont maintenant perpendiculaires au **tropique du Capricorne.** C'est l'été au sud alors que pour nous, au nord, c'est l'hiver.

54

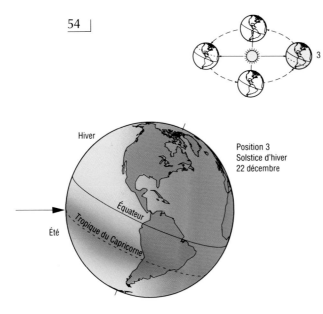

Hiver

Position 3
Solstice d'hiver
22 décembre

Été

Équateur

Tropique du Capricorne

Le 22 décembre correspond au solstice d'hiver dans l'hémisphère Nord. Les rayons du Soleil atteignent perpendiculairement le tropique du Capricorne. C'est alors l'hémisphère Sud qui reçoit le plus de lumière et de chaleur.

1. a) Pourquoi, en décembre, les saisons sont-elles inversées dans les deux hémisphères?
   b) Quel est alors le point le plus chaud de la Terre?

2. Quelle saison le Canada connaît-il?

3. En décembre, est-ce l'hémisphère Nord ou l'hémisphère Sud de la Terre:
   a) qui reçoit les rayons les plus intenses?
   b) qui profite de la saison d'été?
   c) qui connaît une nuit permanente au pôle?
   d) qui connaît le jour le moins long?

55

Le lac à la Truite en hiver

Pendant ce temps, l'hémisphère Nord connaît une nuit plus longue que le jour: c'est le solstice d'hiver. Le Soleil est beaucoup plus bas au-dessus de l'horizon; ses rayons sont plus obliques. À cause de l'inclinaison de la Terre, le pôle Nord ne reçoit aucune lumière du Soleil: c'est la nuit permanente.

b) Les équinoxes: le début des mi-saisons

Deux fois par année, le 23 septembre et le 21 mars, les rayons du Soleil à midi sont perpendiculaires à l'équateur. Ce sont les **équinoxes**. Durant ces deux journées, le jour et la nuit ont la même durée sur toute la Terre. Bien que les rayons soient plus intenses à l'équateur, le Soleil éclaire également les deux hémisphères; dans les hémisphères Nord et Sud, ce sont les mi-saisons qui commencent.

Équinoxes: moments de l'année où la durée du jour est égale à celle de la nuit sur toute la Terre.

56 | Position 2
Équinoxe d'automne
23 septembre

Position 4
Équinoxe de printemps
21 mars

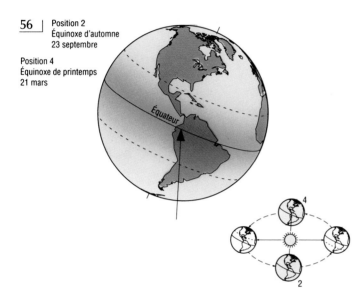

Aux équinoxes, les rayons du Soleil atteignent perpendiculairement l'équateur.

1. a) Durant les équinoxes, quelle région de la Terre reçoit les rayons les plus intenses?
   b) À quels mois de l'année les équinoxes se produisent-ils?
   c) À quelles saisons correspondent les équinoxes?

2. Au moment des équinoxes, quelle est la durée du jour par rapport à celle de la nuit? Pourquoi?

57

Le lac à la Truite en automne...

58

...et au printemps

c) Les zones climatiques

Comme la Terre est une sphère, elle est réchauffée de façon inégale tout au long de sa révolution autour du Soleil. Plus les rayons solaires s'approchent de la perpendiculaire lorsqu'ils frappent une région, plus il y fait chaud. Plus les rayons sont obliques, moins ils réchauffent la région qu'ils atteignent.

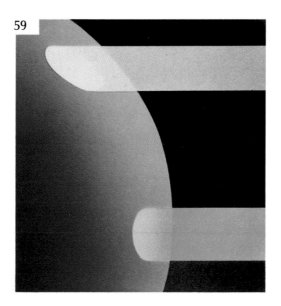

59

Le faisceau d'une lampe de poche dirigé perpendiculairement sur une sphère éclaire vivement sa surface.

Par contre, le même faisceau projeté de manière à atteindre obliquement la surface de la sphère sera diffusé et la partie atteinte sera moins intensément éclairée.

Quel type de rayons réchauffe le moins la Terre? Pourquoi?

Suivant la manière dont les rayons atteignent la Terre durant sa révolution, les différentes régions ne reçoivent pas la même quantité de lumière et de chaleur au cours de l'année.

On distingue cinq **zones climatiques.**

La **zone chaude** s'étale de part et d'autre de l'équateur; c'est la zone intertropicale (entre les tropiques), limitée au nord par le tropique du Cancer, et au sud, par le tropique du Capricorne.

Les deux **zones tempérées**, au nord et au sud, s'étendent des tropiques aux cercles polaires. Les rayons solaires n'éclairent jamais perpendiculairement ces régions qui connaissent quatre saisons bien marquées.

Les deux **zones froides** sont délimitées par les deux cercles polaires, au nord et au sud. Ces zones sont éclairées par des rayons solaires très obliques.

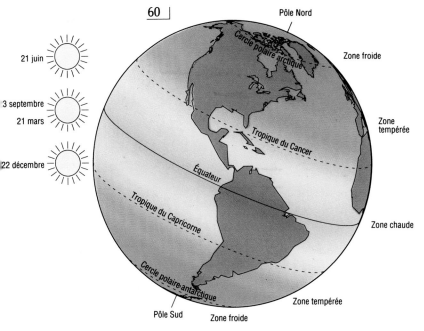

60

Parce que la Terre est une sphère, tous les points du globe ne reçoivent pas la même quantité de chaleur au cours d'une année.

1. À quel(s) mois de l'année les rayons solaires sont-ils perpendiculaires:
   a) à l'équateur?
   b) au tropique du Cancer?
   c) au tropique du Capricorne?

2. Situe les limites:
   a) de la zone chaude;
   b) des zones tempérées;
   c) des zones froides.

3. À ton avis, pourquoi les pôles sont-ils plus froids que les autres zones?

4. Selon toi, dans quelle zone est située la région où tu habites?

VÉRIFIE TES CONNAISSANCES

1. a) Reproduis dans ton cahier le schéma du mouvement de révolution de la Terre.

   b) Identifie chacune des quatre positions fondamentales de la Terre.

   c) Trace une ligne rouge pour indiquer les points les plus chauds de la Terre à chacune de ces positions; inscris dans chaque cas le terme approprié: équateur, tropique du Cancer, tropique du Capricorne.

   d) Pour chacune des positions, indique sur ton schéma:
   — la saison;
   — le jour et le mois où elle débute.

2. À partir du schéma précédent, donne les informations suivantes:

   a) est-ce le nord ou le sud de la Terre qui est le plus éclairé...
   — le 21 juin?
   — le 22 décembre?

   b) à quels mois de l'année le nord et le sud de la Terre sont-ils également éclairés?

   c) dans quelle région polaire le Soleil n'apparaît pas...
   — le 21 juin?
   — le 22 décembre?

BILAN

Les connaissances

1. a) La rotation est le mouvement de la Terre tournant sur elle-même en 23 h 56 min 4 s.

   b) La rotation s'effectue d'ouest en est.

   c) La rotation cause la succession du jour et de la nuit.

2. La révolution est le mouvement de la Terre tournant autour du Soleil en 365 jours $^{1}/_{4}$.

3. La révolution de la Terre inclinée cause:

   a) des saisons opposées (les SOLSTICES) dans les deux hémisphères:

   — le 21 juin, les rayons du Soleil sont perpendiculaires au tropique du Cancer: c'est l'été dans l'hémisphère Nord et l'hiver dans l'hémisphère Sud; le 22 décembre, les rayons du Soleil sont perpendiculaires au tropique du Capricorne: c'est l'hiver dans l'hémisphère Nord et l'été dans l'hémisphère Sud;
   - la durée du jour et de la nuit est inégale dans les deux hémisphères;
   - l'un des pôles connaît un jour permanent, et l'autre une nuit permanente;

   b) des mi-saisons (les ÉQUINOXES) dans les deux hémisphères:

   — le 21 mars, les rayons du Soleil sont perpendiculaires à l'équateur: c'est le printemps dans l'hémisphère Nord et l'automne dans l'hémisphère Sud; le 23 septembre, les rayons du Soleil sont aussi perpendiculaires à l'équateur: c'est l'automne dans l'hémisphère Nord et le printemps dans l'hémisphère Sud;
   - la durée du jour et de la nuit est égale dans les deux hémisphères.

4. Il existe cinq grandes zones climatiques:

   a) une zone chaude située entre les tropiques;

   b) deux zones tempérées qui s'étendent des tropiques aux cercles polaires;

   c) deux zones froides, des cercles polaires jusqu'aux pôles.

Activités de synthèse

1. Comme toutes les planètes du système solaire, la Terre est constamment en mouvement.

   a) Identifie le mouvement représenté par chacune des illustrations ci-dessous.

   A

   B

   b) Compare maintenant les deux mouvements en complétant la grille suivante que tu reproduiras dans ton cahier:

	A	B
Mouvement		
Durée		
Conséquence		

2. Parmi les énoncés suivants, lequel peux-tu associer soit au mouvement de rotation, soit au mouvement de révolution.

   a) Le Soleil se lève et se couche.

   b) Je préfère l'hiver à l'été.

   c) En septembre, la durée du jour est égale à celle de la nuit.

   d) J'ai vu une éclipse solaire.

   e) Quelle heure est-il?

   f) Les mois se succèdent trop lentement.

   g) En été, il fait clair plus longtemps.

   h) Les étoiles semblent tourner autour de la Terre.

   i) Le jour succède à la nuit.

   j) En décembre, j'irai dans les mers du Sud.

   k) Quand je prends l'avion, je supporte mal le décalage horaire.

   l) J'aimerais contempler le Soleil de minuit...

   m) En hiver, les ours sont en hibernation.

   n) À midi, le Soleil est plus haut dans le ciel.

   o) Ton agenda scolaire te sera utile toute l'année.

3. Ton frère de sixième année veut savoir pourquoi le Soleil se lève et se couche.

   a) À l'aide d'un exemple, comment lui montrerais-tu qu'il s'agit d'une illusion?

   b) Comment lui décrirais-tu le mouvement de rotation?

   c) Comment pourrais-tu l'illustrer à l'aide d'une lampe de poche et d'un ballon?

   d) Que lui dirais-tu des conséquences de la rotation?

   e) Quels exemples concrets choisirais-tu pour lui expliquer que la rotation influence sa vie quotidienne?

*4. Les gens qui habitent ailleurs dans le monde ont une heure différente de la tienne. Sauras-tu t'y retrouver? Pour répondre aux questions suivantes, consulte l'illustration 49.

   a) S'il est 12 heures à Montréal, quelle heure est-il:
   — au Caire?
   — à Rome?
   — à Londres?
   — à Recife?
   — à Quito?
   — à Vancouver?

b) S'il est 20 heures au Caire, quelle heure est-il à:
— Montréal?
— Londres?
— Quito?
— Recife?
— Rome?
— Vancouver?

5. Tu sais que si tu voyages de l'Afrique jusqu'aux pôles, tu devras t'habiller de différentes façons. C'est donc dire que la Terre ne reçoit pas partout la même quantité de chaleur au même moment de l'année.

a) Comment expliquerais-tu le réchauffement inégal de la Terre?

b) Illustre-le en te référant à l'illustration 59.

6. Le Québec connaît quatre saisons bien distinctes.

a) Quel mouvement de la Terre en est la cause?

b) Donne une brève définition de ce mouvement.

c) En combien de temps la Terre accomplit-elle ce mouvement? Que fait-on de la fraction de jour qui reste?

d) Par des exemples concrets, montre comment ce mouvement influence:
— tes activités personnelles;
— le rythme de la biosphère.

7. Ta sœur fait une recherche sur les Jeux olympiques. Quelle n'est pas sa surprise de découvrir que les Jeux olympiques d'été de 1956 se déroulèrent en décembre, dans la ville de Melbourne en Australie, Océanie! Elle croit à une erreur. Qu'en penses-tu? Après avoir repéré ce pays sur une carte, justifie ta réponse.

8. Certains journaux publient tous les jours les heures de lever et de coucher du Soleil. Voici quatre exemples qu'on retrouve au cours de l'année:

jour	LEVER	COUCHER
A	5 h 50	17 h 58
B	7 h 22	16 h 10
C	5 h 06	20 h 46
D	6 h 05	18 h 13

À l'aide de ces données:

a) calcule la durée du jour dans chaque cas;

b) selon toi, laquelle ou lesquelles de ces données (A, B, C, D) correspondent à la durée du jour:
— au solstice d'été?
— au solstice d'hiver?
— d'une journée du printemps ou de l'automne?

9. Tout au long de l'année, tu vois le jour s'allonger jusqu'au solstice d'été et diminuer jusqu'au solstice d'hiver. À l'aide de l'illustration 50:

a) donne les causes de ce phénomène;

b) indique...
— à quelle position et à quelle date le Canada connaît:
• le jour le plus long,
• le jour le plus court,
• l'égalité de la durée du jour et de la nuit.

10. La biosphère est affectée par la révolution de la Terre. En te référant aux photographies du lac à la Truite (illustrations 51, 55, 57 et 58):

a) fais une courte description des changements que tu observes dans ce paysage tout au long de l'année;

b) indique, pour chacune des photos, s'il s'agit d'une saison des solstices ou des équinoxes.

SE SITUER
SUR LA TERRE

Dans ce module, tu apprendras à te situer sur la Terre à l'aide des astres et de quelques instruments d'orientation inventés par les humains. Tu découvriras en plus une méthode efficace pour situer et repérer avec précision n'importe quel point dans le monde.

DOSSIER 4:

Les moyens d'orientation

Quels sont les astres qui permettent de s'orienter? Comment peut-on s'orienter à l'aide des astres? Quels sont les instruments d'orientation? Comment les utilise-t-on?

DOSSIER 5:

Les coordonnées géographiques

Que sont les coordonnées géographiques? De quoi sont-elles composées? À quoi servent-elles? Comment repère-t-on précisément un lieu à l'aide des coordonnées géographiques?

DOSSIER 4

LES MOYENS D'ORIENTATION

UNE NOUVELLE AVENTURE!

On dit parfois de quelqu'un qu'il a perdu le nord!

1. Selon toi, est-il important de savoir s'orienter?

2. a) Si tu te perdais en forêt, y a-t-il des éléments du paysage qui te permettraient de retrouver ton chemin?

   b) Les astres peuvent-ils t'aider à t'orienter?

   c) Connais-tu des instruments d'orientation?

3. Parmi les moyens d'orientation illustrés, lesquels sais-tu utiliser?

L'ÉTUDE DU PRÉSENT DOSSIER TE PERMETTRA:

• d'apprendre comment utiliser quelques moyens d'orientation.

S'orienter, c'est savoir se situer dans un espace donné. Durant ton enfance, sans t'en rendre compte, tu t'es souvent servi de points de repère pour te situer: la couleur d'une maison, la présence d'un monument, le bruit d'une usine, l'emplacement d'un parc, et même l'odeur d'une bonne pâtisserie!

Dans ses activités, le pêcheur reconnaît son coin favori à la présence d'une île, à l'enfoncement d'une baie... Le chasseur repère un vieux camp abandonné, une clairière, un lac... Mais tous ces repères pratiques ne peuvent être utilisés que par des gens qui sont familiers avec un milieu donné.

Des éléments humains comme repères: un parc...

Le parc Lafontaine, à Montréal

1. a) Énumère des éléments humains du paysage (édifices, parcs, etc.) qui peuvent constituer des points de repère dans ta localité.
   b) Énumère des éléments naturels du paysage qui peuvent servir de points de repère dans ta localité.

2. Selon toi, ces repères:
   a) ont-ils un caractère scientifique?
   b) peuvent-ils être utilisés par quelqu'un qui ne connaît pas ta localité?

... une maison...

... un édifice.

Le Stade olympique

Des éléments naturels comme repères: un cours d'eau...

La rivière Yamaska

... un rocher.

Le rocher Percé

Pour s'orienter, on peut également porter attention à certains signes de la nature: la mousse qui recouvre la face nord d'un arbre, l'écorce plus épaisse au nord, le feuillage plus fourni au sud, l'entrée de la tanière de la marmotte orientée au sud, la direction dans laquelle s'écoule un cours d'eau, etc. Hélas, tous ces indices sont souvent trompeurs, car ils exigent une bonne expérience de la vie dans la nature.

Pour te situer dans la nature aussi bien que dans une ville, tu dois connaître et pouvoir utiliser des moyens d'orientation. Ces moyens sont fort variés: ils peuvent être liés à l'observation des astres, à la manipulation d'instruments ou à la lecture des cartes.

1. Comment s'orienter à l'aide des astres?

A. S'orienter avec le Soleil

La façon la plus simple de s'orienter, c'est d'observer le mouvement apparent du Soleil. Le Soleil se lève à l'est et se couche à l'ouest. C'est à partir de cette observation que les premiers humains ont appris à *s'orienter* sur la Terre, c'est-à-dire à « chercher l'orient », l'endroit où le Soleil se lève.

66

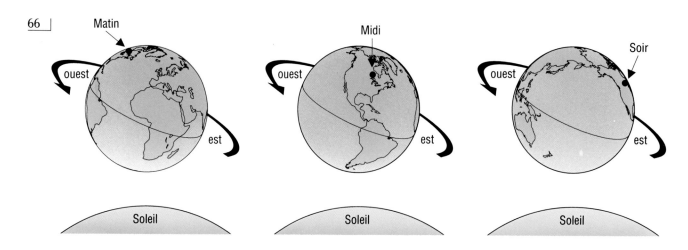

À cause du mouvement de rotation de la Terre, on a l'impression que le Soleil change de position dans le ciel. En réalité, le Soleil ne bouge pas, c'est la Terre qui tourne. Voilà pourquoi on parle de mouvement apparent du Soleil.

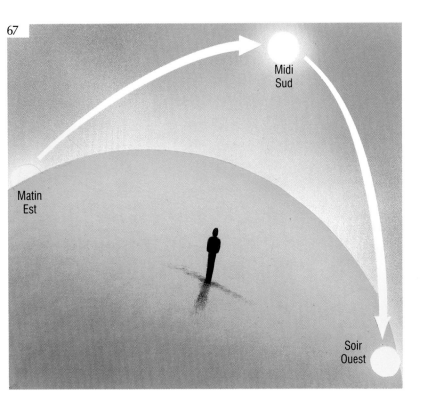

Matin
Est

Midi
Sud

Soir
Ouest

Le matin, le Soleil se lève à l'est, atteint la position sud à midi et se couche à l'ouest le soir.

1. Quelle est la cause du mouvement apparent du Soleil?

2. Quelles sont les directions que l'on peut repérer grâce au mouvement apparent du Soleil?

3. a) Pourquoi ne vois-tu pas le Soleil briller au nord?
   b) De quelle façon peux-tu alors repérer précisément le nord?

4. À quel moment de la journée le Soleil brille-t-il à l'est? à l'ouest? au sud?

5. Si tu habitais l'hémisphère Sud, à quel point cardinal le Soleil ne brillerait pas?

Cette course apparente du Soleil détermine les quatre directions fondamentales, appelées **points cardinaux**: le **nord**, le **sud**, l'**est** et l'**ouest**:

— le matin, le Soleil levant t'indique l'est ou l'**orient**;

— au milieu de la journée, quand le Soleil est au plus haut dans le ciel, à son **zénith**, il indique le sud. Pour désigner le sud, on utilise parfois les adjectifs **austral** (l'hémisphère austral) et **méridional** (un pays méridional);

— le soir, le Soleil couchant t'indique l'ouest ou l'**occident**;

— le Soleil n'apparaît jamais au nord; tu peux le repérer par l'ombre des objets au Soleil de midi. Pour désigner le nord, on utilise parfois les adjectifs **boréal** (l'hémisphère boréal) et **septentrional** (un peuple septentrional).

Tu peux aussi t'orienter à partir de l'ombre projetée par les objets.

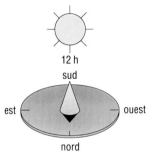

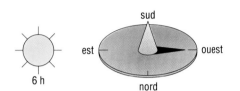

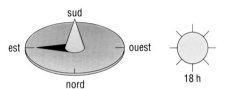

L'ombre t'indique toujours une direction opposée à celle du Soleil.

1. À quel point cardinal se trouve le Soleil quand l'ombre projetée se dirige vers:
   a) l'est?
   b) le nord?
   c) l'ouest?

2. Pourquoi ne vois-tu pas d'ombre au sud?

B. S'orienter avec l'étoile Polaire

L'**étoile Polaire**, tout comme le Soleil, est un point de référence important. Les navigateurs l'utilisent encore pour trouver leur position.

Elle est placée à la tête de la Petite Ourse, dont la forme s'apparente à celle d'une casserole.

L'étoile Polaire n'est visible que dans l'hémisphère Nord de la Terre. Elle détermine toujours une direction nord ou septentrionale, qu'on appelle le **nord géographique** ou encore vrai nord.

Comment repérer l'étoile Polaire?

a L'étoile Polaire fait partie de la constellation de la Petite Ourse. Pour la trouver, il est plus facile de chercher d'abord la constellation de la Grande Ourse qui ressemble, en plus grand, à la Petite Ourse.

b Prolonge quatre fois la distance qui sépare les deux étoiles de garde de la Grande Ourse: tu y trouveras l'étoile Polaire.

c L'étoile Polaire se situe dans le prolongement de l'axe des pôles. C'est pourquoi elle demeure fixe alors que les autres étoiles semblent se déplacer (mouvement apparent) à cause de la rotation de la Terre.

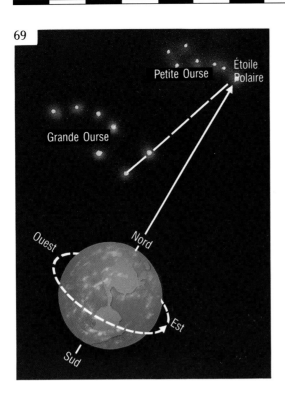

69

Petite Ourse
Étoile
Polaire
Grande Ourse

Ouest
Nord
Est
Sud

L'étoile Polaire est située dans le prolongement de l'axe des pôles: elle t'indique le nord géographique.

1. De quelle constellation l'étoile Polaire fait-elle partie?

2. Quelle est la forme de cette constellation?

3. Quelle direction l'étoile Polaire indique-t-elle?

4. De quelle façon peux-tu la repérer?

5. L'étoile Polaire change-t-elle de place avec la rotation de la Terre?

6. Tous les Terriens peuvent-ils utiliser l'étoile Polaire pour s'orienter? Pourquoi?

VÉRIFIE TES CONNAISSANCES

1. Identifie les astres qui te permettent de t'orienter.

2. Quels points cardinaux sont indiqués par la position des astres suivants:

   a) le Soleil;

   b) l'étoile Polaire.

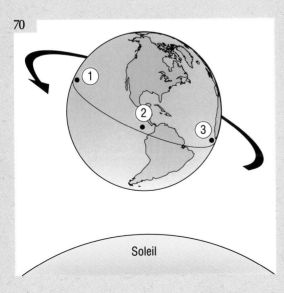

70

Soleil

3. Dans l'illustration 70, à quel point cardinal correspond la position du Soleil si on se trouve au point 1? au point 2? au point 3?

4. Quel point cardinal le Soleil t'indique-t-il quand tu le vois:

   a) se lever?

   b) au plus haut dans le ciel?

   c) se coucher?

5. Réfère-toi à l'illustration 68. À quel point cardinal se trouve le Soleil quand ton ombre est projetée:

   a) vers l'est?

   b) vers le nord?

   c) vers l'ouest?

2. Comment s'orienter à l'aide des instruments?

Les points cardinaux déterminés par la position des astres peuvent être repérés également à l'aide d'instruments tels que la montre, la rose des vents et la boussole.

*A. S'orienter avec la montre

La montre est l'un des instruments les plus familiers pour se situer par rapport au Soleil. Pour cela, il suffit de savoir lire l'heure et de pouvoir identifier le chiffre 12... Un véritable jeu d'enfant! Ce procédé simple et rapide t'indiquera toujours la même direction, c'est-à-dire le sud.

Comment se servir de la montre pour s'orienter?

a Oriente l'aiguille des heures vers le Soleil. Dans l'illustration, le nombre 8 se trouve aligné sur le Soleil.

b À mi-chemin entre l'aiguille des heures (8) et le nombre 12 de ta montre, trace une ligne imaginaire. La direction de cette ligne imaginaire correspond au SUD.

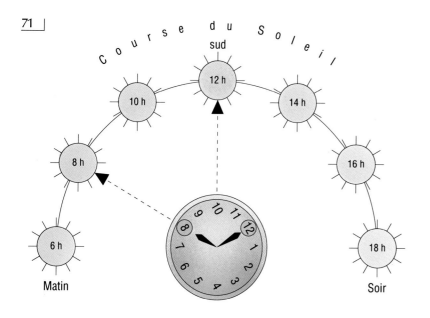

En suivant le mouvement apparent du Soleil, ta montre t'indique toujours la direction SUD.

1. a) Quelle heure la montre ci-contre indique-t-elle?
   b) Que fais-tu de l'aiguille qui indique cette heure?
   c) Où traceras-tu la ligne imaginaire qui t'indiquera le sud?

2. Quelle direction approximative la montre te donne-t-elle?

B. S'orienter avec la rose des vents

Sur certains types de cartes, tu peux observer un symbole familier: la **rose des vents**. Cependant, d'autres types de cartes ne possèdent pas ce symbole: par exemple, les cartes du monde. Ces cartes ont toujours la même orientation; par convention, le nord est en haut, le sud est en bas, l'ouest, à gauche et l'est, à droite.

La plupart du temps, on représente la rose des vents par une figure géométrique en forme d'étoile; ses nombreuses pointes correspondent à autant de directions. Certaines roses affichent même jusqu'à 32 directions différentes!

72 |

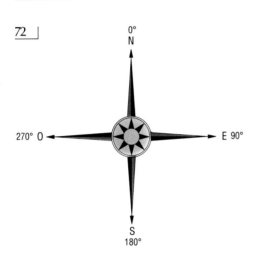

Une rose des vents simplifiée te donnera les quatre points cardinaux: nord (N), sud (S), est (E), ouest (O).

Combien de degrés séparent chacun des points cardinaux?

73 |

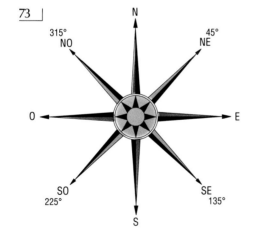

À mi-chemin entre les points cardinaux se trouvent les points intermédiaires; ils se composent de deux points cardinaux: nord-est (NE), sud-est (SE), sud-ouest (SO), nord-ouest (NO).

1. Le nom des points intermédiaires commence-t-il par une voyelle ou une consonne?

2. a) À quel degré correspond chacun des points intermédiaires?
   b) Combien de degrés séparent les points intermédiaires des points cardinaux les plus proches?

Comme l'ensemble des pointes de la rose des vents dessine un cercle, celle-ci est graduée de 0° à 360° à partir du nord, dans le sens des aiguilles d'une montre.

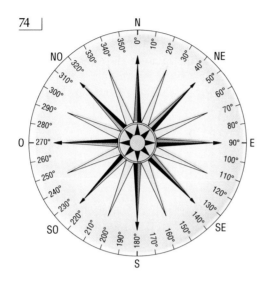

1. À quelles directions correspondent les pointes de couleur:
   a) rouge?
   b) verte?

2. Quel point cardinal correspond à:
   a) 0°?
   b) 180°?
   c) 90°?
   d) 270°?

3. Quel point intermédiaire correspond à:
   a) 45°?
   b) 225°?
   c) 135°?
   d) 315°?

4. À quel degré correspond chacune des directions suivantes:
   a) nord?
   b) sud?
   c) ouest?
   d) est?
   e) nord-ouest?
   f) sud-ouest?
   g) nord-est?
   h) sud-est?

C. S'orienter avec la boussole

La **boussole** constitue l'un des instruments d'orientation les plus intéressants et les plus fascinants, parce qu'elle obéit à une force curieuse de notre planète appelée magnétisme.

En effet, la Terre se comporte comme un immense aimant. La boussole révèle ce phénomène naturel que tu ne peux ni voir ni sentir. Son aiguille aimantée t'indique le **nord magnétique**, situé à plus de 1900 km du nord géographique.

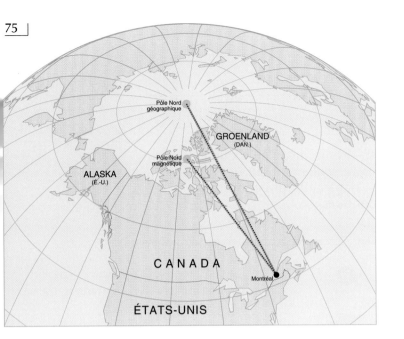

La position du nord magnétique est différente de celle du nord géographique.

Dans quelle direction pointe l'aiguille de la boussole?

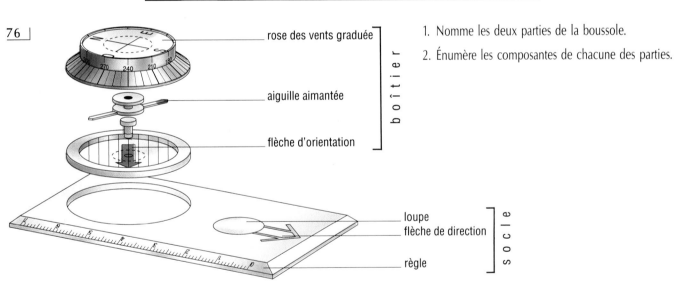

rose des vents graduée

aiguille aimantée

flèche d'orientation

boîtier

loupe
flèche de direction

règle

socle

1. Nomme les deux parties de la boussole.

2. Énumère les composantes de chacune des parties.

Les différents usages de la boussole

Comment trouver le nord magnétique et les points cardinaux?

a Aligne le NORD de la rose des vents sur la flèche de direction du socle.

b Pivote lentement sur toi-même jusqu'à ce que l'aiguille aimantée s'aligne également sur le NORD de la rose des vents. C'est dans cette direction que se trouve le NORD magnétique.

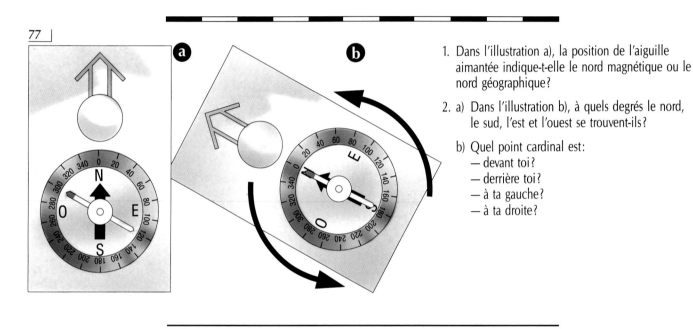

1. Dans l'illustration a), la position de l'aiguille aimantée indique-t-elle le nord magnétique ou le nord géographique?

2. a) Dans l'illustration b), à quels degrés le nord, le sud, l'est et l'ouest se trouvent-ils?

   b) Quel point cardinal est:
   — devant toi?
   — derrière toi?
   — à ta gauche?
   — à ta droite?

Comment trouver la direction à suivre pour atteindre un lieu?

Du sommet d'une montagne que tu viens d'escalader, tu aperçois un village. Tu veux alors déterminer la direction à suivre, en descendant de la montagne, pour rejoindre ce village. En d'autres termes, tu veux connaître ton angle de marche ou encore, comme disent les connaisseurs, tu veux trouver l'**azimut** du village.

a Oriente la flèche de direction vers ta destination.

b Sans bouger le socle, tourne le boîtier afin d'aligner le NORD de la rose des vents et l'aiguille aimantée.

c À la rencontre de la flèche de direction et de la rose des vents, lis le nombre de degrés indiqué (60°); ce nombre te donne la direction (l'azimut) à suivre.

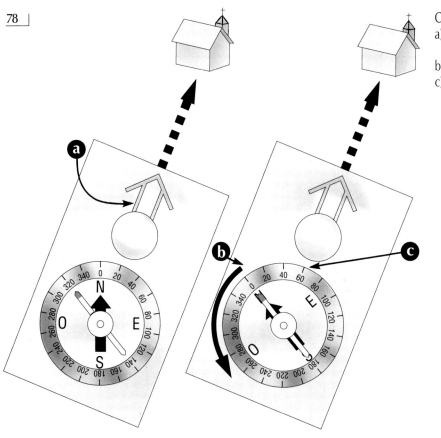

Compare les deux illustrations:
a) Laquelle des deux flèches (direction/orientation) alignes-tu sur ta destination?
b) Que se produit-il quand tu tournes ton boîtier?
c) Quel azimut (direction en degrés) dois-tu suivre pour marcher vers l'église?

Comment trouver la direction à suivre sur une carte avec la boussole?

Tu te prépares à faire une randonnée en forêt. Ta carte t'indique des endroits intéressants où t'arrêter. Pour atteindre chacun de ces endroits, il te faut trouver l'azimut à suivre d'un point à l'autre. L'utilisation combinée de la boussole et de la carte te donnera cette information.

Le procédé est très simple; puisque le haut de ta carte correspond approximativement au nord de ta boussole, tu n'as pas à tenir compte de l'aiguille aimantée.

a Inscris les points A, B et C sur ta carte pour indiquer ton trajet.

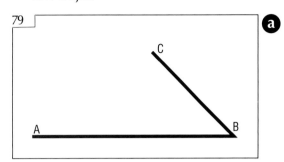

b Place le socle de ta boussole le long de la ligne imaginaire qui relie les points A et B, et qui correspond à la première étape de ta randonnée. Par le fait même, la flèche de direction pointe vers ta destination B.

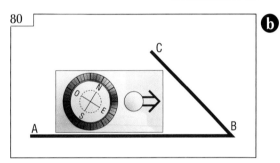

c Tourne le boîtier jusqu'à ce que le NORD de la rose des vents POINTE vers le NORD de ta carte.

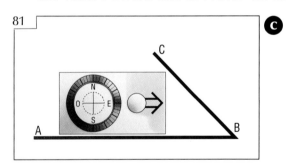

d Lis maintenant le nombre de degrés indiqué en face de la flèche de direction: c'est l'azimut à suivre, soit 90°. Le point B est donc situé à 90° du point A. Tu peux ainsi aller d'une destination à l'autre en répétant le même procédé.

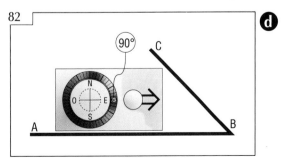

VÉRIFIE
TES CONNAISSANCES

1. Quel(s) instrument(s) d'orientation:

   a) apporterais-tu en randonnée?

   b) utiliserais-tu avec une carte de ta région?

*2. Le mouvement apparent du Soleil et ta montre peuvent t'aider à repérer le sud à toute heure du jour.
   Observe le schéma suivant. Pour chacune des montres A, B, C, D et E, vis-à-vis de quel nombre peux-tu repérer le sud?

83

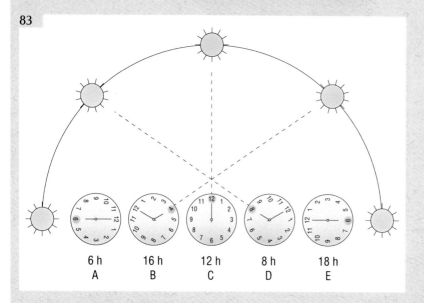

6 h	16 h	12 h	8 h	18 h
A	B	C	D	E

3. Dans ton cahier de notes, dessine une rose des vents ayant les caractéristiques suivantes:

   a) indique les points cardinaux en rouge;

   b) indique les points intermédiaires en vert;

   c) inscris le nombre de degrés correspondant à chacune des directions.

4. À quel instrument d'orientation peux-tu associer:

   a) l'aiguille aimantée?

   b) l'aiguille des heures?

   c) l'azimut?

   d) les points cardinaux et intermédiaires?

   e) la flèche de direction?

   f) le nord géographique?

   g) le nord magnétique?

5. Découvre ta localité à l'aide de la rose des vents.

   a) Sur un plan de ta localité, inscris les points cardinaux et intermédiaires.

   b) Par rapport à ta résidence, précise dans quelle direction se trouvent les lieux suivants: l'église, l'hôtel de ville, le centre sportif, l'école, le centre commercial.

   c) Donne ensuite la position des mêmes lieux par rapport à ton école.

Les activités suivantes nécessitent l'emploi d'une boussole.

6. Repère les points cardinaux et intermédiaires dans ta classe.

7. a) À partir de ton bureau, trouve dans quelle direction, en degrés, se trouvent certains objets de ta classe (par exemple: la porte, le planisphère, le tableau, l'horloge, etc.). Inscris sur une feuille l'objet repéré et son azimut.

   b) Change de place avec un ami ou une amie et effectue le même travail. Comparez ensuite vos résultats et corrigez-les s'il y a lieu.

BILAN

Les connaissances

1. Les astres qui te permettent de t'orienter:

   a) le Soleil, par son mouvement apparent, t'indique l'est le matin, le sud le midi et l'ouest le soir;

   b) l'étoile Polaire t'indique le nord géographique.

2. Les moyens techniques qui te permettent de t'orienter:

   *a) la montre te permet de repérer le sud;

   b) la rose des vents détermine la position:
   — des points cardinaux: N, S, E, O;
   — des points intermédiaires: NO, SO, SE, NE;

   c) la boussole t'indique le nord magnétique.

U T I L I S E R

Activités de synthèse

1. Le Soleil et l'étoile Polaire te permettent de repérer les points cardinaux; lequel de ces astres:

   a) t'indique le nord? le sud? l'est? l'ouest?

   b) ne peut être utilisé comme moyen d'orientation par tous les Terriens?

2. Résous les problèmes suivants en te référant à l'illustration 67 au besoin.

   a) Si tu te places face au Soleil levant, le nord est-il à ta droite ou à ta gauche?

   b) Si tu fais face au Soleil de midi, l'est est-il à ta gauche, à ta droite ou derrière toi?

   c) Si tu regardes le Soleil couchant, le sud est-il à ta gauche, à ta droite ou derrière toi?

   d) Face au Soleil à midi, l'ouest est-il à ta gauche, à ta droite ou derrière toi?

3. À l'aide de l'illustration 68, précise les informations demandées.

   a) À quel point cardinal correspond:
   — le Soleil levant?
   — le Soleil de midi?
   — le Soleil couchant?

   b) À quel point cardinal repères-tu le Soleil quand ton ombre est projetée:
   — vers le nord?
   — vers l'ouest?
   — vers l'est?

4. Dans ton atlas, trouve une carte du Canada et identifie:

   a) la province la plus orientale;

   b) la province la plus septentrionale;

   c) la province la plus occidentale;

   d) la province la plus méridionale.

5. À quel point cardinal peux-tu associer chacun des termes suivants?

a) Soleil levant

b) Soleil de midi

c) méridional

d) oriental

e) austral

f) 12 heures

g) étoile Polaire

h) Petite Ourse

i) Soleil couchant

j) septentrional

k) occidental

l) boréal

m) 6 heures

n) 18 heures

*6. a) Quelle direction cardinale ta montre te permet-elle de repérer?

b) Explique à l'aide d'un exemple comment la montre peut te permettre de t'orienter.

7. L'emploi de la rose des vents facilite le repérage sur une carte. Sur la carte du monde ci-dessous, une rose des vents a été placée en plein centre.

a) Par rapport à l'Afrique, quel continent repères-tu:
— au sud?
— au nord?
— à l'ouest?
— au nord-est?
— au sud-est?
— au nord-ouest?

b) Par rapport à l'Afrique, quel océan repères-tu:
— à 90°?
— à 0°?
— à 270°?

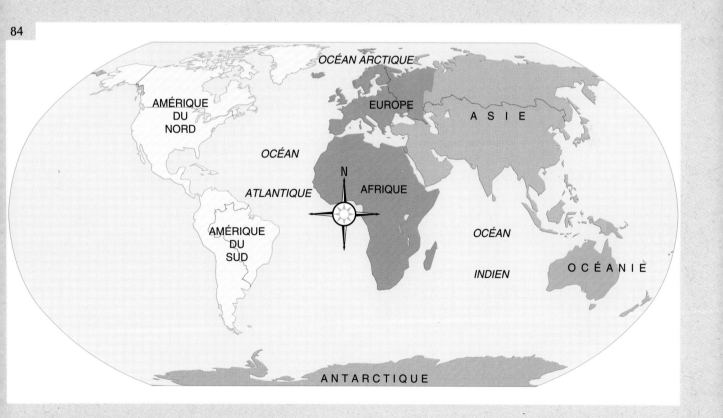

84

OCÉAN ARCTIQUE

AMÉRIQUE DU NORD

EUROPE

ASIE

OCÉAN

ATLANTIQUE

N

AFRIQUE

AMÉRIQUE DU SUD

OCÉAN

INDIEN

OCÉANIE

ANTARCTIQUE

B ILAN

8. Connais-tu bien les rues de ta localité? Au besoin, utilise un plan pour répondre aux questions ci-dessous.

   a) Identifie, s'il y a lieu, une rue importante qui permet de quitter ta localité à chacun des points cardinaux.

   b) Nomme, s'il y a lieu, une rue qui permet de voyager dans l'axe nord-sud et une autre dans l'axe est-ouest.

   c) À partir de ton école, quels édifices ou parcs importants rencontres-tu si tu te diriges vers l'est? vers le sud? vers le nord? vers l'ouest?

85

9. Une observation attentive de cette photo te fera découvrir des anomalies.

   a) Le nom du commerce correspond-il au dessin de l'enseigne?

   b) Le dessin est-il réalisé correctement?

   c) Si tu avais à refaire cette enseigne, quelles corrections y apporterais-tu?

LES COORDONNÉES GÉOGRAPHIQUES

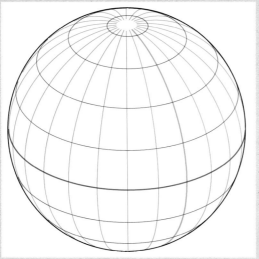

UNE NOUVELLE AVENTURE!

1. Observe les photos ci-dessus. Dans laquelle de ces deux villes arriverais-tu à trouver ton chemin le plus facilement? Pourquoi?

2. Tout le monde sait que la Terre est ronde. Mais selon toi, y a-t-il un haut et un bas, une gauche et une droite sur une sphère?

3. Quand un navire est en détresse, comment indique-t-il sa position pour demander de l'aide?

L'ÉTUDE DU PRÉSENT DOSSIER TE PERMETTRA:

• de situer un lieu à l'aide des parallèles;

• de situer un lieu à l'aide des méridiens;

• de faire le point de tout lieu situé sur la Terre.

S i tu invitais un ami ou une amie pour la première fois à la maison, tu lui donnerais des points de repère lui permettant de se rendre sans problèmes jusque chez toi: noms de rues, circuit d'autobus, édifices importants, parcs...

Mais dans un espace vaste comme la Terre, quels repères utilise-t-on pour situer précisément un point? Comment fait-on pour localiser rapidement un navire en perdition ou sauver des naufragés en détresse? Pour résoudre ce problème, les géographes ont inventé un système très simple.

Tu sais déjà que la Terre est une sphère tournant autour d'un axe dont les deux extrémités sont le pôle Nord et le pôle Sud. À partir de ces deux points de repère, les géographes ont créé tout un réseau de lignes imaginaires, verticales et horizontales, autour de la Terre. Ces lignes, qui s'entrecroisent comme des rues dans une ville, sont les **parallèles** et les **méridiens**.

1. Comment situer un lieu à l'aide des parallèles?

A. Qu'est-ce qu'un parallèle?

À mi-chemin entre les deux pôles, les géographes ont tracé tout d'abord un grand cercle, l'**équateur**, qui partage le globe terrestre en deux parties égales: l'**hémisphère Nord** ou **boréal**, et l'**hémisphère Sud** ou **austral**.

> Les parallèles sont des cercles imaginaires qui entourent la Terre, parallèlement à l'équateur.

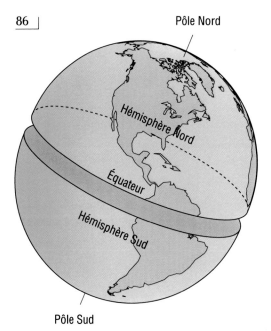

Pôle Nord

Hémisphère Nord

Équateur

Hémisphère Sud

Pôle Sud

L'équateur partage la Terre en hémisphère Nord et en hémisphère Sud (en grec, hêmi signifie « à moitié »).

1. Quels points de référence les géographes ont-ils utilisés pour partager également la Terre en deux parties?

2. Quelle est cette ligne imaginaire qui sépare la Terre en deux moitiés?

3. a) Quel nom donne-t-on à ces deux moitiés de Terre?
   b) Que signifie le terme *hémisphère*?

4. Dans quel hémisphère habites-tu?

5. Si tu traçais d'autres lignes parallèles à l'équateur, seraient-elles plus longues ou plus courtes que l'équateur?

Par la suite, on a dessiné autour de la Terre d'autres cercles parallèles à l'équateur; situés à égale distance les uns des autres, ces cercles s'étendent de l'équateur jusqu'aux pôles: ce sont les parallèles. Leur longueur décroît au fur et à mesure qu'ils se rapprochent des pôles.

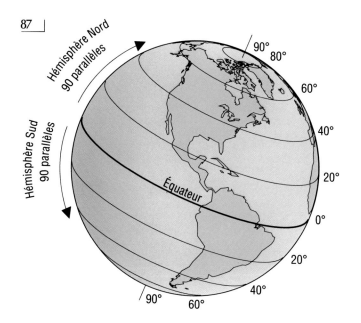

Les 180 parallèles s'étendent de part et d'autre de l'équateur: 90 vers le nord et 90 vers le sud.

1. Quel nom donne-t-on aux lignes tracées à égale distance de l'équateur?

2. Sont-elles toutes de la même longueur? Pourquoi?

3. a) Laquelle de ces lignes est la plus longue?
   b) Quelle est sa longueur?
   c) Laquelle est la plus courte?

4. Combien y a-t-il de parallèles:
   a) dans l'hémisphère Nord?
   b) dans l'hémisphère Sud?
   c) du pôle Nord au pôle Sud de la Terre?

5. À ton avis, deux villes placées sur le même parallèle sont-elles situées à la même distance de l'équateur?

B. À quoi servent les parallèles?

Pour mieux repérer les parallèles, les géographes ont numéroté chacun d'eux. Ils ont choisi un point de départ, l'équateur, appelé aussi **parallèle d'origine** (parallèle 0°). Le numéro qui identifie chacun des parallèles correspond à une *distance* par rapport à ce point de départ.

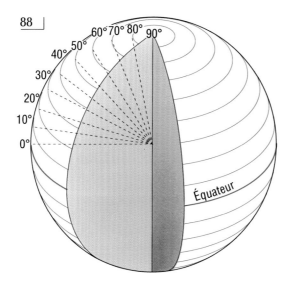

Le numéro identifiant un parallèle correspond à la mesure de l'angle qu'il forme avec le centre de la Terre. À chacun des degrés du rapporteur correspond un parallèle.

1. Combien de degrés séparent:
   a) l'équateur du pôle Nord?
   b) l'équateur du pôle Sud?
   c) les deux pôles?

2. Combien de parallèles a-t-on tracés:
   a) dans l'hémisphère Nord?
   b) dans l'hémisphère Sud?
   c) du nord au sud de la Terre?

3. Quel degré identifie:
   a) l'équateur?
   b) le pôle Nord?
   c) le pôle Sud?

4. Lequel des parallèles:
   a) appelle-t-on *parallèle d'origine*? Pourquoi?
   b) est le plus distant de l'équateur dans l'hémisphère Nord?
   c) est le plus distant de l'équateur dans l'hémisphère Sud?

Comme la Terre est une sphère, la distance entre un parallèle et l'équateur ne s'exprime pas en kilomètres, mais en degrés: cette distance, c'est la **latitude**.

Du nord au sud de la Terre, il y a donc 180 parallèles répartis également de part et d'autre de l'équateur:

— les 90 parallèles de l'hémisphère Nord permettent de situer des lieux en **latitude nord**;

— les 90 parallèles de l'hémisphère Sud permettent de situer des lieux en **latitude sud**.

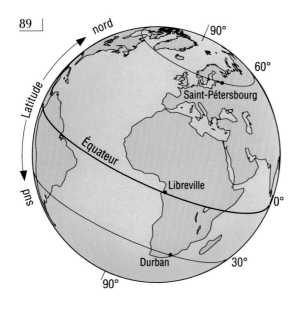

La latitude est la distance en degrés qui sépare un parallèle de l'équateur.

1. a) Quel nom donne-t-on à la distance qui sépare un parallèle de l'équateur?
   b) Sur une carte, cette distance s'exprime-t-elle en kilomètres?
   c) Quelle distance en degrés sépare:
      — le pôle Nôrd de l'équateur?
      — le pôle Sud de l'équateur?
      — les deux pôles?
   d) Donner la latitude d'une ville, est-ce la situer au nord? à l'ouest? à l'est? ou au sud?

2. Dans quel hémisphère est située la ville de Durban? la ville de Saint-Pétersbourg?

3. Identifie les parallèles à la hauteur desquels sont situées les villes de Libreville, Saint-Pétersbourg et Durban.

4. Laquelle de ces villes est située:
   a) en latitude nord?
   b) en latitude sud?

5. Donne la latitude exacte de chacune de ces villes.

6. Si deux villes sont situées sur le même parallèle, ont-elles la même latitude?

La ville de Saint-Pétersbourg est située à la hauteur du 60e parallèle de l'hémisphère Nord. Plus simplement, on dira: Saint-Pétersbourg, 60° nord.

Durban est située à la hauteur du 30e parallèle de l'hémisphère Sud. On dira: Durban, 30° sud.

Quant à Libreville, elle n'est située ni dans l'hémisphère Nord ni dans l'hémisphère Sud; on indiquera sa position de la façon suivante: Libreville, latitude 0°.

Donner la position d'un lieu sur la Terre, c'est d'abord trouver sa latitude (nord ou sud), c'est-à-dire repérer sa *distance en degrés* par rapport à l'équateur. Tous les points situés sur le même parallèle ont donc la même latitude.

C. Les parallèles fondamentaux

Sur la plupart des cartes ou des globes terrestres, tu as sans doute observé la présence de cinq parallèles dessinés de façon différente: ce sont les **parallèles fondamentaux**. Alors que l'équateur (0°) se distingue par un trait plus prononcé, les quatre autres parallèles sont dessinés en pointillés: ce sont les **tropiques** (23° nord et 23° sud) et les **cercles polaires** (66° nord et 66° sud).

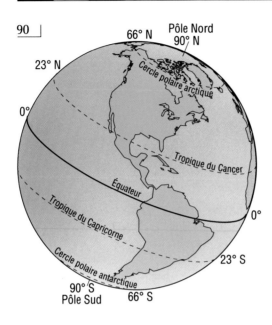

La position des parallèles fondamentaux est déterminée par le mouvement de révolution de la Terre inclinée.

1. Nomme les parallèles fondamentaux.

2. À quel degré de latitude chacun de ces parallèles correspond-il?

3. Lequel de ces parallèles pourrais-tu associer:
   a) au solstice d'été?
   b) au solstice d'hiver?
   c) aux équinoxes d'automne et de printemps?

VÉRIFIE TES CONNAISSANCES

1. Les parallèles sont les premiers repères pour situer un point dans le monde. Selon ce que tu en sais:

   a) que signifie l'expression *parallèle d'origine*?

   b) quelles sont les principales caractéristiques des parallèles?

   c) quel rôle jouent les parallèles sur une carte?

Observe bien l'illustration ci-dessous pour répondre aux questions 2 à 5.

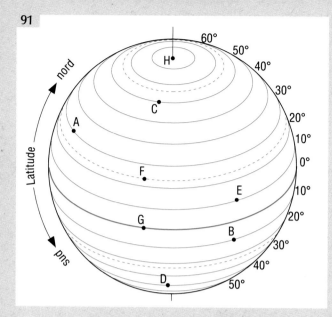

2. Parmi les lettres D, E, G, H et B, lesquelles sont situées:

   a) dans l'hémisphère Nord?

   b) dans l'hémisphère Sud?

3. Quelle lettre peux-tu associer à chacune des latitudes suivantes?

   a) 60° nord

   b) 90° nord

   c) 40° sud

   d) 23° nord

4. Quelle distance en degrés sépare les points suivants de l'équateur?

   a) A

   b) B

   c) F

   d) D

5. À quelle latitude trouves-tu les points suivants?

   a) A

   b) D

   c) E

   d) G

6. D'après tes connaissances du mouvement de révolution de la Terre, quels parallèles fondamentaux délimitent chacune des zones climatiques?

7. Connais-tu bien les parallèles? Dans ton cahier de notes, dessine un grand cercle pour représenter la Terre; après avoir répondu aux questions de compréhension, illustre chacune des caractéristiques demandées.

Compréhension

a) Quelle ligne sépare la Terre en deux hémisphères?

b) Si tu voyageais d'un pôle à l'autre, irais-tu dans le sens nord-sud ou dans le sens est-ouest?

c) Quel nom donnes-tu aux lignes imaginaires que tu croises du nord au sud?

d) Quelle forme décrivent ces lignes?

e) Combien y en a-t-il?

f) Sont-elles toutes de la même longueur? Pourquoi?

Caractéristiques

a) Trace le parallèle d'origine.

b) Inscris:
   — le nom des hémisphères;
   — les termes *latitude nord* et *latitude sud*.

c) Indique la latitude de la ligne la plus longue et inscris son nom.

d) Indique la latitude des pôles et inscris le nom de chacun d'eux.

2. Comment situer un lieu à l'aide des méridiens?

Le fait de savoir qu'une ville est située sur un parallèle précis ne détermine pas pour autant sa position exacte; cette ville peut se situer n'importe où le long de ce parallèle.

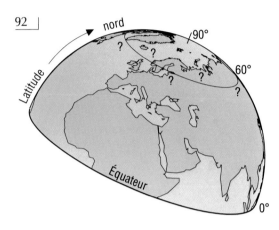

92

Où est située exactement la ville de Saint-Pétersbourg sur le 60e parallèle?

1. Quelle est la latitude de Saint-Pétersbourg?

2. Pour l'aviateur qui doit atterrir à Saint-Pétersbourg, la position de cette ville est-elle facile à repérer sur cette carte? Pourquoi?

3. Quelle information lui manque-t-il?

Pour plus de précision, les géographes ont conçu un second réseau de lignes imaginaires, autour de la Terre, qui croisent les parallèles. Ces lignes transversales qui se rencontrent aux pôles, ce sont les **méridiens**.

Les méridiens sont des demi-cercles qui joignent les deux pôles

A. Qu'est-ce qu'un méridien?

Alors que les parallèles sont des cercles de longueur variable, les méridiens sont des demi-cercles d'égale longueur qui joignent le pôle Nord et le pôle Sud.

On a vu que l'équateur constitue une division naturelle entre le nord et le sud de la Terre; cependant, aucune division semblable n'existe entre l'est et l'ouest du globe terrestre.

En 1884, selon une entente internationale, on a choisi la ville de Greenwich, près de Londres, comme point de départ pour la numérotation des méridiens; ce **méridien d'origine**, numéroté 0°, est désigné sous le nom de **méridien de Greenwich** ou méridien international.

Le méridien de Greenwich et le méridien qui lui est opposé (180°) partagent la Terre en deux parties égales:

— à l'ouest du méridien de Greenwich, c'est l'**hémisphère Ouest** ou **occidental**;

— à l'est de ce même méridien, c'est l'**hémisphère Est** ou **oriental**.

Par la suite, on a tracé d'autres demi-cercles de part et d'autre du méridien d'origine; ces 360 lignes qui joignent les pôles, ce sont les méridiens.

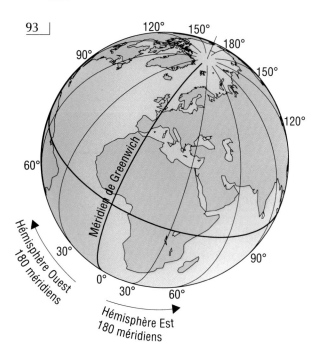

93

Les 360 méridiens s'étendent de part et d'autre du méridien d'origine, 180 vers l'ouest et 180 vers l'est.

1. a) Quelle ligne principale sépare la Terre en hémisphères oriental (Est) et occidental (Ouest)?
   b) Si tu la compares à l'équateur, quelle en serait la longueur?

2. a) Quel nom donnes-tu aux demi-cercles tracés de part et d'autre du méridien d'origine?
   b) Sont-ils tous de la même longueur? Pourquoi?
   c) Où se rencontrent-ils?

3. a) Les méridiens sont-ils des lignes parallèles?
   b) En quoi sont-ils différents des parallèles?

4. Combien y a-t-il de méridiens:
   a) dans l'hémisphère Ouest?
   b) dans l'hémisphère Est?
   c) autour de la Terre?

5. À ton avis, deux villes placées sur le même méridien sont-elles situées à la même distance du méridien de Greenwich?

6. Dans quel hémisphère (Est ou Ouest) habites-tu?

7. Pourrais-tu effectuer le tour de la Terre en suivant un seul méridien?

B. À quoi servent les méridiens?

Pour mieux repérer les méridiens, les géographes ont également numéroté chacun d'eux. À partir du méridien d'origine, Greenwich (0°), les autres méridiens sont numérotés vers l'est de 0° à 180°, et vers l'ouest de 0° à 180°.

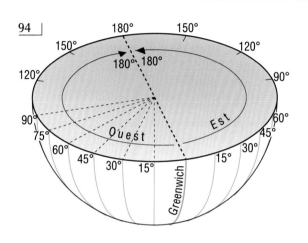

94

Le numéro identifiant un méridien correspond à l'angle qu'il forme avec le centre de la Terre.

1. a) Si tu faisais le tour de la Terre d'est en ouest, combien de degrés croiserais-tu?
   b) Combien de degrés y a-t-il dans chacun des hémisphères Est et Ouest?

2. Combien de méridiens a-t-on tracés:
   a) dans l'hémisphère Est?
   b) dans l'hémisphère Ouest?

3. a) Lequel des méridiens est appelé *méridien d'origine*? Pourquoi?
   b) À quel degré correspond-il?

Alors que les parallèles établissent la latitude (nord ou sud), les méridiens servent à indiquer la **longitude**, c'est-à-dire la distance en degrés qui sépare un lieu du méridien d'origine ou méridien de Greenwich:

— les 180 méridiens de l'hémisphère occidental situent un lieu en **longitude ouest**;

— les 180 méridiens de l'hémisphère oriental situent un lieu en **longitude est**.

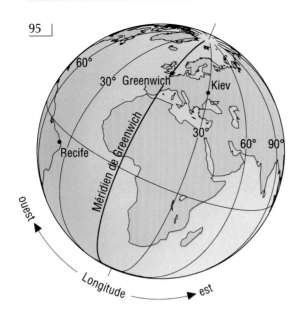

95

Les méridiens permettent aussi de repérer un point.

1. a) Quel nom donne-t-on à la distance en degrés qui sépare un méridien du méridien de Greenwich?

   b) Sur une carte, comment cette distance s'exprime-t-elle?

   c) Donner la longitude d'une ville, est-ce la situer au nord? à l'ouest? à l'est? au sud?

2. a) Dans quel hémisphère est située la ville de Recife? la ville de Kiev?

   b) Identifie les méridiens sur lesquels sont situées ces villes?

3. Deux villes situées sur un même méridien ont-elles la même longitude?

Comme la ville de Kiev est située en longitude est sur le 30e méridien, on dira: Kiev, 30° est.

Recife étant sur le 35e méridien en longitude ouest, on dira: Recife, 35° ouest.

Quant à la ville de Greenwich, située sur le méridien d'origine, on indiquera sa position ainsi: Greenwich, longitude 0°.

Pour situer précisément un lieu sur une carte, il faut non seulement donner sa latitude (nord ou sud) mais aussi sa longitude (est ou ouest), c'est-à-dire sa *distance en degrés* par rapport au méridien de Greenwich. Tous les points situés sur un même méridien ont la même longitude.

96

L'Observatoire royal de Greenwich, près de Londres, est le point à partir duquel sont numérotés tous les méridiens. Aujourd'hui, les bâtiments de cet ancien observatoire sont devenus un musée.

1. Les méridiens constituent les seconds repères pour situer un point sur une carte. Selon ce que tu en sais:

   a) donne une brève définition d'un méridien;

   b) indique ce que signifie l'expression *méridien d'origine*;

   c) donne quelques caractéristiques des méridiens;

   d) décris le rôle des méridiens.

Observe bien l'illustration ci-dessous pour répondre aux questions 2 à 5.

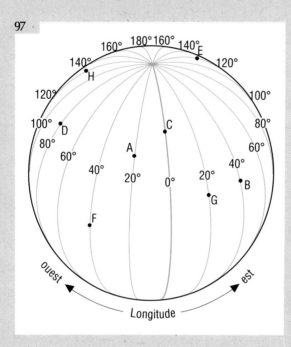

2. Parmi les lettres A à H, lesquelles sont situées:

   a) en longitude ouest?

   b) en longitude est?

3. Quelle lettre peux-tu associer à chacune des longitudes suivantes?

   a) 20° ouest

   b) 40° ouest

   c) 120° est

   d) 120° ouest

4. Quelle distance en degrés sépare les points suivants du méridien d'origine?

   a) A

   b) D

   c) B

   d) G

   e) F

5. À quelle longitude trouves-tu les points suivants?

   a) G

   b) B

   c) D

   d) C

   e) F

6. Connais-tu bien les méridiens? Dans ton cahier de notes, dessine un grand cercle pour représenter la Terre; après avoir répondu aux questions de compréhension, illustre chacune des caractéristiques demandées.

Compréhension

a) Quelle ligne sépare la Terre en hémisphères Est et Ouest?

b) Si tu voyageais le long de l'équateur, irais-tu dans le sens est-ouest ou dans le sens nord-sud?

c) Quel nom donnes-tu aux lignes imaginaires que tu croises de l'est à l'ouest?

d) Quelle forme décrivent ces lignes?

e) Combien y en a-t-il?

f) Sont-elles toutes de même longueur? Pourquoi?

Caractéristiques

a) Trace le méridien d'origine.

b) Inscris:
   — le nom des hémisphères;
   — les termes *longitude est* et *longitude ouest*.

c) Numérote le méridien d'origine.

3. Comment situer une réalité géographique?

La localisation de tout point sur la Terre peut maintenant s'effectuer facilement à l'aide de lignes horizontales, les parallèles, et de lignes verticales, les méridiens. Imagine que la Terre se trouve ainsi quadrillée par une grille de parallèles et de méridiens.

Chaque point de la Terre est situé au croisement d'un parallèle et d'un méridien. Trouver le degré de ce parallèle et de ce méridien, c'est connaître les **coordonnées géographiques** précises d'un lieu; c'est ce qu'on appelle **faire le point**.

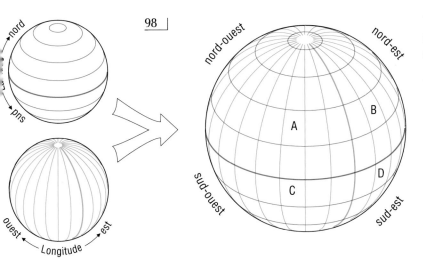

Trouver les coordonnées d'un lieu, c'est repérer l'intersection du méridien et du parallèle où il se trouve.

1. Est-ce que ce sont les parallèles ou les méridiens qui situent un lieu:
   a) en latitude nord et en latitude sud?
   b) en longitude est et en longitude ouest?

2. Lesquelles des lettres A, B, C ou D sont situées:
   a) en latitude nord?   c) en longitude est?
   b) en latitude sud?   d) en longitude ouest?

3. Laquelle de ces lettres est située:
   a) en latitude nord et longitude ouest?
   b) en latitude sud et longitude est?
   c) en latitude nord et longitude est?
   d) en latitude sud et longitude ouest?

Faire le point, pour un navigateur, c'est déterminer sa position exacte: «longitude, est ou ouest» et «latitude, nord ou sud». Ces deux expressions, accompagnées chacune d'un chiffre, t'indiquent la distance en degrés qui sépare un lieu, à la fois du méridien de Greenwich (longitude) et de l'équateur (latitude).

Les parallèles et les méridiens sont donc des repères fixes autour de la Terre. Grâce à eux, on peut obtenir les coordonnées très exactes de tout lieu sur la planète.

Pour ne pas surcharger inutilement la carte, il est rare qu'on y trace les 180 parallèles et les 360 méridiens.

Selon ce qu'on veut représenter, on choisira le nombre de lignes nécessaires, mais chacune d'elles conservera son numéro en degrés. On les espacera de 5°, 10°, 15° ou même 20°.

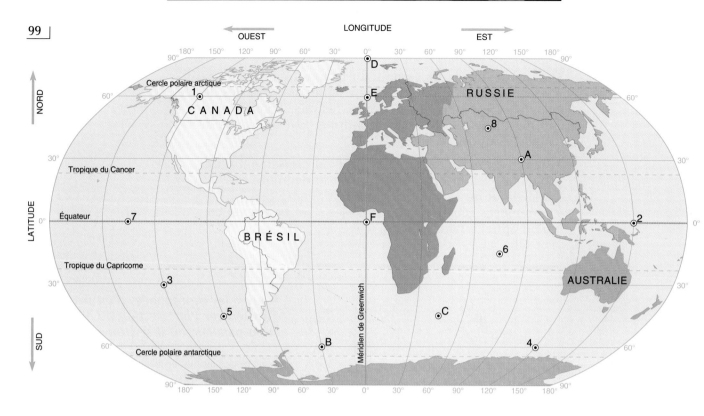

Faire le point, c'est repérer le degré de latitude et le degré de longitude d'un lieu sur une carte.

1. Trouve deux pays situés:
   a) en latitude nord?
   b) en longitude est?
   c) en latitude sud?
   d) en longitude ouest?

2. Sur la carte, identifie un pays situé:
   a) au nord-ouest;
   b) au nord-est;
   c) au sud-est;
   d) au sud-ouest.

3. Quelle lettre peux-tu repérer à:
   a) 60° sud et 30° ouest?
   b) 60° nord et longitude 0°?
   c) 90° nord et longitude 0°?
   d) 30° nord et 90° est?
   e) 45° sud et 45° est?
   f) latitude 0° et longitude 0°?

4. Fais le point des chiffres suivants:
   a) 1
   b) 2
   c) 3
   d) 4
   e) 5
   f) 6
   g) 7
   h) 8

L'illustration ci-dessous résume toutes les notions sur les parallèles et sur les méridiens. Observe-la pour répondre aux questions qui suivent.

100

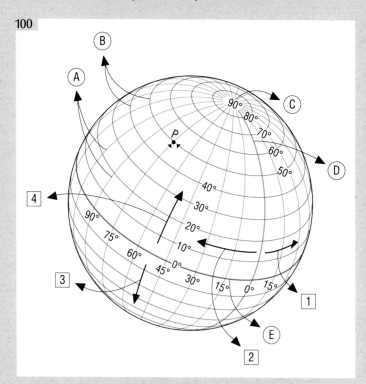

1. À quelle lettre de l'illustration correspond chacun des termes suivants?

   a) pôle Nord

   b) équateur

   c) parallèles

   d) méridien de Greenwich

   e) méridiens

2. Sur le schéma, quatre flèches numérotées illustrent les longitudes est et ouest, et les latitudes nord et sud; à quel chiffre de l'illustration peux-tu associer:

   a) la latitude nord?

   b) la longitude est?

   c) la latitude sud?

   d) la longitude ouest?

3. Parmi les réponses suivantes, laquelle fait exactement le point de la lettre P?

   a) 50° sud et 75° ouest

   b) 50° nord et 75° est

   c) 75° nord et 50° ouest

   d) 50° nord et 75° ouest

BILAN

Les connaissances

1. L'équateur partage la Terre en deux hémisphères: l'hémisphère Nord (boréal) et l'hémisphère Sud (austral).

2. Les parallèles sont des cercles:
   — parallèles à l'équateur;
   — de longueur inégale;
   — situés à égale distance les uns des autres.

3. Il y a 180 parallèles:
   — 90 dans l'hémisphère Nord;
   — 90 dans l'hémisphère Sud.

4. Repérer un lieu sur un parallèle, c'est trouver sa distance en degrés par rapport à l'équateur: cela correspond à sa latitude nord ou sud.

5. Les méridiens sont des demi-cercles d'égale longueur qui joignent les deux pôles.

6. Le méridien de Greenwich (ou international) est le méridien d'origine (0°) qui sépare la Terre en hémisphères Est (oriental) et Ouest (occidental).

7. Il y a 360 méridiens:
   — 180 à l'est de Greenwich;
   — 180 à l'ouest de Greenwich.

8. Repérer un lieu sur un méridien, c'est trouver sa distance en degrés par rapport au méridien de Greenwich: cela correspond à sa longitude est ou ouest.

9. a) Les coordonnées se composent de lignes verticales (les méridiens) et de lignes horizontales (les parallèles).
   b) Trouver les coordonnées d'un lieu, c'est repérer l'intersection du méridien et du parallèle où il se trouve.

10. Faire le point, c'est repérer le degré de latitude (parallèle) et le degré de longitude (méridien) d'un lieu.

Activités de synthèse

1. Les parallèles et les méridiens ont des caractéristiques distinctes. Classe les données suivantes selon qu'elles appartiennent aux parallèles ou aux méridiens.

   méridien d'origine
   hémisphère occidental
   hémisphère oriental
   hémisphère boréal
   hémisphère Nord
   hémisphère Ouest
   hémisphère Est
   hémisphère Sud
   hémisphère austral
   cercles
   demi-cercles
   40 000 km
   360 lignes
   180 lignes
   90° nord
   180° ouest
   180° est
   90° sud
   Greenwich
   équateur
   tropique du Cancer
   longitude
   latitude
   parallèle d'origine
   fuseaux horaires
   longueur égale
   longueur inégale
   cercles polaires
   tropique du Capricorne

2. Tu décides de voyager en *Concorde* le long du parallèle d'origine alors que ton frère fait un voyage semblable en suivant le méridien d'origine. Pour trouver les réponses plus facilement, dessine une sphère sur laquelle tu

traces l'équateur et le méridien d'origine. Lequel de vous deux:

a) fera le tour du monde? Pourquoi?

b) voyagera en longitude? en latitude?

c) voyagera du nord au sud? de l'est à l'ouest?

d) traversera les hémisphères Nord et Sud? Est et Ouest?

e) franchira des cercles? des demi-cercles?

f) croisera des méridiens? Combien?

g) traversera des parallèles? Combien?

h) aura parcouru la plus grande distance en degrés?

La carte ci-dessous et la carte 108 de la page 96 te permettront de répondre aux numéros 3 à 6.

3. Quelle lettre trouves-tu à:

a) 30° N 60° W*?

b) 30° S 30° E?

c) 30° S 90° W?

d) 60° S 120° E?

e) lat. 0° 120° W?

4. Fais le point des lettres suivantes:

a) D   b) G   c) H   d) I   e) J

5. Selon ton observation, identifie:

a) le continent qui occupe le plus d'espace en latitude;

b) le continent qui occupe le plus d'espace en longitude;

c) les continents qui s'étendent sur les deux latitudes;

d) les continents qui s'étendent sur les deux longitudes;

e) le continent qui s'étend à la fois sur les deux longitudes et les deux latitudes.

6. Quelle réalité géographique (continent ou océan) repères-tu aux points suivants:

a) latitude 0° 60° E?

b) 90° S longitude 0°?

c) 90° N longitude 0°?

d) 15° N 30° E?

e) 15° S 30° W?

---

* Par convention, lorsqu'on donne les coordonnées géographiques, on abrège fréquemment le point cardinal ouest par la lettre W pour éviter la confusion avec le zéro.

101

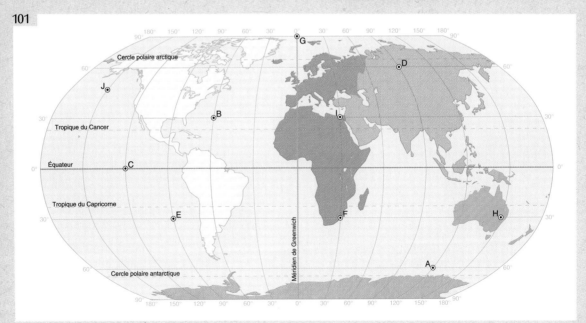

REPRÉSENTER
LA TERRE

Dans ce module, tu pourras observer différents portraits de la Terre. Tu t'apercevras qu'il est très difficile de la représenter avec exactitude et que toutes les représentations sont plus ou moins déformées par rapport à la réalité.

DOSSIER 6:

Le globe terrestre, la carte et l'atlas

Comment peut-on représenter la Terre sur une carte? En quoi cette représentation diffère-t-elle de celle du globe? Quelles informations contiennent le globe, la carte et l'atlas? Comment utilise-t-on l'atlas?

DOSSIER 7:

La carte routière et le plan de ville

Comment lit-on une carte? Comment peut-on calculer la longueur d'un itinéraire à partir d'une carte? Quelles sont les caractéristiques de la carte routière et du plan de ville?

DOSSIER 8:

La carte topographique

Quelles sont les caractéristiques de la carte topographique? À quoi sert-elle? En quoi diffère-t-elle de la carte routière? Comment représente-t-elle le relief?

DOSSIER 6

LE GLOBE TERRESTRE, LA CARTE ET L'ATLAS

Un séisme secoue Los Angeles

LA VIOLENCE ÉCLATE À ALGER

Répression en Roumanie

Le dialogue reprend en Yougoslavie

Rappel à l'ordre en Lituanie

SURPRISE À WIMBLEDON!

UNE NOUVELLE AVENTURE!

1. À ton avis, pourquoi les géographes tentent-ils de reproduire la Terre?

2. Connais-tu des exemples de reproduction de la Terre?

3. Selon toi, quelle est la reproduction la plus fidèle de la Terre?

4. Sais-tu pourquoi les géographes préfèrent utiliser des cartes plutôt qu'un globe terrestre?

5. Si tu devais situer rapidement les villes et les pays dont on parle dans les manchettes ci-dessus, quel type d'ouvrage consulterais-tu?

L'ÉTUDE DU PRÉSENT DOSSIER TE PERMETTRA:

- de situer les grands ensembles continentaux, océaniques et physiographiques;

- de situer les grandes zones de population mondiale;

- d'utiliser ton atlas comme source d'information.

Les géographes ont besoin d'une image de notre planète pour l'étudier. Le globe terrestre offre la représentation la plus fidèle de la Terre parce qu'il respecte exactement sa forme et les proportions entre les océans et les continents.

Cependant, le globe n'est pas très pratique. Non seulement il est trop petit pour illustrer tous les détails utiles de la Terre, mais en plus, il ne nous fait voir qu'une partie de la surface terrestre à la fois; et, en voyage, il est très encombrant...

Voilà pourquoi la carte demeure l'outil idéal pour reproduire, en tout ou en partie, certains aspects de notre planète.

102

Le globe terrestre reproduit la forme de la Terre.

1. Le globe terrestre présente-t-il des avantages par rapport à la carte géographique?

2. Le globe terrestre est-il pratique?

3. Est-il possible de tout représenter sur un globe?

* 1. Comment reproduire la Terre?

Tracer le portrait de la Terre pose un problème de taille aux cartographes. Saurais-tu peler une orange sans en briser la pelure? Le même problème se pose avec le globe. Comment arriver à reproduire la Terre, qui est sphérique, sur une surface plane, sans la déformer?

 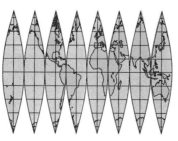

103

Il est impossible de mettre à plat l'enveloppe de la Terre sans la déformer.

Pourquoi est-il impossible de reproduire exactement la Terre sur une surface plane?

Pour résoudre ce problème, les cartographes usent d'un ingénieux stratagème qui consiste à projeter la surface de la Terre sur une feuille de papier, un peu comme un film projeté sur un écran.

Imagine un globe transparent au centre duquel tu places une source lumineuse. Si tu approches une feuille de papier du globe, une partie de sa surface sera projetée sur la feuille. Il suffit alors de copier les détails projetés pour en faire une carte.

À partir de l'observation du globe terrestre, les géographes ont imaginé trois façons de projeter le portrait de la Terre. Ces trois types de **projections** sont à la base de toutes les cartes; chacune d'elles a ses avantages et ses inconvénients.

A. La projection cylindrique

Son inventeur, Mercator (1512-1594), a projeté la Terre sur un cylindre de papier. Comme la feuille touche à l'équateur, cette région est reproduite fidèlement. Par contre, plus on s'approche des pôles, plus la déformation est grande.

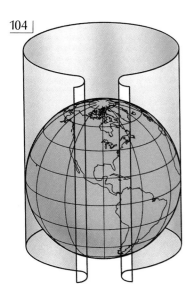

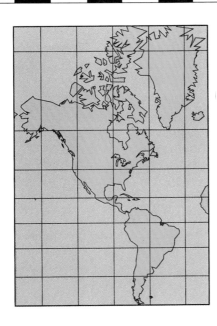

Compare la carte avec le globe terrestre.

Sur la carte:

1. Les méridiens ont-ils le même aspect que ceux du globe?

2. Les parallèles sont-ils de longueur variable comme ceux du globe?

3. Les parallèles sont-ils à égale distance les uns des autres?

4. Les parallèles décrivent-ils des cercles?

5. Où est située la région de la Terre la plus déformée?

B. La projection conique

La feuille est disposée en cône sur l'un des hémisphères;
elle est en contact avec l'un des parallèles. Seules les
régions situées le long de ce parallèle sont reproduites
fidèlement. Ce type de projection est souvent utilisé
pour cartographier un pays ou une région.

105

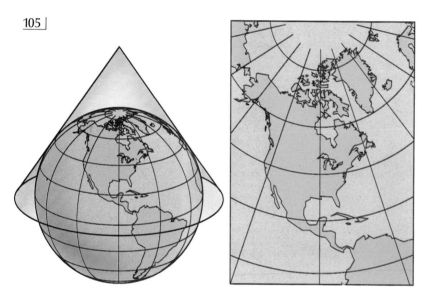

Compare la carte avec le globe terrestre.

Sur la carte:

1. Les méridiens sont-ils orientés vers le pôle?

2. Les parallèles décrivent-ils des cercles?

C. La projection polaire ou azimutale

Les cartes faites à partir de ce type de projection
donnent une image fidèle des pôles de la Terre. Si le
centre de la carte est précis, par contre, plus on s'en
éloigne, plus les déformations apparaissent dans toutes
les directions.

106

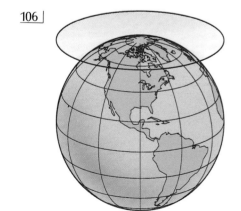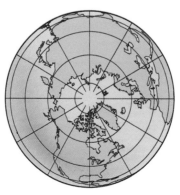

Compare la carte avec le globe terrestre.

Sur la carte:

1. Les parallèles sont-ils tous à égale distance?

2. Les régions déformées sont-elles au centre de la
   carte ou sur le pourtour?

3. Le globe terrestre est-il entièrement reproduit?

4. Les parallèles et les méridiens ont-ils le même
   aspect que sur le globe terrestre?

Comme tu peux le constater, aucune carte n'est parfaite. Les **planisphères** donneront toujours une image plus ou moins exacte de la Terre. Voilà pourquoi tu trouves une grande variété de cartes dans un atlas.

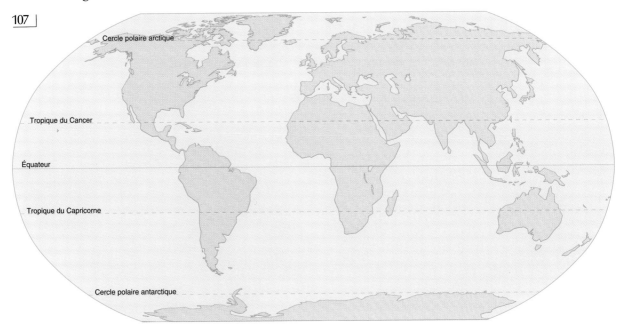

Cercle polaire arctique

Tropique du Cancer

Équateur

Tropique du Capricorne

Cercle polaire antarctique

Le planisphère est un portrait de la Terre.

Aujourd'hui, les techniques modernes aident les cartographes à dessiner la Terre. Tandis que les satellites photographient la planète, de savants calculs mathématiques faits par ordinateur modifient les projections cartographiques. Ainsi, les cartes qui figurent dans ton manuel ont été établies à partir d'une projection conique modifiée par Arthur Robinson, un cartographe américain, en 1963.

2. Les grands ensembles

Tous les jours, les journaux et la télévision t'inondent de nouvelles provenant du monde entier. Pour bien situer les événements qui sont rapportés, tu dois savoir comment interpréter les cartes les plus fréquemment utilisées; elles illustrent les continents et les océans, le relief, les pays, les villes et la population.

A. Les continents et les océans

Un rapide coup d'œil sur le globe terrestre te permet d'observer que la surface de la Terre est constituée de deux parties distinctes:

— de vastes étendues de terre forment ce qu'on appelle les **continents**: l'Eurasie, l'Afrique, les Amériques, l'Antarctique et l'Océanie.

— de vastes étendues d'eau salée, appelées **océans**, entourent les continents: l'océan Atlantique, l'océan Pacifique, l'océan Indien, l'océan Arctique. Les plus petites étendues d'eau forment les **mers**: la baie d'Hudson, la mer Méditerranée, la mer du Nord, la mer des Antilles, etc.

Les continents et les océans

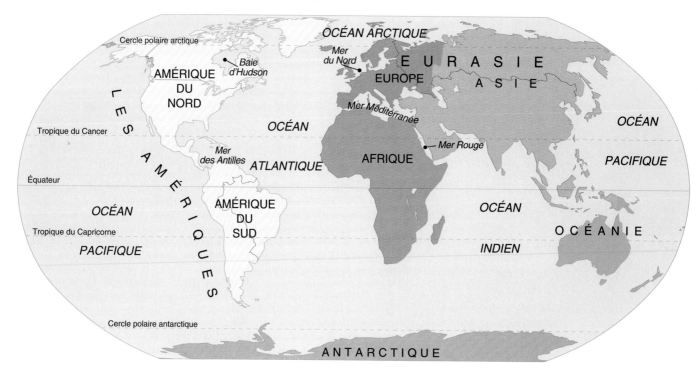

1. Dans quel hémisphère les continents sont-ils principalement situés?

2. a) Combien y a-t-il de continents? Nomme-les.
   b) Lequel habites-tu?
   c) Lequel est le plus vaste? le plus petit?
   d) Les continents sont-ils tous habités? Pourquoi?

3. a) Y a-t-il plus d'eau que de terre sur notre planète?
   b) Quel est le plus grand des océans?
   c) Identifie les étendues d'eau qui entourent chacun des continents.

B. Le relief de la Terre

La surface des continents n'est pas uniforme: elle présente des inégalités. C'est ce qu'on appelle le **relief**. Les principales formes de relief sont la **plaine**, le **plateau** et la **montagne**.

a) La plaine

La plaine est une étendue généralement plate ou peu
ondulée. Les terres qui bordent le fleuve Saint-Laurent
en sont un exemple.

Saint-Nicolas

b) Le plateau

Le plateau est une étendue semblable à la plaine, mais
plus élevée. Par exemple, la région des Laurentides est
un plateau. En effet, les sommets n'y sont pas assez
élevés pour qu'on les considère comme des montagnes.

*Le parc du
Mont-Tremblant*

c) La montagne

La montagne forme le relief le plus accidenté et le plus
élevé de la Terre. Quand des montagnes se succèdent
sur une longue distance, elles forment une **chaîne**, telle
les Rocheuses.

Les Rocheuses

Si on observe la répartition des différentes formes de relief à la surface des continents, on constate que de vastes régions sont caractérisées par l'une ou l'autre de ces formes. Ces grandes étendues constituent les **ensembles physiographiques**.

Les grands ensembles physiographiques

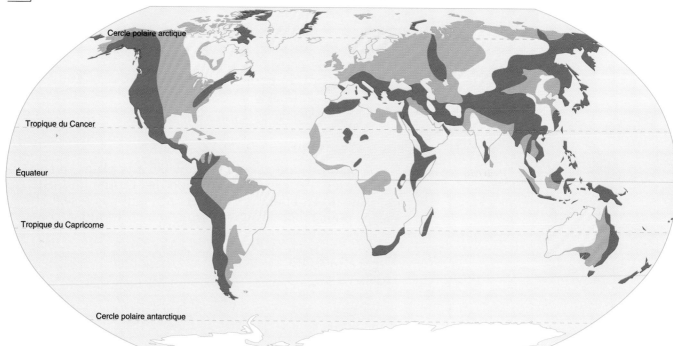

Région de montagnes

Région de plaines

Région de plateaux

1. a) Quels sont les principaux types de relief qui forment les ensembles physiographiques?
   b) Lequel de ces reliefs est le plus élevé?

2. a) Identifie les ensembles physiographiques du Canada.
   b) Décris chacun d'eux par une courte phrase.

3. Quel ensemble physiographique occupe la plus grande partie du Québec?

C. Les zones de population

Au cours des siècles, le climat, le relief, la fertilité des sols et la présence de l'eau ont amené les humains à se rassembler dans certains lieux de la planète. C'est pourquoi la population est inégalement répartie sur la Terre.

Quelques régions du monde regroupent à elles seules la plupart des humains: ce sont les grands **foyers de population**. On dira de ces régions qu'elles ont une forte **densité de population**. D'autres régions, par contre, sont moins densément peuplées et certaines sont même inhabitées.

Les pays les plus populeux sont, dans l'ordre: la Chine, l'Inde, les États-Unis, l'Indonésie, le Brésil, la Russie et le Japon.

Parmi les plus grandes villes du monde se trouvent Tōkyō (au Japon), México (au Mexique), New York et Los Angeles (aux États-Unis), São Paulo et Rio de Janeiro (au Brésil), Shanghai et Beijing (en Chine), Bombay et Calcutta (en Inde), Séoul (en Corée du Sud), Moscou [Moskva] (en Russie), Jakarta (en Indonésie), Paris (en France) et Londres (au Royaume-Uni).

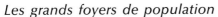
Les grands foyers de population

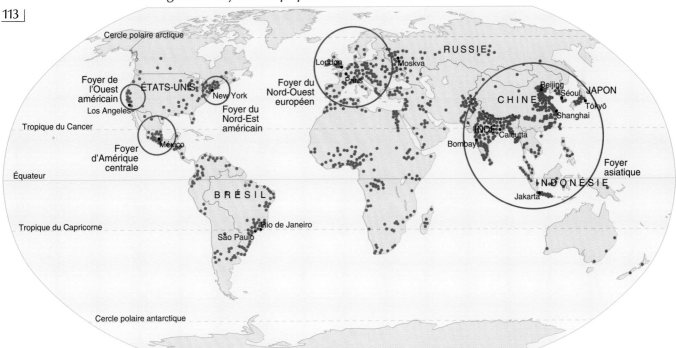

Les deux tiers de l'humanité sont concentrés dans quelques régions du monde.

1. a) La population du monde est-elle également répartie?
   b) Identifie les grands foyers de population.
   c) Quel continent est le plus peuplé?

2. a) Pourquoi les continents américain, africain et océanien sont-ils moins peuplés?
   b) Pourquoi l'Antarctique est-il inhabité?

3. a) Selon toi, quel est le type de relief le plus favorable à l'habitat humain?
   b) Énumère d'autres facteurs qui favorisent l'habitat humain.

4. Identifie, parmi les pays mentionnés sur la carte, ceux qui font partie du plus grand foyer de population.

5. De quel foyer de population fait partie New York? Los Angeles? México? Londres? Bombay? Beijing?

Les territoires sur lesquels se sont établis les humains au cours des temps constituent aujourd'hui les **pays**. Là où de petites communautés se sont regroupées pour mieux répondre à leurs besoins se trouvent maintenant les **villes**. Certaines de ces villes ont acquis plus d'importance que d'autres parce que les échanges y étaient plus nombreux et plus variés. Quelques-unes d'entre elles sont devenues des capitales.

VÉRIFIE TES CONNAISSANCES

*1. Observe la carte géographique affichée dans ta classe.

   a) Selon toi, quelle projection a été utilisée pour cette carte?

   b) Trouve des éléments de la carte qui ne sont pas représentés sur le globe terrestre.

   c) Compare la grandeur du Groenland avec celle de l'Australie sur cette carte et sur un globe terrestre. Qu'est-ce que tu en déduis?

2. Dans l'illustration suivante, identifie les continents, les océans et les mers.

3. Associe à un ensemble physiographique chacune des définitions suivantes:

   a) étendue basse et souvent très habitée;

   b) étendue très élevée et très accidentée;

   c) étendue plus ou moins ondulée et moyennement élevée.

4. La population mondiale est inégalement répartie sur la Terre.

   a) Nomme les cinq grands foyers de population.

   b) Nomme le continent le plus peuplé.

   c) Nomme le pays le plus populeux.

114

3. L'atlas et l'information géographique

L'**atlas** est un recueil de cartes géographiques. Le rôle de l'atlas en géographie est aussi important que celui du dictionnaire en français. Il s'agit d'un ouvrage de référence essentiel à l'étude et à la compréhension du monde.

A. Comment utiliser un atlas?

Si tu veux utiliser l'atlas, il est important de savoir comment trouver rapidement les renseignements que tu y cherches. Pour cela, tu dois comprendre le fonctionnement de la table des matières, de l'index et des cartes.

a) Consulter la table des matières

Située au début de ton atlas, la table des matières te livre en un coup d'œil tout le contenu de l'ouvrage: elle te présente les grandes composantes de l'atlas. Si tu compares les tables des matières de différents atlas, tu verras que certains ouvrages sont plus généraux (on y traite, par exemple, des continents, du climat, de l'hydrographie, de la végétation, et cela pour l'ensemble du monde), tandis que d'autres portent sur une région ou un pays en particulier (par exemple, le Canada: ses provinces, sa population, etc.).

b) Consulter l'index

L'index apparaît à la fin de ton atlas et répertorie par ordre alphabétique les noms (toponymes) qui figurent sur les cartes. Chacun des noms est accompagné d'un code facile à déchiffrer, composé de deux coordonnées (une lettre et un chiffre). Tu peux ainsi faire le point de n'importe quel lieu sur une carte, comme s'il s'agissait de coordonnées géographiques (parallèles et méridiens).

B. Quelles sortes de cartes trouve-t-on dans un atlas?

Un atlas présente des portraits très diversifiés de la Terre. Pour représenter les diverses caractéristiques de la Terre, les cartographes doivent réaliser de nombreuses **cartes**. Certaines sont plus générales (cartes politiques, climatiques, etc.), d'autres, plus spécialisées (cartes sur l'agriculture, sur la pêche, etc.). Il peut donc y avoir autant de cartes qu'il y a de réalités géographiques à représenter.

Les cartes peuvent représenter différentes réalités géographiques.

1. Identifie les réalités représentées par chacune des cartes.

2. De quelle façon chacune de ces réalités est-elle représentée?

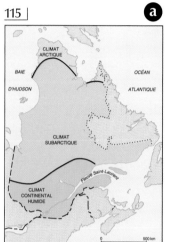

a

b

c

d

VÉRIFIE TES CONNAISSANCES

1. Consulte la table des matières de ton atlas.

   a) Combien y a-t-il de parties? Identifie-les.

   b) S'agit-il d'un atlas général du monde ou d'un atlas spécialisé sur le Canada?

   c) Identifie la page où tu trouveras, s'il y a lieu:
   — les fuseaux horaires du monde;
   — la carte politique de l'Asie;
   — les climats du monde;
   — la végétation du Canada;
   — la région de Montréal.

2. Consulte l'index de ton atlas.

   a) Est-il divisé par sections? Si oui, nomme-les.

   b) Quel code est utilisé pour localiser un lieu?

   c) Trouve le code qui permet de localiser les villes suivantes: Québec, Chicoutimi, Rimouski, Paris, Washington, Buenos Aires, Tōkyō.

3. Réfère-toi aux cartes ci-dessus et consulte la table des matières de ton atlas.

   a) À quelle page de l'atlas peux-tu repérer les cartes illustrant des réalités semblables?

   b) Dans quelle section de la table des matières sont-elles classées?

4. a) Fais la liste des villes qui figurent sur la carte 113.

   b) Trouve leurs coordonnées dans l'index de ton atlas.

SAVOIR

Les connaissances

1. Le globe terrestre donne la représentation la plus fidèle de la Terre.

2. La carte est un outil qui permet de représenter différentes images d'une même réalité.

3. La surface de la Terre est principalement constituée:
   — de grandes étendues de terre: les continents;
   — de grandes étendues d'eau salée: les océans et les mers.

4. Les grands reliefs qui forment les ensembles physiographiques des continents sont:
   — les plaines;
   — les plateaux;
   — les montagnes.

5. Les regroupements d'humains forment les grands foyers de population.

6. L'atlas est un recueil de cartes diverses.

7. Dans un atlas, le repérage se fait à l'aide de la table des matières et de l'index.

UTILISER

Activités de synthèse

*1. Observe bien les deux cartes ci-dessous.

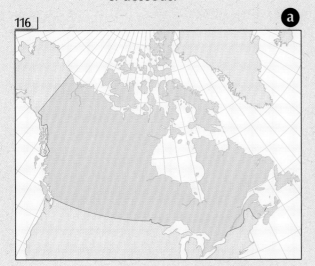

116

(a)

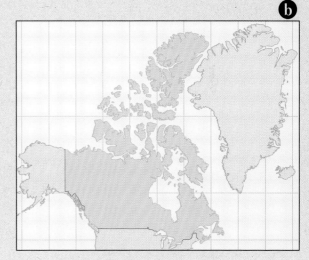

(b)

a) Quelle projection a été utilisée pour chacune de ces cartes?

b) Laquelle de ces projections est la plus proche du globe terrestre? Pourquoi?

c) Compare ces deux cartes et identifie deux différences importantes.

B ILAN

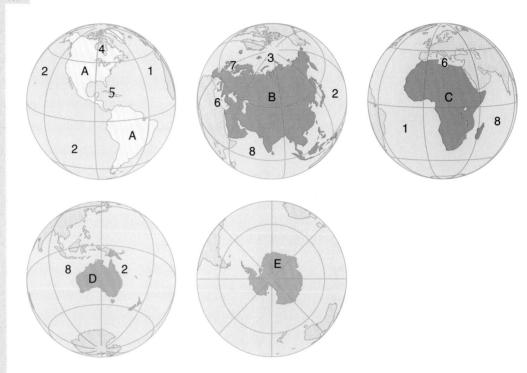

2. Voici une reproduction de chacun des continents.

   a) À quelle lettre peux-tu associer:

      — les Amériques?

      — l'Eurasie?

      — l'Afrique?

      — l'Océanie?

      — l'Antarctique?

   b) À quel nombre peux-tu associer:

      — l'océan Atlantique?

      — l'océan Pacifique?

      — l'océan Arctique?

      — l'océan Indien?

      — la mer Méditerranée?

      — la mer des Antilles?

      — la baie d'Hudson?

      — la mer du Nord?

3. À quel continent peux-tu associer chacun des pays suivants? Réfère-toi à l'index de ton atlas.

   a) Brésil

   b) Iran

   c) Suède

   d) Pérou

   e) Japon

   f) Chili

   g) Algérie

   h) Australie

   i) Bulgarie

   j) Madagascar

   k) Zaïre

   l) Italie

4. a) Choisis dix villes dans l'index de ton atlas. Pour chacune de ces villes, trouve:

   — le code indiqué dans l'index;

   — les coordonnées géographiques;

   — le pays dont elle fait partie;

   — le continent sur lequel elle se trouve.

   Note les résultats de tes recherches dans un tableau semblable au tableau ci-dessous:

ville	code	coordonnées	pays	continent

   b) Échange ta liste de villes contre celle d'un ami ou d'une amie et refaites le même travail avec ces dix nouvelles villes.

   c) Comparez vos réponses et corrigez-les s'il y a lieu.

DOSSIER 7

LA CARTE ROUTIÈRE ET LE PLAN DE VILLE

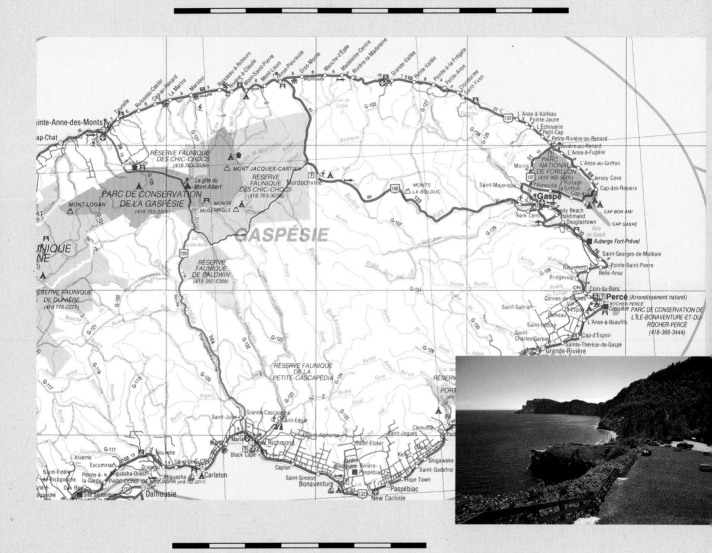

UNE NOUVELLE AVENTURE!

1. Observe la photo ci-dessus. Elle a été prise dans le parc Forillon, en Gaspésie.
   a) Si tu devais tracer l'itinéraire d'un voyage avec ta classe dans cette région, quel type de cartes utiliserais-tu?
   b) En plus de la route à suivre, quelles informations te donnerait cette carte, selon toi.

2. Sur l'extrait de carte routière reproduit sur cette page, tu peux repérer différents symboles. Connais-tu la signification de certains d'entre eux?

L'ÉTUDE DU PRÉSENT DOSSIER TE PERMETTRA:

• d'apprendre comment utiliser la carte routière et le plan de ville.

Aujourd'hui, la **carte routière** est l'une des cartes les plus utilisées. Elle est une source d'informations et un guide précis pour les voyageurs. Elle situe les localités d'une région, les routes qui les relient et indique les distances qui les séparent.

Le **plan de ville** est un autre type de carte très répandu. Il présente un tracé des rues d'une ville, situe les édifices importants, identifie les voies d'accès et fournit nombre d'autres renseignements utiles à qui veut se déplacer dans la ville.

Comme il est impossible de détailler sur une carte tous les aspects de la réalité, on recourt à un langage qu'il te faut décoder: des **symboles**, une **échelle** et un système de repérage.

1. Les éléments de la carte

A. Les symboles

S'il fallait écrire au long toutes les informations sur une carte, celle-ci deviendrait illisible. Voilà pourquoi on recourt à des symboles qui remplacent les mots, les phrases.

> Un symbole est un signe qui représente une réalité ou une idée.

Sur la carte, les symboles représentent diverses réalités. Lorsqu'un symbole est constitué d'un **pictogramme**, c'est-à-dire d'un dessin représentant une chose concrète (une auto qui dérape, par exemple), il peut être facile d'en déduire la signification. Ce n'est pas le cas, cependant, lorsqu'on est en présence de signes abstraits tels un triangle, un cercle, une ligne pointillée, etc.

Pour éviter toute confusion, il est essentiel que tout le monde s'entende sur la signification d'un symbole. Les symboles utilisés sur la carte sont donc déterminés par convention. C'est pourquoi on les désigne sous le nom de **signes conventionnels**.

Afin de faciliter la lecture de la carte, tous les symboles sont regroupés dans un tableau, appelé **légende**, où l'on donne la signification de chacun d'eux. La légende te livre ainsi la clé qui permet de décoder le langage de la carte.

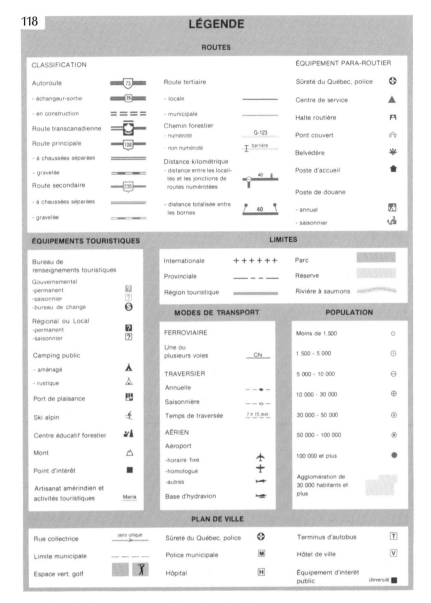

LÉGENDE

ROUTES

CLASSIFICATION

Autoroute

- échangeur-sortie

- en construction

Route transcanadienne

Route principale

- à chaussées séparées

- gravelée

Route secondaire

- à chaussées séparées

- gravelée

Route tertiaire

- locale

- municipale

Chemin forestier

- numéroté   G-123

- non numéroté   barrière

Distance kilométrique

- distance entre les localités et les jonctions de routes numérotées   40

- distance totalisée entre les bornes   40

ÉQUIPEMENT PARA-ROUTIER

Sûreté du Québec, police

Centre de service

Halte routière

Pont couvert

Belvédère

Poste d'accueil

Poste de douane

- annuel

- saisonnier

ÉQUIPEMENTS TOURISTIQUES

Bureau de renseignements touristiques

Gouvernemental
-permanent
-saisonnier
-bureau de change

Régional ou Local
-permanent
-saisonnier

Camping public

- aménagé

- rustique

Port de plaisance

Ski alpin

Centre éducatif forestier

Mont

Point d'intérêt

Artisanat amérindien et activités touristiques   Maria

LIMITES

Internationale   + + + + +

Provinciale   — — — —

Région touristique

Parc

Réserve

Rivière à saumons

MODES DE TRANSPORT

FERROVIAIRE

Une ou plusieurs voies   CN

TRAVERSIER

Annuelle

Saisonnière

Temps de traversée   1 h 15 min

AÉRIEN

Aéroport

-horaire fixe

-homologué

-autres

Base d'hydravion

POPULATION

Moins de 1,500   ○

1 500 - 5 000

5 000 - 10 000

10 000 - 30 000

30 000 - 50 000

50 000 - 100 000

100 000 et plus   ●

Agglomération de 30 000 habitants et plus

PLAN DE VILLE

Rue collectrice   sens unique

Limite municipale   — — — —

Espace vert, golf

Sûreté du Québec, police

Police municipale   M

Hôpital   H

Terminus d'autobus   T

Hôtel de ville   V

Équipement d'intérêt public   Université

Extrait de la carte routière du Québec

B. L'échelle

Dans ton enfance, tu as sûrement possédé un jouet qui ressemblait à un objet grandeur nature: une voiture, un avion, une poupée, un train miniature, etc. Ce jouet, qui reproduisait en plus petit un objet réel, était réduit à l'échelle.

La légende est un tableau explicatif des symboles utilisés.

1. Identifie les différentes classifications contenues dans cette légende.

2. Comment distingues-tu une autoroute des routes principales et secondaires?

L'échelle est un rapport entre les dimensions représentées sur une carte et les dimensions dans la réalité.

Il en est ainsi de la carte, sur laquelle on reproduit en plus petit l'ensemble d'une région.

On dit qu'une carte est à l'échelle parce que toutes les réalités qu'elle représente ont été réduites uniformément. Cela signifie qu'une unité de longueur sur la carte (par exemple, un centimètre) correspond à un nombre beaucoup plus grand de cette même unité de longueur sur le terrain (par exemple, un million de centimètres).

a) Les grandeurs d'échelles

Sur des feuilles de mêmes dimensions, les cartographes peuvent tout aussi bien représenter le Québec, ta localité, ou uniquement ton quartier. L'échelle ne sera toutefois pas la même. La carte du Québec aura la plus petite échelle, et celle de ton quartier, la plus grande.

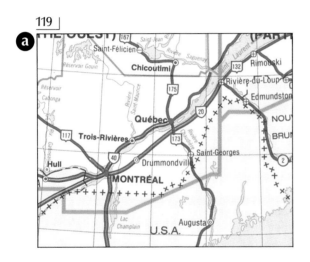

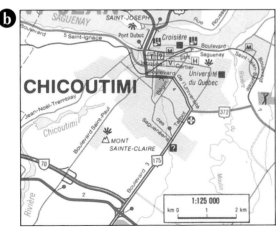

Extraits de la carte routière du Québec

Une carte à petite échelle permet de représenter:
— de grandes étendues;
— mais peu de détails.

Une carte à grande échelle permet de représenter:
— de petites étendues;
— et de nombreux détails.

1. Laquelle de ces cartes:
   a) comporte le plus de détails?
   b) représente le plus petit territoire?
   c) a la plus grande échelle?

2. La plus grande échelle correspond-elle à la carte la plus détaillée?

3. La carte reproduisant le territoire le plus étendu a-t-elle une grande ou une petite échelle?

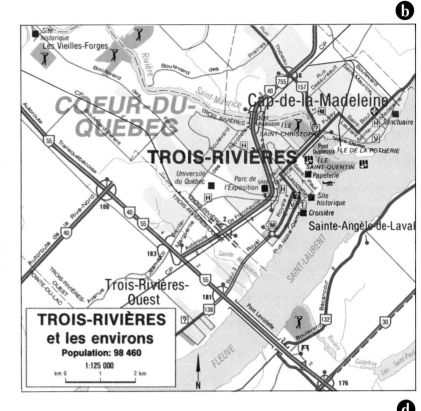

1. Tu veux visiter la ville de Trois-Rivières. Parmi ces cartes:

a) laquelle utiliserais-tu pour t'y rendre à partir de Val-d'Or, de Hull ou de Chicoutimi?

b) laquelle te permet de repérer les principales rues de la ville et les grandes routes d'accès?

c) laquelle situe Trois-Rivières par rapport au plus grand nombre de villes de sa région?

d) lesquelles te permettent d'identifier le cours d'eau important qui traverse la ville?

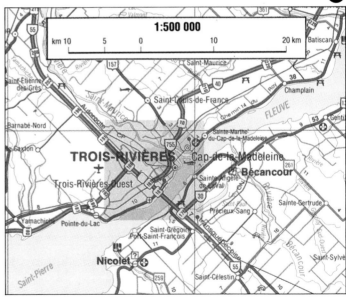

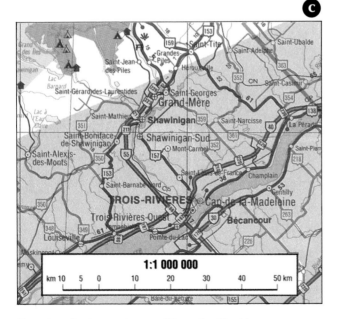

Extraits de la carte routière du Québec

2. Laquelle de ces cartes donne:
a) peu de détails sur la ville de Trois-Rivières?
b) beaucoup de détails précis sur la ville?

3. Si tu devais classer ces cartes de la plus petite échelle à la plus grande, quel ordre leur donnerais-tu?

b) Les sortes d'échelles

Les cartographes expriment l'échelle de trois façons différentes: l'échelle verbale, l'**échelle graphique** et l'**échelle numérique**.

L'échelle verbale

L'échelle verbale est un énoncé très simple. Elle peut s'exprimer dans une phrase. Par exemple: *Un centimètre équivaut à dix kilomètres.*

Cette donnée peut être abrégée ainsi: 1 cm = 10 km. Cela signifie que 1 cm mesuré sur la carte équivaut à 10 km dans la réalité; qu'une mesure de 2 cm sur la carte, correspond à deux fois plus de kilomètres sur le terrain, soit 2 x 10 km = 20 km. Et ainsi de suite...

L'échelle graphique ou linéaire

L'échelle graphique se présente sous la forme d'une ligne graduée. Elle indique le rapport entre la distance séparant deux points sur la carte et leur distance réelle sur le terrain. Chaque subdivision de l'échelle correspond à une distance réelle qui peut varier selon les cartes.

121 |

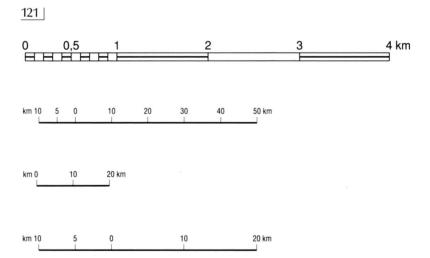

Pour calculer une distance à l'aide de l'échelle graphique:

— tu mesures d'abord cette distance sur la carte à l'aide d'une règle, d'une ficelle ou d'une feuille de papier;

— tu reportes ensuite cette mesure sur l'échelle, que tu utilises alors à la manière d'une règle.

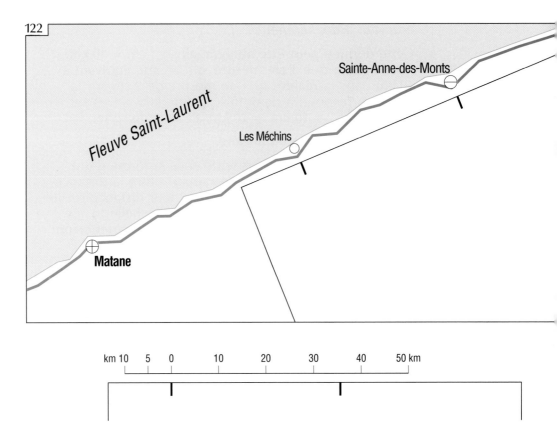

Si la distance sur la carte excède la longueur de l'échelle, reporte ta mesure en des temps successifs et additionne les résultats obtenus. Dans le cas où il y aurait un reste inférieur à la longueur d'une subdivision de l'échelle, utilise les plus petites subdivisions qui se trouvent à gauche du zéro, sur le talon de l'échelle.

* **L'échelle numérique ou fractionnaire**

L'échelle numérique est inscrite en chiffres et apparaît sous forme de fraction: 1: 100 000 ou $\dfrac{1}{100\,000}$

Cela signifie que la longueur d'une unité de mesure sur ta carte correspond à une longueur 100 000 fois plus grande dans la réalité. Par exemple, chaque centimètre mesuré sur ta carte équivaut à 100 000 cm sur le terrain ou 1 km (il y a 100 000 cm dans 1 km).

L'échelle numérique est facile à utiliser:

— le numérateur représente toujours l'unité de mesure sur la carte;

— le dénominateur représente toujours la distance équivalente sur le terrain.

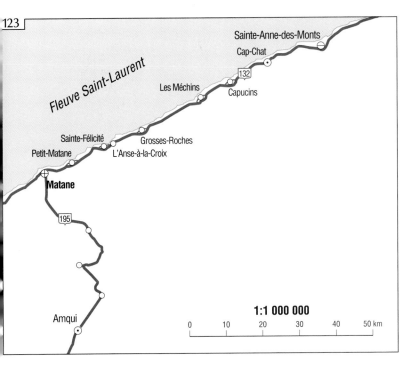

123

1. Identifie les deux types d'échelles illustrées sur cette carte.

2. À quelle distance sur le terrain correspond chaque subdivision de l'échelle graphique?

3. D'après l'échelle numérique, 1 cm sur la carte correspond à combien de centimètres dans la réalité? à combien de kilomètres?

4. Ces deux échelles ont-elles la même valeur?

5. Calcule le nombre de kilomètres qu'il y a en ligne droite:
   a) entre Amqui et Matane;
   b) entre Amqui et Cap-Chat;
   c) entre Amqui et Sainte-Anne-des-Monts;
   d) entre Matane et Sainte-Anne-des-Monts.

C. Les coordonnées alphanumériques

Comme la carte routière et le plan de ville rassemblent des informations abondantes, on a imaginé un système très simple pour y repérer rapidement un lieu: ce sont les **coordonnées alphanumériques**. Elles se composent d'une lettre (alpha) et d'un chiffre (numérique).

Ces coordonnées sont obtenues à l'aide d'un quadrillage de lignes rouges sur la carte. Chaque carré est identifié par une lettre (sens vertical) et un chiffre (sens horizontal). Les coordonnées permettent de repérer un lieu plus facilement en délimitant le carré où il se trouve. L'index de la carte fournit la liste des localités qui y figurent ainsi que leurs coordonnées alphanumériques.

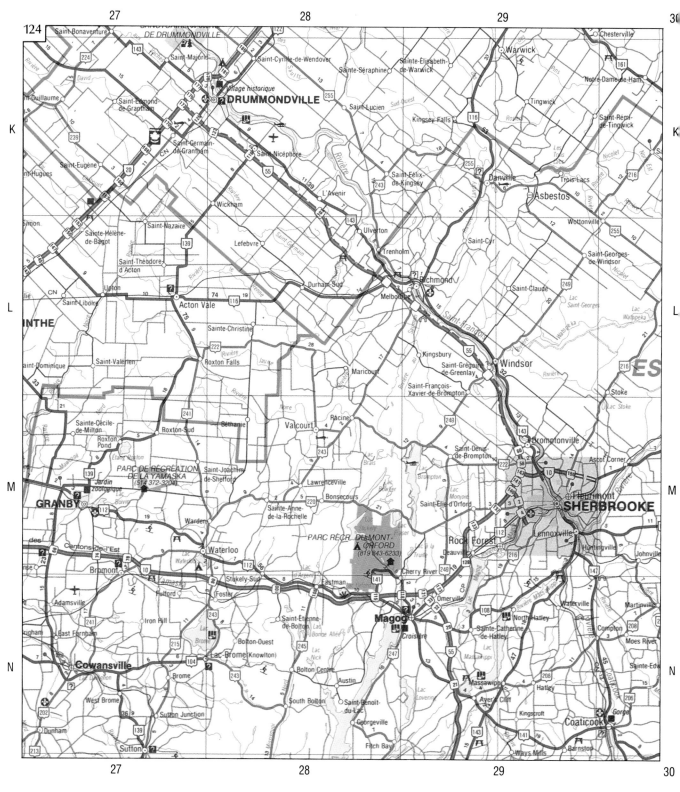

Extrait de la carte routière du Québec

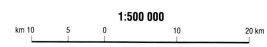

1:500 000

km 10   5   0   10   20 km

S

Sabrevois	N 25	Sherrington	N 24
Sacré-Coeur	G 20	Shigawake	G 27
Sacré-Coeur-de-Marie	J 31	Shipshaw	F 17
Sagard	G 19	Sillery	G 31
Sakami	C 2	Sorel	J 26
Salaberry-de-		South Bolton	N 28
Valleyfield	N 22	Squatec	G 22
Salluit	A 2	Stanbridge East	N 26
Sandy Beach	E 28	Stanbridge Station	N 26
Sanmaur	G 13	Stanhope	O 30
Sault-au-Mouton	F 21	Stanstead Plain	O 29
Sawyerville	M 30	Stoke	L 30
Sayabec	F 23	Stoneham	F 31
Schefferville	C 2	Stornoway	L 31
Schwartz	L 8	Stratford	K 31
Scotstown	M 31	Stukely-Sud	N 28
Scott	H 31	Sullivan	F 7
Selbaie	B 6	Sully	H 21
Senneterre	F 8	Sutton	N 27
Senneville	M 23	Sutton Junction	N 27
Sept-Îles	B 25		
Shannon	F 30		
Shawinigan	H 27		
Shawinigan-Sud	H 27		
Shawville	L 8		
Sheenboro	K 7		
Sheldrake	B 27		
Sherbrooke	M 29		

Les coordonnées alphanumériques de chaque localité figurent dans l'index de la carte.

1. Parmi les villes suivantes: Rock Forest, Bromont, Maricourt, Asbestos, Valcourt, Richmond, Acton Vale, laquelle est située dans le carré:
   a) M 29?
   b) L 27?
   c) L 28?
   d) M 28?
   e) L 29?
   f) M 27?
   g) K 29?

2. Donne les coordonnées alphanumériques de ces villes:
   a) Drummondville
   b) Cowansville
   c) Magog
   d) Granby
   e) Sherbrooke

VÉRIFIE
TES CONNAISSANCES

1. À l'aide de l'illustration 118, identifie les symboles que tu pourrais trouver sur une carte de ta localité.

2. Compare les cartes 119 a) et b).

   a) Pour reproduire de nombreux détails, utilise-t-on une grande ou une petite échelle?

   b) Laquelle de ces cartes a une grande échelle? une petite échelle?

3. Il y a plusieurs façons d'exprimer une échelle. Sur les cartes 120 a), b), c) et d), identifie:

   a) les types échelles utilisées pour ces cartes;

   b) celle qui n'est pas utilisée.

4. Lis bien la donnée suivante: *un centimètre correspond à cinq kilomètres.* Illustre cette donnée en utilisant les différents types d'échelles.

Réfère-toi à la carte 124 pour les activités suivantes.

5. Pour bien planifier un voyage, il te faut connaître la distance entre les villes où tu comptes te rendre. Calcule le nombre de kilomètres qui séparent à vol d'oiseau les villes suivantes:

    a) Granby — Magog;

    b) Granby — Cowansville;

    c) Granby — Drummondville;

    d) Magog — Drummondville;

    e) Magog — Sherbrooke.

6. Si tu avais à localiser les endroits suivants: Danville, Eastman, Bromptonville, Windsor, lequel trouverais-tu à:

    a) L 29?

    b) N 28?

    c) K 29?

    d) M 29?

7. Quelle ville importante visiterais-tu en te rendant à:

    a) K 28?

    b) M 27?

    c) N 27?

    d) M 29?

    e) N 29?

2. L'utilisation de la carte

L'utilisation d'une carte exige la connaissance de certains éléments particuliers à celle-ci.

A. Comprendre les cartons

La carte routière du Québec comporte une série de petites cartes donnant, l'une, une vue d'ensemble du Québec, et les autres, le plan de quelques villes importantes et de leurs environs. Ces petites cartes sont appelées cartons; elles permettent de mieux situer, entre autres, les principales rues et les voies d'accès de certaines villes; de plus, à l'aide de symboles, elles nous renseignent sur les points d'intérêt et les lieux publics.

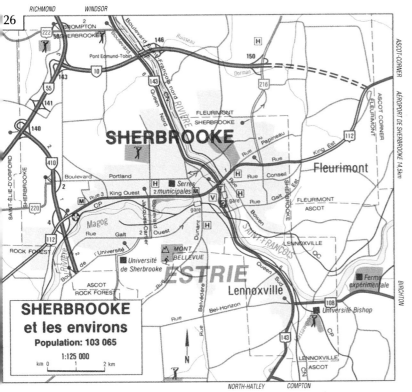

Extrait de la carte routière du Québec

1. Sur la carte ci-contre, identifie:
   a) les autoroutes qui donnent accès à la ville;
   b) les routes principales qui la traversent.

2. Dans la ville, quel nom porte:
   a) la route 112?
   b) la route 143?

3. Vers quelle(s) ville(s) conduit:
   a) la route 112?
   b) la route 143?

4. Quelles rivières traversent la ville?

5. Fais la liste des symboles que tu trouves sur la carte et donnes-en la signification à l'aide de ta légende de la page 108.

6. Dans quelle(s) rue(s) trouveras-tu:
   — un hôpital?
   — l'Université de Sherbrooke?
   — les serres municipales?
   — la gare?
   — un poste de police?

La numérotation des routes

Au Québec, un système de numérotation des routes en facilite le repérage:

— les numéros 1 à 99 sont réservés aux autoroutes;

— les numéros 100 à 199 identifient les routes principales ou provinciales;

— les routes secondaires ou régionales portent...
  • les numéros 200 à 299 sur la rive sud du fleuve;
  • les numéros 300 à 399 sur la rive nord du fleuve.

De plus, les numéros pairs sont attribués aux routes tracées dans le sens est-ouest, et les numéros impairs aux routes dans le sens nord-sud.

B. Calculer la longueur d'un itinéraire

La carte routière permet de connaître rapidement la distance qui sépare deux endroits. En plus des échelles, il existe d'autres moyens pour calculer la distance entre deux villes ou la longueur d'un trajet.

a) Les nombres en rouge entre deux bornes sur une route indiquent la distance en kilomètres entre ces deux bornes. L'addition de ces nombres entre deux endroits marqués par ces bornes te donne la distance qui les sépare.

b) Les nombres en noir, plus petits, échelonnés le long d'une route, précisent:

— soit la distance entre deux localités;

— soit la distance entre une localité et une intersection de routes;

— soit la distance entre deux intersections de routes.

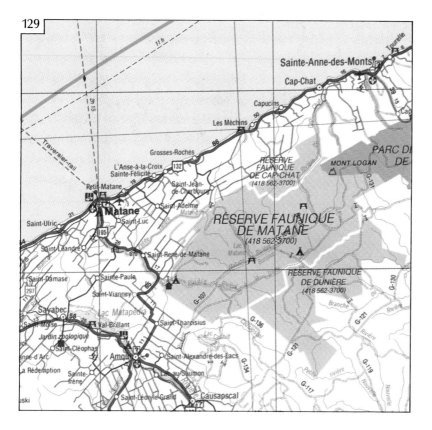

1. Près de quelles villes les bornes sont-elles placées?

2. Combien de kilomètres séparent:
   a) Matane et Sainte-Anne-des-Monts?
   b) Sainte-Anne-des-Monts et Cap-Chat?
   c) Matane et Amqui?

3. Quelle distance y a-t-il entre:
   a) Sainte-Anne-des-Monts et la halte routière de Tourelle?
   b) Amqui et Saint-Vianney?
   c) Saint-Vianney et Matane?

c) Par contre, si tu veux connaître la distance séparant deux villes éloignées importantes, il vaut mieux utiliser la table des distances.

La table des distances est un moyen rapide et précis pour évaluer la longueur d'un itinéraire.

1. Cómbien de kilomètres séparent:
   a) Matane et Drummondville?
   b) Matane et Joliette?
   c) Matane et Hull?
   d) Matane et Gaspé?

2. Quelle distance dois-tu parcourir pour aller:
   a) de Hull à La Malbaie?
   b) de Granby à La Tuque?
   c) de Hull à Joliette?
   d) de Matagami à Gaspé?

3. a) Combien de kilomètres séparent Matane et Sainte-Anne-des-Monts?
   b) Cette distance est-elle équivalente à celle donnée par les bornes de la carte 129?

130 |

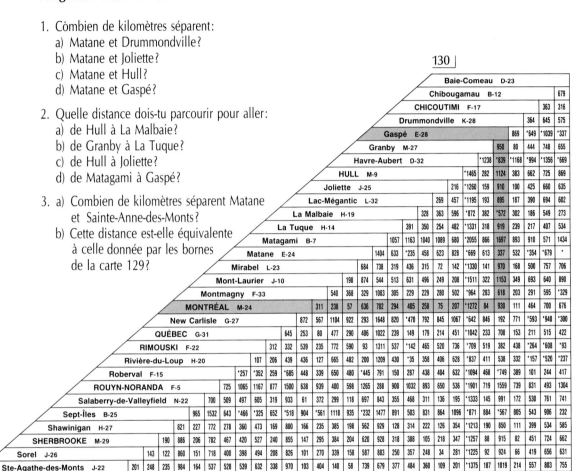

Extrait de la carte routière du Québec

C. Lire un plan de ville

La meilleure façon d'explorer une ville, c'est d'abord de te référer à une carte détaillée de cette localité. Le **plan de ville** comporte des éléments identiques à ceux de la carte routière: un index (des noms de rues), un quadrillage alphanumérique ou un code de localisation, une échelle, une rose des vents et une légende.

Sur de nombreux plans de ville, tu trouveras aussi des renseignements concernant l'utilisation du sol: les aires de loisirs, les parcs, les quartiers résidentiels, industriels, commerciaux, et dans certains cas, les zones réservées à l'agriculture.

1. Quelle couleur est utilisée pour représenter:
   a) la zone industrielle?
   b) les édifices publics?

2. Quelles sont les coordonnées du parc Olympique?

3. Quel indice te permet d'orienter la carte?

	Autoroute
	Route provinciale
	Artère principale
	Rue principale
	Autre rue
	Chemin de fer avec gare
	Limite régionale
	Limite municipale
	Cadre bâti
	Terrain institutionnel
	Parc
	Terrain de golf
	Cimetière
	Centre commercial
	Zone industrielle
	Édifice
	Gare de train de banlieue
	Ligne de métro avec station
	Bureau de poste
	École, cégep, collège
	Point d'intérêt
	Marina
	Lieu religieux
	Poste de pompiers
	Poste de police
	Hôpital
	Piscine extérieure
	Piscine intérieure
	Bibliothèque
	Centre communautaire
	Aréna
625	Numéro civique
232	Numéro de sortie
	Rue à sens unique
	Hôtel, motel
	Voie cyclable

Carte et photo aérienne d'une partie de Montréal

1. Quels types de routes observes-tu sur la carte ci-dessus?

2. Selon les bornes, combien de kilomètres séparent les villes suivantes situées le long de la route 138?

   a) Baie-Saint-Paul et La Malbaie

   b) La Malbaie et Saint-Siméon

   c) Baie-Saint-Paul et Saint-Siméon

   d) Saint-Siméon et Tadoussac

3. À partir de La Malbaie (route 138), tu souhaites te rendre à Chicoutimi par le trajet le plus court. Quel sera ton choix: a), b) ou c)?

   a) De La Malbaie à Tadoussac (route 138), de Tadoussac à Chicoutimi (route 172).

   b) De La Malbaie à Baie-Saint-Paul (route 138), de Baie-Saint-Paul à Chicoutimi (route 381).

   c) De La Malbaie à Saint-Siméon (route 138), de Saint-Siméon à Chicoutimi (route 170).

4. Tu prépares une randonnée cycliste. Lequel des trajets proposés ci-dessous sera le plus long?

   a) De Baie-Saint-Paul à Boileau (route 381).

   b) De Baie-Saint-Paul à Baie-des-Rochers (route 138).

   c) De Baie-Saint-Paul à La Malbaie (route 138) et retour à Baie-Saint-Paul (route 362).

   d) De La Malbaie à Saint-Siméon (route 138), de Saint-Siméon à Sagard (route 170).

5. Calcule la distance à vol d'oiseau entre:

   a) Chicoutimi, Tadoussac, Saint-Siméon.

   b) Chicoutimi, Baie-Saint-Paul, Saint-Siméon.

   c) Chicoutimi, La Malbaie, Baie-Saint-Paul.

6. Selon la table des distances (ill. 130), combien de kilomètres séparent Chicoutimi:

   a) de La Malbaie?

   b) de Matagami?

   c) de Matane?

   d) de Gaspé?

7. Procure-toi un plan de ta localité ou de ton quartier.

   a) En l'absence de coordonnées, trace des coordonnées alphanumériques.

   b) Prépare une légende et reporte les symboles sur la carte aux endroits appropriés:
      — utilise les principaux éléments répertoriés dans la légende de la carte routière;
      — invente un symbole pour identifier les équipements publics: école, aréna, bibliothèque, centre sportif, église, etc.

   c) Colorie:
      — les espaces verts en vert;
      — les quartiers résidentiels en jaune;
      — les rues commerciales en rouge;
      — l'eau en bleu.

   d) À l'aide de l'échelle de ta carte, calcule la distance qui sépare ta résidence des principaux lieux que tu fréquentes.

BILAN

S A V O I R

Les connaissances

1. a) La carte routière situe les localités et les routes qui les relient entre elles.

   b) Le plan de ville situe les rues et les endroits publics d'une localité.

2. La légende est un tableau explicatif des symboles utilisés sur une carte.

3. a) L'échelle exprime le rapport entre les dimensions représentées sur la carte et les dimensions dans la réalité.

   b) La carte à grande échelle permet de représenter beaucoup de détails.

   c) La carte à petite échelle représente peu de détails.

4. Les différents types d'échelles sont:
   — l'échelle verbale;
   — l'échelle graphique ou linéaire;
   * — l'échelle numérique ou fractionnaire.

5. La distance entre deux localités peut se calculer:
   — à l'aide de l'échelle;
   — à l'aide de la table des distances;
   — à l'aide des bornes.

6. Les coordonnées alphanumériques d'un lieu données dans l'index permettent de repérer ce lieu sur la carte.

U T I L I S E R

Activités de synthèse

1. En te référant à la légende de la page 108, trouve par quels symboles seraient indiqués les éléments suivants sur une carte:

   a) une ville dont la population est de 22 000 habitants;

   b) un camping public aménagé;

   c) une université;

   d) un poste d'accueil;

   e) un traversier saisonnier qui effectue sa traversée en 30 minutes.

2. Sur une carte, il y a plusieurs façons d'exprimer une échelle. Comment traduirais-tu l'énoncé suivant, « 1 cm équivaut à 10 km », sous forme:

   a) d'échelle verbale?

   b) d'échelle graphique?

   * c) d'échelle numérique?

123

3. Voici diverses échelles extraites de la carte routière du Québec.

ÎLES DE LA MADELEINE
1:1 000 000
km 0   10   20 km

le QUÉBEC
Superficie: 1 394 587,14 km²
Population 6 540 406
1:10 500 000
km 0   100   200 km

QUÉBEC et les environs
Population 528 550
1:125 000
km 0   1   2 km

HULL et les environs
Population 136 416
1:125 000
km 0   1   2 km

MONTRÉAL et les environs
Population 2 766 240
1:250 000
km 0   1   2   3   4 km

CÔTE-NORD
1:4 000 000
km 0   40   80 km

a) À combien de kilomètres équivaut 1 cm selon chacune de ces échelles?

b) Laquelle de ces échelles est la plus grande? la plus petite?

c) Combien de kilomètres aurais-tu parcourus sur le terrain si tu avais franchi une distance de 8 cm sur chacune des cartes?

Consulte la carte 124 pour répondre aux questions 4 à 8.

4. Donne les coordonnées alphanumériques des villes suivantes:

a) Magog;

b) Granby;

c) Cowansville.

5. Quel est le plus court chemin pour aller:

a) de Sherbrooke à Drummondville?

b) de Granby à Drummondville?

c) de Granby à Sherbrooke?

6. De nombreuses localités sont situées au carrefour de routes importantes. Quelles routes se rencontrent à:

a) Granby (M 27)?

b) Acton Vale (L 27)?

c) Magog (N 29)?

d) Richmond (L 29)?

7. Quelle distance à vol d'oiseau y a-t-il entre:

a) Sherbrooke et Granby?

b) Drummondville et Granby?

c) Drummondville et Sherbrooke?

8. À l'aide des bornes, trouve la distance entre:

a) Richmond (L 29) et Drummondville, par la route 143;

b) Cowansville et Granby, par la route 139;

c) Granby et Magog, par la route 112;

d) Granby et Acton Vale (L 27), par la route 139;

e) Acton Vale et Richmond (L 29), par la route 116;

f) Waterloo (M 27) et Richmond, par la route 243.

Un voyage aux îles de la Madeleine!

Pour les prochaines vacances d'été, ta famille prévoit un séjour aux îles de la Madeleine; cette région se compose d'un groupe d'îles, dont la plupart sont reliées les unes aux autres par des cordons de sable. En attendant de recevoir un guide plus détaillé, tu décides d'étudier le carton qui figure sur la carte routière.

Extrait de la carte routière du Québec

9. a) D'après la carte, quelle étendue d'eau entoure les îles de la Madeleine?

   b) De quelles façons peux-tu avoir accès à cette région?

   c) D'où vient le traversier qui se rend aux îles de la Madeleine?

10. a) Donne les coordonnées géographiques des îles de la Madeleine.

    b) La carte routière est orientée de manière à ce que le nord se trouve en haut. Par conséquent, dirais-tu que les îles de la Madeleine s'étendent sur un axe:

    nord — sud?
    est — ouest?
    nord-est — sud-ouest?
    nord-ouest — sud-est?

11. Donne les coordonnées alphanumériques des localités suivantes:

    a) Havre-Aubert;

    b) L'Île-d'Entrée;

    c) Grande-Entrée.

12. Pour mieux comprendre la région que tu visiteras, compose la légende de la carte en te référant à l'illustration 118 du manuel. Reproduis tous les symboles observés sur la carte des îles de la Madeleine en les classant par thèmes:

    a) routes: classification — équipement pararoutier;

    b) équipements touristiques;

    c) modes de transport;

    d) population.

    Par la suite, inscris la signification des symboles.

13. À l'aide des symboles que tu viens de repérer, précise les informations suivantes:

a) quelles localités ont un aéroport?

b) où trouves-tu un bureau de renseignements touristiques?

c) à quel endroit sont les bureaux de la Sûreté du Québec?

d) dans quelles localités peux-tu camper?

e) combien de haltes routières sont à ta disposition?

f) quelles localités offrent un service de traversier pour atteindre l'Île-d'Entrée?

g) y a-t-il un parc ou une réserve?

135

CHICOUTIMI F-17										
Drummondville K-28										364
Gaspé E-28									869	*649
Granby M-27								950	80	444
Havre-Aubert D-32							*1238	*839	*1168	*994
HULL M-9						*1465	282	1124	383	662
MONTRÉAL M-24					207	*1272	84	930	111	464
QUÉBEC G-31				253	451	*1042	233	708	153	211
RIMOUSKI F-22			312	539	736	*709	519	382	438	*264
ROUYN-NORANDA F-5		1167	877	638	536	*1901	719	1559	739	831
SHERBROOKE M-29	782	527	240	147	347	*1257	88	915	82	451

Extrait de la carte routière du Québec

14. Selon la table des distances, combien de kilomètres séparent Havre-Aubert des villes suivantes?

a) Hull

b) Drummondville

c) Sherbrooke

d) Rimouski

e) Montréal

f) Québec

g) Rouyn-Noranda

h) Chicoutimi

15. a) Identifie les types d'échelles illustrées sur la carte.

b) Trouve la valeur de 1 cm.

c) Sur combien de kilomètres s'étendent les îles habitées?

d) Quelle île inhabitée est située à près de 20 km au nord-est?

e) L'Île-d'Entrée est située à combien de kilomètres de la municipalité de:
— Cap-aux-Meules?
— Havre-Aubert?

16. a) Si tu voyages de Havre-Aubert à Grande-Entrée en auto, combien de kilomètres t'indiquent les bornes?

b) Si tu parcourais le même trajet en avion, combien de kilomètres sauverais-tu?

c) Si tu arrives à l'aéroport de Havre-aux-Maisons, combien de kilomètres te séparent du camping de Grande-Entrée?

d) Si tu décides d'aller te baigner à Pointe-aux-Loups à bicyclette, combien de kilomètres devras-tu franchir à partir du camping?

e) Si tu prévois faire le trajet de Havre-Aubert à L'Île-d'Entrée, puis à Cap-aux-Meules en traversier, combien de temps devras-tu y consacrer?

f) Où te conduit la longue traversée de 5 heures en partance de Cap-aux-Meules?

g) Selon la légende de la carte routière, page 108, le service de traversier est-il saisonnier ou permanent?

17. Selon ce que tu en sais:

a) à quelle province les îles de la Madeleine sont-elles rattachées?

b) quelle ressource alimentaire est abondante aux îles de la Madeleine?

c) quel nom donne-t-on aux gens qui y habitent?

LA CARTE TOPOGRAPHIQUE

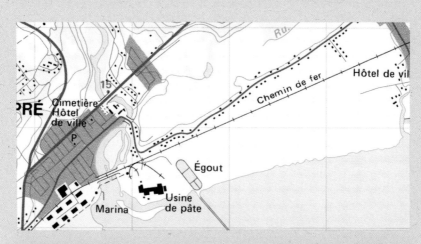

UNE NOUVELLE AVENTURE!

1. a) Compare la carte et la photographie ci-dessus. Quels éléments de la photographie sont représentés sur la carte?
   b) De quelle façon les représente-t-on?

2. En quoi cette carte diffère-t-elle d'une carte routière?

L'ÉTUDE DU PRÉSENT DOSSIER TE PERMETTRA:

- de reconnaître les éléments physiques et humains représentés sur la carte topographique;

- d'utiliser les coordonnées topographiques pour situer un lieu;

- de lire la représentation du relief sur ce même type de carte.

P our connaître précisément une région, la carte topographique constitue un outil indispensable parce qu'elle en offre un portrait détaillé. On peut en effet y repérer les cours d'eau, les boisés, les routes, les constructions importantes, les dénivellations du terrain, etc.

1. Les éléments de la carte topographique

A. Les symboles

La **carte topographique** est une carte détaillée, à grande échelle, qui fournit un portrait précis d'une région en situant ses principaux éléments physiques (relief, cours d'eau, végétation) et humains (constructions, aménagement du territoire) à l'aide de divers symboles.

> La carte topographique illustre et situe les éléments physiques et humains d'une région.

a) Les éléments humains d'une région

136

══════	Route à double chaussée
─────	Route pavée, plus de 2 voies
─────	Route pavée, 2 voies
─────	Route pavée, moins de 2 voies
─────	Route non pavée
┼┼┼┼ ╫╫╫	Chemin de fer: voie unique; voies multiples
┼─■─┼	Gare
⟋⟍	Pont
⟩╌╌╌╌⟨	Tunnel
╌╌╌○╌╌╌	Téléphérique
╌╌╌⟨○⟩╌╌╌	Route de traversier
☼	Balise lumineuse
⚓	Marina
✈	Aéroport
▪ ▬ ◾	Bâtiment
⚰	Édifice religieux
P▪	Bureau de poste
▪	École
⌐c¬	Cimetière
┴ ┴ ┴ ┴ ┴	Ligne téléphonique
╌╌╌╌╌╌╌	Ligne de transport d'énergie
人	Terrain de camping
⊓	Terrain de pique-nique
⬭	Piste de course
⟟	Station de ski
✕	Mine
⣿	Gravière, sablière, glaisière
⬮	Carrière
◧ ⦚	Déblai; remblai
┼═══	Barrage

Sur la carte topographique, les symboles illustrant des réalisations humaines sont les plus nombreux.

1. Énumère les symboles que tu trouves également sur la carte routière.

2. Lesquels de ces symboles choisirais-tu pour représenter des réalités de ton milieu?

3. Quelle couleur utilise-t-on pour illustrer:
   a) les villes (agglomérations)?
   b) les routes pavées?
   c) les routes non pavées?
   d) les réalisations humaines?

b) Les éléments physiques d'une région

La carte topographique t'informe en détails sur l'aspect physique d'une région; à partir d'une photographie aérienne, elle reproduit tout ce qui est visible à la surface du sol: l'eau, la végétation et le relief.

137

Cours d'eau ou rive
Lac ou étang
Marécage
Chute
Rapides
Courbes de niveau: maîtresse, intermédiaires
Région boisée
Verger

1. Quelle couleur utilise-t-on pour représenter:
   a) l'eau?
   b) une région boisée?
   c) le relief?

2. Lesquels de ces symboles correspondent à des réalités de ton milieu?

Sur la carte topographique, les couleurs jouent un rôle important:

— le BLEU: l'hydrographie

— le VERT: une zone boisée (forêts, vergers, etc.)

— le BLANC: une zone déboisée

— le BRUN: le relief

— le ROUGE: une route pavée

— l'ORANGÉ: une route non pavée

— le ROSE: une agglomération (ville, village)

— le NOIR: une réalisation humaine

138

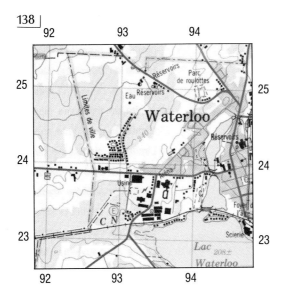

1. Identifie les couleurs utilisées sur la carte et donne leur signification.

2. Parmi ces couleurs:
   a) lesquelles trouve-t-on également sur la carte routière?
   b) lesquelles ont la même signification que sur la carte routière?
   c) lesquelles n'ont pas la même signification?

Extrait de la carte topographique de Granby

B. Les coordonnées topographiques

Pour situer avec précision une réalité géographique, un quadrillage de lignes bleues numérotées est tracé sur la carte topographique. Ces lignes déterminent les **coordonnées topographiques**, tout comme les parallèles et les méridiens déterminent les coordonnées géographiques.

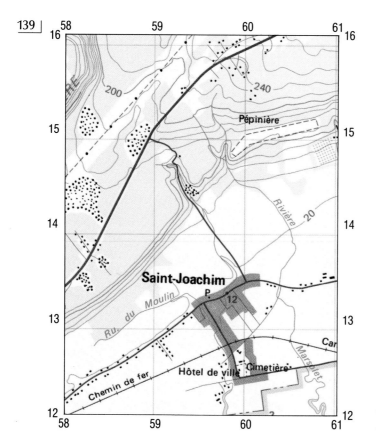

139 |

Les coordonnées topographiques sont formées de lignes horizontales et verticales; les lignes verticales sont numérotées de l'ouest à l'est, et les lignes horizontales, du sud au nord.

1. Quelle est la couleur des lignes qui servent à déterminer les coordonnées topographiques?

2. Le système de repérage de la carte topographique est-il le même que celui de la carte routière? Dans quel sens sont numérotées les lignes verticales? les lignes horizontales?

Extrait de la carte topographique de Beaupré

Pour repérer un lieu, on utilise la numérotation de chacune des lignes. Par convention, on donne d'abord la coordonnée verticale, puis la coordonnée horizontale. Selon la précision voulue, on peut utiliser quatre chiffres ou six chiffres.

a) Les coordonnées à quatre chiffres

Les coordonnées à quatre chiffres situent un lieu en délimitant le carré où il se trouve sur la carte.

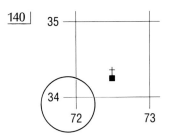

Comment trouver les coordonnées à quatre chiffres d'un point?

La localisation à quatre chiffres se fait en donnant les coordonnées correspondant au coin inférieur gauche du carré; par exemple, pour situer l'église:

— on donne d'abord le numéro de la verticale: 72;

— on donne ensuite le numéro de l'horizontale: 34.

Les coordonnées 7234 sont une référence à quatre chiffres.

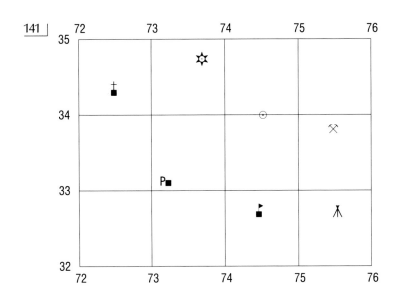

À l'aide de coordonnées à quatre chiffres, localise les éléments suivants:
a) le camping;
b) la poste;
c) l'école;
d) la tour;
e) la mine;
f) le phare.

*b) Les coordonnées à six chiffres

Si les coordonnées à quatre chiffres suffisent pour identifier un carré, elles ne peuvent cependant pas situer très précisément un point dans ce carré.

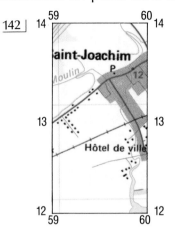

142 |

Comment localiser très précisément le bureau de poste de Saint-Joachim?

Extrait de la carte topographique de Beaupré

L'emploi des coordonnées à six chiffres permet une localisation plus exacte de tout point sur une carte. Le procédé est identique au précédent, mais exige une opération supplémentaire.

* *Comment trouver les coordonnées à six chiffres?*

La localisation à six chiffres se fait en subdivisant en dixièmes l'intervalle compris entre deux lignes numérotées; ainsi, pour situer le bureau de poste:

— on donne d'abord le numéro de la verticale (59) auquel on ajoute le dixième correspondant au point occupé par le bureau de poste (6): 596;

— on donne ensuite le numéro de l'horizontale (13) auquel on ajoute le dixième où se trouve le bureau de poste (4): 134.

Les coordonnées topographiques du bureau de poste sont donc 596134.

143 |

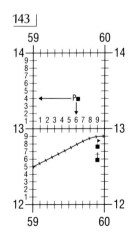

1. En combien de parties subdivises-tu l'intervalle compris entre deux lignes numérotées pour trouver une référence à six chiffres?

2. Donne les coordonnées à quatre chiffres et à six chiffres de chacun des éléments suivants:
   a) l'église;
   b) l'école;
   c) le début et la fin du chemin de fer.

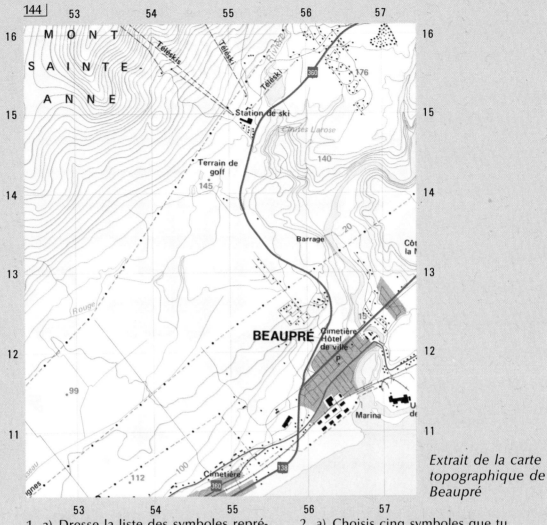

Extrait de la carte topographique de Beaupré

1. a) Dresse la liste des symboles représentant des réalisations humaines sur la carte ci-dessus et donne leur signification.

   b) Énumère les couleurs utilisées sur la carte et donne leur signification.

2. a) Choisis cinq symboles que tu reproduiras; identifie-les et donne leurs coordonnées topographiques à quatre chiffres.

   *b) Choisis cinq symboles que tu reproduiras; identifie-les et donne leurs coordonnées topographiques à six chiffres.

2. La représentation du relief

Imagine qu'au retour d'un voyage tu veuilles décrire à tes amis le paysage d'une région que tu as visitée; tu leur parlerais, par exemple, des montagnes élevées, de la rivière qui coule au fond de la vallée, etc. Mais comment procéderaient des cartographes pour décrire la même réalité sur une carte topographique?

A. L'altitude

Parler de **l'altitude** d'une montagne, c'est parler de sa hauteur... mais par rapport à quoi?

En cartographie, c'est le **niveau moyen de la mer** (niveau 0) qui sert de référence pour calculer la hauteur d'un lieu. Toutes les **cotes d'altitude** inscrites sur une carte ont été mesurées à partir du niveau de la mer; cette mesure verticale, c'est l'**altitude absolue**. Une telle référence est parfois identifiée par les lettres N. M. M., pour *niveau moyen de la mer*.

Par contre, si tu compares la hauteur d'un lieu quelconque à un autre lieu, on parle alors de son **altitude relative** ou de sa **dénivellation**.

> L'altitude est la hauteur par rapport au niveau moyen de la mer.

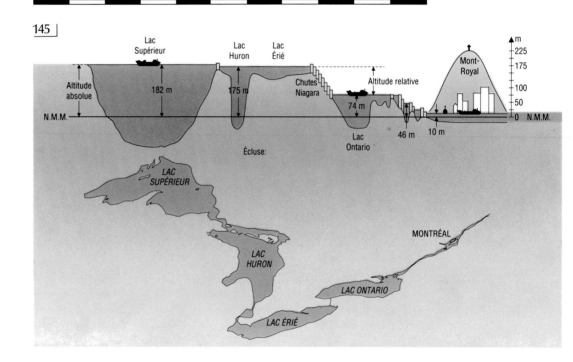

Le navire partant de Montréal pour se rendre au lac Supérieur doit s'élever d'environ 172 mètres.

1. a) Par rapport au niveau moyen de la mer, lequel des éléments suivants a l'altitude la plus élevée: le lac Ontario, le lac Supérieur ou le mont Royal?
   b) S'agit-il d'une altitude absolue ou relative?

2. a) Donne la différence d'altitude (la dénivellation) entre:
   — le lac Érié et le lac Ontario;
   — le mont Royal et le lac Supérieur.
   b) S'agit-il d'une altitude absolue ou relative?

En cartographie, il existe différents moyens pour donner une idée de l'altitude d'un lieu: la couleur, les repères d'altitude et les courbes de niveau.

a) La couleur

Dans ton atlas, tu as certainement observé une carte qui reproduisait l'aspect physique du Canada ou du Québec. Cette carte présente des teintes variées auxquelles correspondent des altitudes approximatives: c'est ce qu'on appelle une **carte hypsométrique**.

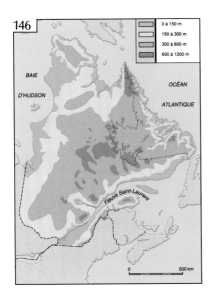

La carte hypsométrique représente les différences d'altitude par l'emploi de teintes variées.

1. De quelle façon la carte hypsométrique représente-t-elle les différences d'altitude?

2. À quelles altitudes correspond:
   a) la couleur verte?
   b) la couleur mauve?

3. À quel type de relief pourrait correspondre:
   a) la couleur verte?
   b) la couleur mauve?

4. L'altitude de la région que tu habites est-elle indiquée avec une grande précision?

Cependant, ces cartes ont le désavantage d'être peu précises puisqu'elles ne donnent qu'un aperçu général de l'altitude d'une région.

b) Les repères d'altitude

Sur la carte topographique, on utilise différents repères déterminés à partir de mesures prises sur le terrain. Ces repères servent à marquer la hauteur de certains lieux au-dessus du niveau moyen de la mer.

Les points cotés

Les **points cotés** sont des mesures d'altitude précises, prises en différents lieux. Sur la carte topographique, on les indique à l'aide d'un point accompagné d'un nombre: c'est la cote d'altitude.

Lorsqu'une cote d'altitude est suivie du signe ±, elle indique l'altitude approximative d'un plan d'eau, dont la hauteur varie selon les saisons.

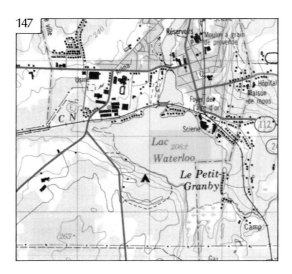

Extrait de la carte topographique de Granby

Les repères de nivellement

Les **repères de nivellement** sont également des mesures précises, mais qui figurent à la fois sur la carte et sur le terrain, là où la mesure a été prise. Ils sont gravés sur des murs, des poteaux, des édifices, etc. Sur la carte, la cote d'altitude est alors accompagnée d'une flèche ou des lettres RN lorsque la hauteur est exprimée en mètres. On trouve aussi les lettres BM, pour « bench mark », lorsqu'il s'agit de mesures en pieds.

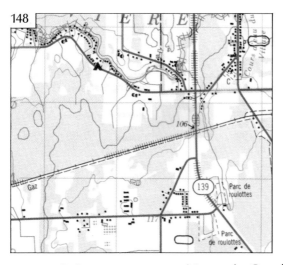

Extrait de la carte topographique de Granby

Un repère de nivellement

Mais tous ces repères d'altitude isolés sur une carte ne donnent pas un très bon portrait du relief d'une région. En topographie, les cartographes ont imaginé une technique plus précise pour indiquer l'altitude sur une carte: ce sont les courbes de niveau.

c) Les courbes de niveau

Tu t'es sans doute demandé à quoi servaient ces lignes brunes sur une carte topographique... Ces lignes plus ou moins rapprochées les unes des autres sont des **courbes de niveau**. Elles relient tous les *points de même altitude* par rapport au niveau moyen de la mer (N.M.M.).

Pour tracer les courbes de niveau, les cartographes inscrivent d'abord sur une carte un grand nombre de points cotés mesurés sur le terrain ou à partir d'une photo aérienne.

Une fois ce relevé terminé, ils relient les unes aux autres les cotes de même altitude. Pour éviter que la carte ne soit recouverte de courbes qui masqueraient des détails importants, les courbes sont tracées à intervalles réguliers d'altitude, par exemple à tous les dix mètres. Cette hauteur *verticale* constante entre deux courbes successives, c'est l'**équidistance**.

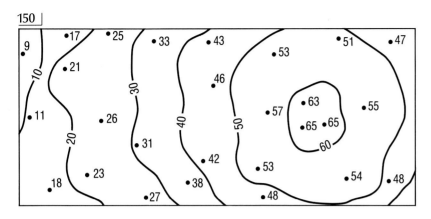

150

Équidistance : 10 mètres

La courbe de niveau réunit les cotes de même altitude. Le nombre inscrit le long de la courbe indique son altitude au-dessus du niveau de la mer.

1. a) Les cotes d'altitude inscrites indiquent-elles une altitude absolue ou relative ?
   b) Quel point de référence a-t-on utilisé pour déterminer ces cotes d'altitude ?
   c) Quel nom donne-t-on aux lignes qui relient les points de même altitude ?

2. Quelle est la dénivellation entre la courbe la plus élevée et la plus basse ?

3. Quel intervalle régulier sépare chacune des courbes ?

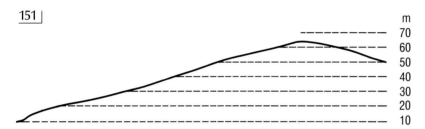

151

m
70
60
50
40
30
20
10

Chaque courbe de niveau correspond à une tranche d'épaisseur constante. Cette distance verticale constante s'appelle l'équidistance.

1. Comment définirais-tu l'équidistance ?

2. a) Quelle est l'équidistance des courbes de niveau du graphique ci-contre ?
   b) Correspond-elle à celle de l'illustration ci-dessus ? Pourquoi ?
   c) En comparant le graphique et l'illustration, comment expliques-tu que les points cotés 65 n'aient pas été reliés par une courbe ?

Puisque l'équidistance est toujours la même d'une courbe à l'autre, il n'est donc pas nécessaire de numéroter toutes les courbes.

Pour permettre une lecture rapide, on renforce le trait de certaines d'entres elles, en général une sur cinq, qu'on appelle **courbes maîtresses**. Elles facilitent le repérage d'altitude et le calcul de l'équidistance.

Les courbes plus pâles situées entre les courbes maîtresses sont désignées sous le nom de courbes intermédiaires.

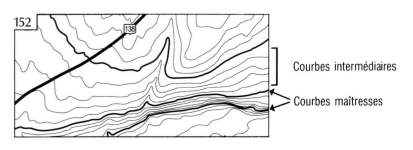

152

Courbes intermédiaires

Courbes maîtresses

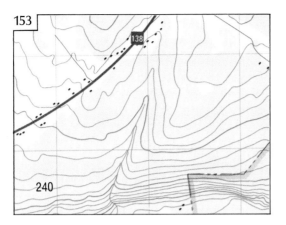

153

138

240

Extrait de la carte topographique
de Beaupré

Équidistance : 20 mètres

1. a) Comment reconnais-tu les courbes maîtresses ?
   b) À quoi servent-elles ?
   c) Les courbes maîtresses sont-elles numérotées sur cette carte ?
   d) Donne la cote d'altitude des courbes maîtresses.

2. a) Quelle est l'altitude la plus élevée de la route ?
   b) Quelle est son altitude la plus basse ?
   c) Quelle est sa dénivellation ?

B. La forme du terrain

Les courbes de niveau aident non seulement à déterminer les différences d'altitude du sol d'une région, mais elles illustrent également avec exactitude le **relief**.

a) La coupe topographique

À partir des courbes de niveau, qui nous donnent une vue à vol d'oiseau du relief d'une région, il est possible de reconstituer le profil de ce relief. C'est ce qu'on appelle une **coupe topographique**.

Par exemple, la coupe topographique d'une montagne en trace un portrait comparable à celui que l'on obtiendrait si l'on pouvait couper cette montagne en deux. Chaque courbe de niveau correspond, en quelque sorte, à une tranche de montagne. Toutes les tranches empilées reconstituent la montagne.

154

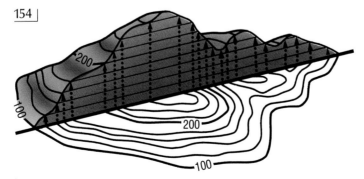

Équidistance : 20 mètres

En suivant les étapes décrites ci-dessous, tu pourras exécuter facilement une coupe topographique.

Comment effectuer une coupe topographique

1. a) Inscris la cote d'altitude sur chaque courbe;
   b) trace une ligne (AB) sur le relief que tu veux représenter; cette ligne, appelée ligne de coupe, s'apparente à un couteau qui trancherait les courbes à reproduire.

155

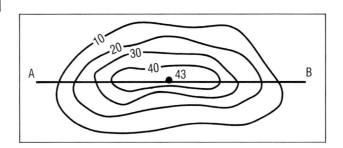

2. Sur du papier millimétrique:
   a) trace à intervalles réguliers autant de lignes parallèles qu'il y a de courbes de niveau;
   b) inscris les cotes d'altitude de chacune des courbes sur l'axe vertical.

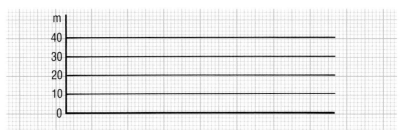

3. a) Place ta feuille de papier millimétrique le long de la ligne de coupe AB;
   b) reporte sur ton graphique l'altitude de chaque courbe en inscrivant un point sur la ligne correspondant à la même altitude.

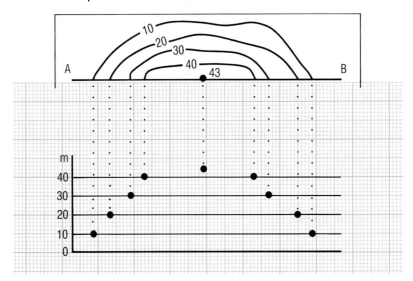

4. Réunis finalement à main levée chacun des points reportés. Ce tracé d'une coupe topographique reproduit assez bien le relief représenté sur la carte.

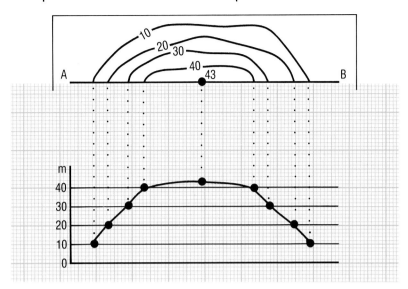

b) Les types de pentes

Les courbes de niveau précisent non seulement l'altitude et la forme d'un relief, mais également la **pente** du terrain. Selon leur proximité, les courbes indiquent si la pente est forte ou faible, régulière ou irrégulière.

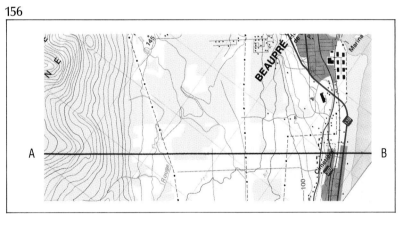

Des courbes rapprochées donnent une pente forte, des courbes espacées, une pente faible.

Sur la carte topographique, à quoi reconnais-tu une pente faible? une pente forte?

Extrait de la carte topographique de Beaupré

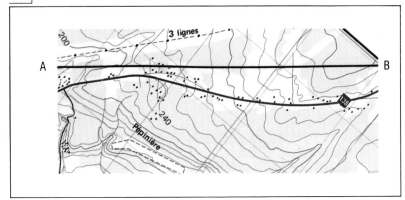

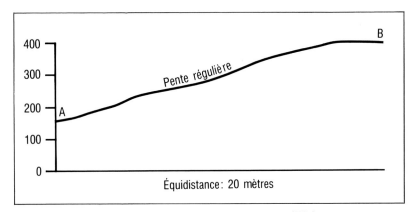

Des courbes espacées également donnent une pente régulière.

Sur la carte, comment reconnais-tu une pente régulière?

Des courbes espacées inégalement donnent une pente irrégulière.

Sur la carte, comment reconnais-tu une pente irrégulière?

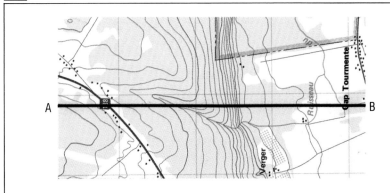

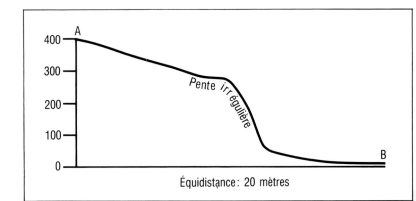

Extraits de la carte topographique de Beaupré

c) Les principales formes de relief

Les courbes de niveau nous informent sur les différentes formes de relief: colline, montagne, vallée, plaine, plateau.

La montagne et la colline

Contrairement aux montagnes, qui sont très élevées, les collines s'élèvent à quelques centaines de mètres au-dessus du niveau de la mer: sur une carte topographique, la colline est représentée par quelques courbes de niveau d'altitude peu élevée, tandis que la montagne se caractérise par des courbes beaucoup plus nombreuses et d'altitude plus élevée.

1. En comparant ces cartes, comment différencies-tu une montagne d'une colline?

2. a) Quelle est l'altitude maximale des deux reliefs?
   b) Quelle dénivellation y a-t-il entre les sommets de ces deux cartes topographiques?

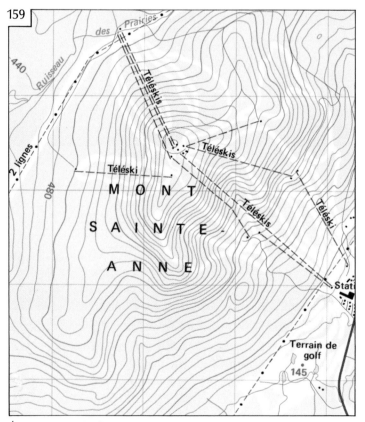

Équidistance: 20 mètres

Extraits de la carte topographique de Beaupré

La vallée

Une vallée est un terrain de basse altitude, souvent compris entre deux collines ou deux montagnes. Un cours d'eau coule généralement au creux de la vallée.

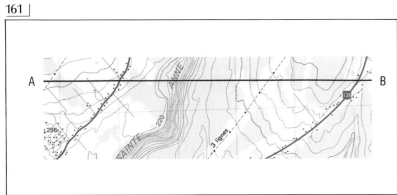

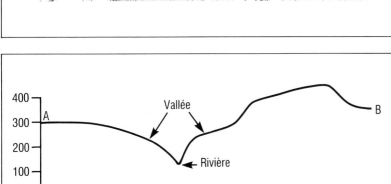

Équidistance: 20 mètres

Sur la carte, la vallée est représentée par des courbes allongées et plus ou moins rapprochées.

1. a) Identifie le relief représenté.
   b) Ce relief est-il formé par deux collines ou deux montagnes?
   c) Quelle dénivellation y a-t-il entre les deux élévations?
   d) Dans quelle direction coule la rivière?

Extrait de la carte topographique de Beaupré

La plaine et le plateau

La plaine est une étendue de basse altitude. Sur une carte, la plaine est représentée par des courbes de niveau très espacées.

Le plateau est un relief plus ou moins ondulé qui s'élève au-dessus d'une plaine.

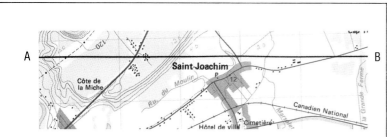

Sur la carte, le sommet du plateau a des courbes espacées, tandis que sa pente est formée de courbes rapprochées.

En quoi le plateau et la plaine peuvent-ils se ressembler? se différencier?

Extrait de la carte topographique de Beaupré

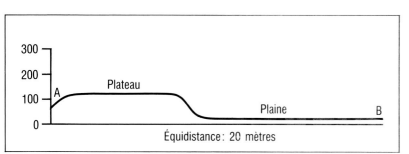

Équidistance: 20 mètres

VÉRIFIE TES CONNAISSANCES

1. Si tu escalades le mont Jacques-Cartier en Gaspésie, tu atteindras une altitude de plus de 1275 m.

   a) Quel point de référence a-t-on utilisé pour mesurer l'altitude de cette montagne?

   b) Une telle cote représente-t-elle une altitude absolue ou relative?

2. Sur la carte topographique, divers moyens sont utilisés pour marquer l'altitude d'un lieu. En observant les illustrations suivantes, identifie les repères d'altitude utilisés.

163

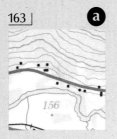 **a**

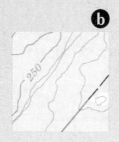 **b**

 **c**

3. Tes parents te proposent une journée de ski au mont Sainte-Anne; voici des informations concernant quelques-unes des pistes.

VERSANT SUD	LONGUEUR	DÉNIVELLATION	ENNEIGEMENT ARTIFICIEL	SKI DE SOIRÉE	DEGRÉ DE DIFFICULTÉ
La Familiale	4831 m	625 m			●
Le Chemin du Roy	4423 m	451 m			●
La Gondoleuse (Haut)	1040 m	328 m			◆ ◆
La Gondoleuse (Bas)	1307 m	297 m			■

164

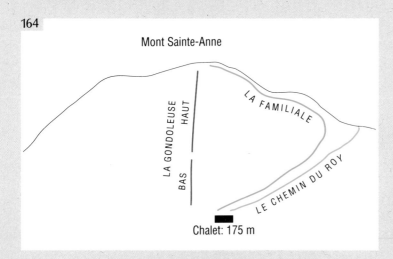

Mont Sainte-Anne

Chalet: 175 m

a) Peux-tu expliquer la différence entre la longueur d'une piste et sa dénivellation?

b) En ski alpin, dois-tu accorder plus d'importance à la dénivellation ou à la longueur des pistes?

c) Laquelle des pistes est la plus longue? Laquelle a la dénivellation la plus grande?

d) La colonne *Dénivellation* indique-t-elle une altitude absolue ou relative?

e) Comment calcule-t-on la dénivellation d'une montagne?

f) Si tu aimes les pentes raides, quelle(s) piste(s) choisiras-tu?

g) La plupart des pistes aboutissent au chalet situé à 175 mètres N.M.M. D'après les dénivellations fournies par le tableau, quelle serait l'altitude du mont Saint-Anne?

4. Les courbes de niveau illustrent différentes formes de relief.

165

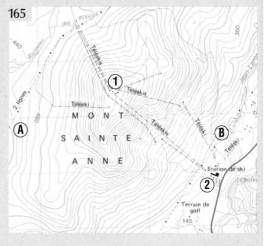

a) Quelles formes de relief reconnais-tu sur la carte parmi les suivantes: montagne, colline, plaine, vallée, plateau?

b) Si l'équidistance est de 20 m, quelle est l'altitude:
   — du mont Sainte-Anne (1)?
   — de la station de ski (2)?

c) Donne la cote d'altitude des courbes maîtresses du mont Sainte-Anne, en partant du sommet.

d) Si tu veux escalader le mont Sainte-Anne par la pente la plus faible, partiras-tu du point A ou du point B? Pourquoi?

5. Les courbes de niveau dessinent la forme du relief. Sur une page de ton cahier, comment illustrerais-tu, à l'aide de courbes de niveau:

a) une colline?

b) une plaine?

c) une vallée?

d) une montagne?

e) un plateau?

BILAN

Les connaissances

1. La carte topographique illustre par des symboles les éléments physiques et humains du paysage d'une région.

2. Les coordonnées topographiques, obtenues à partir d'un quadrillage de la carte topographique, permettent de situer un lieu sur cette carte.

3. a) La courbe de niveau est une ligne qui réunit les points de même altitude (N.M.M.).

   b) L'équidistance est la hauteur constante qui sépare chacune des courbes de niveau.

4. La coupe topographique donne une vue de profil du relief.

5. La disposition des courbes de niveau sert à illustrer différentes formes de relief: colline, montagne, vallée, plaine, plateau.

U T I L I S E R

Activités de synthèse

Les activités des pages suivantes te feront explorer une partie de la région de Waterloo; elles feront appel à toutes tes connaissances en topographie.

Réfère-toi, au besoin, à la légende qui figure aux pages 128 et 129. Inscris tes réponses dans ton cahier de notes.

Échelle 1:50 000

1. a) Identifie les deux sortes d'échelles inscrites sur la carte?

   b) Quelle est la valeur en mètres de 1 cm selon ces échelles?

   c) S'agit-il d'une grande ou d'une petite échelle?

   d) À quel type de coordonnées correspond le quadrillage de la carte?

   e) Selon l'échelle, combien de kilomètres y a-t-il entre deux lignes du quadrillage topographique?

   f) Calcule la superficie approximative de la carte.

2. À quelles coordonnées peux-tu associer les éléments suivants: usine, chemin de fer, pépinière, scierie?

   a) 9019

   b) 9423

   c) 9323

   d) 8817

3. La région offre aux résidents plusieurs possibilités de loisirs: musée, camp, golf, piste de course, camping, lac, ski. Quels éléments peux-tu retrouver aux coordonnées suivantes?

   a) 9524

   b) 9026

   c) 9421

   d) 9423

   e) 9521

*4. À l'aide de la légende des pages 128 et 129, identifie les éléments désignés par les coordonnées suivantes et dessine leur symbole.

   a) 944239

   b) 923165

   c) 900210

   d) 944208

5. Combien de kilomètres y a-t-il entre le principal carrefour dans la localité de Shefford (9024) et:

   a) le camping du lac Enchanté (9026) (à vol d'oiseau)?

   b) le camping du lac Waterloo (9322) (à vol d'oiseau)?

   c) Laroche (8817) (par la route)?

6. Quelle signification donnes-tu à la couleur:

   a) bleue?

   b) verte?

   c) blanche?

   d) brune?

7. La partie boisée couvre-t-elle:

   a) toute la carte?

   b) le sud de la carte?

   c) surtout le nord-ouest de la carte?

8. Sur la carte sont représentées les réalités géographiques suivantes: une montagne, une rivière, un ruisseau, une sablière, un lac et des marécages. Laquelle de ces réalités trouves-tu à:

a) 9517?

b) 8820?

c) 9422?

d) 8819?

e) 9216?

f) 8824?

9. D'après la disposition des courbes de niveau:

a) le relief le plus élevé est-il situé au nord-est, au nord-ouest, au sud-est ou au sud-ouest de la carte?

b) quel type de relief caractérise surtout le nord-ouest?

c) la pente est-elle forte ou faible au sud-est de la carte?

10. Reproduis et identifie le symbole utilisé pour marquer l'altitude aux endroits suivants:

a) 9221

b) 9319

c) 9024

d) 9422

11. Lequel des sites suivants a l'altitude la plus élevée?

a) 8824

b) 9320

c) 8826

12. Trouve la dénivellation entre le chemin de fer (9319) et le lac Waterloo (9422).

13. Lequel de ces endroits a la pente la plus forte? la plus faible?

a) 8926

b) 8925

c) 8722

14. Lequel de ces endroits a la forme d'une vallée?

a) 8825

b) 8716

c) 9220

15. Dans lequel de ces sites coule un cours d'eau entre deux pentes abruptes?

a) 8820

b) 9526

c) 8925

16. Si on voulait construire un petit aéroport près de Waterloo, quel serait le site idéal? Justifie ta réponse.

a) 8925

b) 9524

c) 9226

17. Un train quitte Waterloo à 9223 vers l'ouest. Peux-tu expliquer pourquoi il doit descendre vers le sud pour poursuivre sa route?

18. Trace la coupe topographique du relief ci-dessous. L'équidistance des courbes est de 10 mètres.

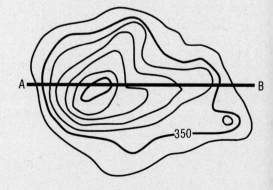

EXPLORER LA TERRE

Ce module te conduira sous terre, sous l'eau et dans les airs. Tu découvriras que les paysages terrestres sont variés, que l'eau occupe une place importante sur ta planète et que le climat et la végétation sont étroitement liés.

DOSSIER 9:
Le relief de la Terre
Comment est faite la Terre? De quoi est-elle formée? Pourquoi y a-t-il des montagnes, des tremblements de terre, des failles et des volcans? Comment se forme et évolue le relief terrestre?

DOSSIER 10:
L'importance de l'eau
Y a-t-il plus d'eau que de terre sur ta planète? Quelles sont les caractéristiques des eaux salées et des eaux douces? En quoi le relief sous-marin ressemble-t-il au relief terrestre?

DOSSIER 11:
Le climat et la végétation
Quels sont les facteurs qui déterminent le climat? Comment sont répartis les climats dans le monde? Quel rapport y a-t-il entre le climat et la végétation?

LE RELIEF DE LA TERRE

UNE NOUVELLE AVENTURE!

1. On trouve une grande variété de roches à la surface de la Terre. Crois-tu qu'on puisse trouver les mêmes en profondeur?

2. Les journaux et la télévision parlent souvent de phénomènes tels les éruptions volcaniques et les tremblements de terre.
   a) Peux-tu nommer et situer un volcan?
   b) As-tu déjà vécu un tremblement de terre?
   c) Sais-tu ce qui cause les tremblements de terre?

3. Observe les photos ci-dessus. Selon toi, ces paysages ont-ils toujours été tels qu'ils sont aujourd'hui? Vont-ils changer?

L'ÉTUDE DU PRÉSENT DOSSIER TE PERMETTRA:

• de découvrir comment et de quoi la Terre est faite;

• de comprendre comment se forme et évolue le relief de la Terre.

C'est ce qu'a déclaré l'archevêque écossais James Usher en 1650... À l'aide des données inscrites dans la Bible, il avait tenté de déterminer la date de la «création» de la Terre. Aujourd'hui, la science présente une hypothèse toute différente.

Mais comment expliquer la formation de la Terre? D'où viennent les différents reliefs qui modèlent sa surface? Disparaîtront-ils un jour?

1. Comment la Terre est-elle faite?

De nos jours, les scientifiques admettent qu'il serait plus facile de coloniser la Lune que de vivre à 50 km sous terre. Les forages les plus profonds ont à peine effleuré la surface de la planète; tout juste un coup d'épingle à la surface d'un fruit.

A. La structure interne de la Terre

L'étude des **tremblements de terre** demeure le meilleur moyen pour les scientifiques de connaître la structure interne de la planète.

Lors d'un tremblement de terre, des ondes se propagent à travers la Terre; en étudiant comment ces ondes voyagent, on peut obtenir une image de l'intérieur de la Terre, un peu comme on obtient une radiographie du corps humain à l'aide des rayons X. Les géologues ont ainsi déduit que la Terre était formée d'une série d'enveloppes (ou sphères) superposées et différentes les unes des autres.

La Terre est formée d'une croûte, d'un manteau et d'un noyau.

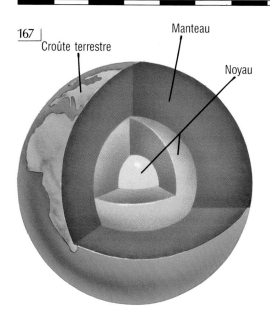

167 |
Croûte terrestre
Manteau
Noyau

L'étude des ondes sismiques révèle que la Terre se compose de trois sphères superposées.

Quelles sont les trois composantes de la structure de la Terre?

Si tu pouvais atteindre le centre de la Terre, tu traverserais trois sphères superposées, mais de composition, de densité et d'épaisseur variées: la **croûte**, le **manteau** et le **noyau**.

a) La croûte terrestre

Au fur et à mesure que la surface du globe s'est refroidie, une mince couche rocheuse s'est formée tout autour de la planète: c'est la **croûte terrestre**, appelée aussi **écorce terrestre**. Elle correspond à la lithosphère. Avec une épaisseur moyenne de 33 km, elle apparaît encore plus mince qu'une coquille d'œuf si on la compare au reste de la Terre.

La croûte se compose de deux zones distinctes.

La première comprend les continents; c'est la **croûte continentale** ou granitique. Parce qu'elle est constituée principalement de silicium et d'aluminium, on l'appelle aussi *sial*.

La seconde, plus mince que la première, est constituée de matériaux plus denses; c'est la **croûte océanique** ou basaltique. Elle forme le fond des océans et s'étend sous les continents. Riche en silicium et magnésium, elle est aussi appelée *sima*.

b) Le manteau

Le manteau forme une sphère d'environ 2900 km d'épaisseur. À lui seul, il représente plus de 80 % du volume de la planète. Le manteau se compose de **magma**, une matière plus ou moins pâteuse, faite de roches en fusion, dont la température atteindrait les 2000 °C. Le magma a une densité plus grande que les matériaux qui forment la croûte terrestre.

c) Le noyau

Au centre de la Terre se trouve le noyau, qui a un rayon d'environ 3470 km. On le compare à une boule métallique géante, faite de fer et de nickel, d'où le nom *nife* qu'on lui donne parfois. Il forme la partie la plus dense et la plus chaude de la Terre. La température y dépasserait les 5000 °C.

* Cette sphère comprend deux parties: le **noyau externe**, constitué de métal en fusion (liquide), et le **noyau interne**, fait de métal solidifié en raison de l'énorme pression qu'il subit.

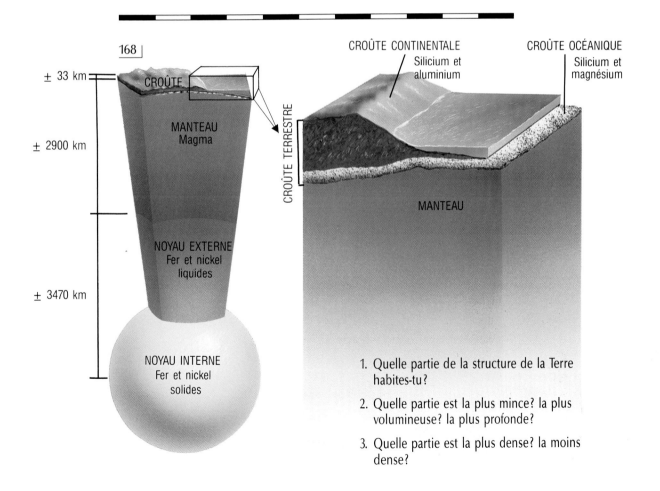

± 33 km

± 2900 km

± 3470 km

168

CROÛTE

MANTEAU
Magma

NOYAU EXTERNE
Fer et nickel
liquides

NOYAU INTERNE
Fer et nickel
solides

CROÛTE TERRESTRE

CROÛTE CONTINENTALE
Silicium et aluminium

CROÛTE OCÉANIQUE
Silicium et magnésium

MANTEAU

1. Quelle partie de la structure de la Terre habites-tu?

2. Quelle partie est la plus mince? la plus volumineuse? la plus profonde?

3. Quelle partie est la plus dense? la moins dense?

B. Les matériaux de la croûte terrestre

La croûte terrestre est composée de matières plus ou moins rigides: ce sont les **roches**; le terme *lithosphère* signifie d'ailleurs «sphère de roches».

Pour les géologues, la notion de *roche* s'applique à tout ce qui se trouve dans la croûte terrestre. Le sel de table, le sable de la plage, le talc de bain, les briques des maisons sont des roches... En fait, un grand nombre d'objets que tu utilises couramment proviennent des roches!

> Les roches sont formées de minéraux et constituent les matériaux solides de la croûte terrestre.

a) Les roches et les minéraux

Si tu regardes attentivement une roche, tu y verras d'innombrables petits grains de différentes couleurs: ce sont des **minéraux**. On en dénombre plus de 3000 espèces; ce sont eux qui donnent aux roches leurs caractéristiques: forme, éclat, couleur, texture et dureté.

169

Quand une roche contient une quantité suffisante d'un même minéral pour qu'on l'exploite, on lui donne le nom de minerai. Dans une mine de cuivre, par exemple, on extrait du minerai de cuivre, c'est-à-dire des roches qui contiennent du cuivre en assez grande quantité.

Si la plupart des minéraux sont solides, tels le fer ou le cuivre, d'autres sont liquides, tel le mercure. Certains minéraux ont la propriété d'être combustibles, comme le pétrole. D'autres minéraux sont très recherchés pour leur rareté, comme l'or et l'argent, ou pour leur éclat, comme le diamant et le rubis. Les minéraux ont donc des caractéristiques variées. Il en est de même des roches qui en sont formées.

b) La classification des roches

Comme les roches comportent une infinie variété de formes, de couleurs, de textures, et de duretés, les géologues simplifient leur étude en les classifiant selon la manière dont elles se sont formées. Selon leur origine, les roches peuvent appartenir à trois grandes catégories: les **roches ignées**, les **roches sédimentaires** et les ***roches métamorphiques**.

Les roches ignées

Les profondeurs de la Terre sont constituées de roches fondues appelées *magma*. Au fur et à mesure que le magma monte vers la croûte terrestre, il se refroidit et se solidifie pour former ce qu'on appelle les roches ignées (du latin, *ignis* : feu). On les appelle aussi roches cristallines parce qu'elles comportent des cristaux plus ou moins gros. Ce sont les roches les plus anciennes de la Terre ; tous les continents en sont formés.

*Selon l'endroit où elles se sont formées, les roches ignées peuvent appartenir à deux catégories.

Quand le magma se refroidit *lentement* à l'intérieur de la croûte terrestre, il produit des **roches ignées intrusives**. Le **granite** qui façonne le paysage des Laurentides en est l'exemple le plus répandu.

170

Le granite est la roche ignée intrusive la plus répandue.

Par contre, lorsque le magma se refroidit *rapidement* au contact de l'air ou de l'eau, comme dans le cas d'une éruption volcanique, il forme des **roches ignées extrusives**. Le **basalte** qu'on trouve abondamment dans le fond des océans en est le spécimen le plus répandu. Voilà pourquoi la croûte océanique est aussi appelée croûte basaltique.

171

Le basalte est la roche ignée extrusive la plus répandue.

Quelle que soit leur origine, les roches ignées sont généralement massives, dures et très rigides. Elles constituent la plus grande partie de la lithosphère.

> Les roches ignées sont formées de magma solidifié.

Les roches sédimentaires

Les roches sédimentaires sont formées de débris accumulés durant des millions d'années. Ces débris, qu'on appelle **sédiments**, proviennent de restes d'animaux et de végétaux, ainsi que de roches de toutes sortes qui se sont désagrégées au cours du temps. Ce sont les roches les plus répandues à la surface de la lithosphère.

Année après année, les cours d'eau, le vent et les glaciers ont entassé ces sédiments dans les zones les plus basses: dans les plaines, au fond des lacs et des mers qui, dans certains cas, sont aujourd'hui disparus. Avec le temps, la pression des eaux et le poids même des sédiments ont transformé ceux-ci en des masses compactes, plus ou moins dures, appelées roches sédimentaires.

L'origine différente des sédiments donne aux roches sédimentaires une grande variété.

Certaines roches sédimentaires, telles le sable, le grès et l'argile, sont formées de débris de roches.

> Les roches sédimentaires sont formées par l'accumulation de débris.

172

La couleur et la texture d'un sable dépendent de la nature des débris de roches qui le composent.

Une dune de sable, à Tadoussac

D'autres roches sédimentaires proviennent de l'évaporation de l'eau de mer, comme le sel et le gypse.

Les roches sédimentaires peuvent également être formées de débris d'organismes vivants, végétaux ou animaux, transformés au cours de millions d'années. Les restes de grands végétaux ensevelis dans la boue deviennent charbon; les micro-organismes marins se transforment en pétrole; les squelettes d'animaux marins forment le calcaire, la craie, le corail.

173

De nombreuses roches sédimentaires sont composées de restes d'organismes fossiles bien visibles. Dans le cas des calcaires coquilliers comme ici, ces restes d'animaux ont été enfouis au fond des cours d'eau, puis assemblés et compactés progressivement.

Comme ces débris se déposent les uns sur les autres durant des millions d'années, ils forment des couches superposées qu'on appelle **strates**.

Le Grand Canyon du Colorado
(États-Unis)

Souvent, les roches sédimentaires contiennent des **fossiles** parce que les organismes vivants qui meurent sont emprisonnés dans les sédiments qui s'accumulent. Ils y laissent ainsi leur empreinte.

Un fossile de Miguasha, en Gaspésie

Mais quelle que soit leur origine, les roches sédimentaires, faites de débris, sont tendres. Elles prennent donc parfois des formes inusitées.

En Gaspésie

*Les roches métamorphiques

Le terme *métamorphique* signifie «changement de forme». Les roches métamorphiques proviennent de roches ignées ou sédimentaires qui se sont transformées au cours de millions d'années. À cause du poids exercé par les roches des couches supérieures, certaines roches s'enfoncent profondément dans la lithosphère où elles sont soumises à de hautes températures et à de très fortes pressions; cette chaleur et cette pression les métamorphisent en leur donnant une apparence toute nouvelle.

Ainsi, le calcaire devient marbre, le grès se change en quartz, l'argile en ardoise et le granite en gneiss.

177

Le calcaire se transforme en marbre...

178

l'argile en ardoise...

179

et le grès en quartz.

En dépit des apparences, la croûte terrestre change donc continuellement.

Au cours de millions d'années, les roches existantes se brisent et les débris s'accumulent pour former de nouvelles roches, les roches sédimentaires.

Certaines roches s'enfoncent dans la croûte terrestre où, sous l'effet de la chaleur et de la pression, elles se transforment en roches métamorphiques.

D'autres s'enfoncent plus profondément, jusque dans le magma, où elles fondent. Après une lente remontée du magma, de nouvelles roches ignées sont formées.

C'est un cycle sans fin.

c) L'importance du sol

Des travaux de creusage effectués sur un terrain t'ont peut-être permis d'en observer la couche superficielle, de couleur plus ou moins brunâtre, et dont l'épaisseur ne dépasse guère un mètre de profondeur: c'est le sol.

180

Le sol forme une couche superficielle.

Si tu examinais une poignée de terre, tu y découvrirais des particules d'aspect divers. Certaines d'entre elles sont des débris de roches, alors que d'autres sont des débris de végétaux et d'animaux.

Les débris rocheux constituent le matériau de base de la formation du sol. Les particules de roches sont transportées par les cours d'eau ou même par le vent lorsqu'elles sont très fines. Elles se déposent et s'accumulent progressivement. Peu à peu, des plantes y prennent racine. Lorsque ces plantes meurent, elles pourrissent et se transforment en **humus**, une matière qui enrichit le sol, car il favorise la croissance des plantes.

Le sol révèle généralement trois couches ou **horizons** distincts, d'épaisseur variable.

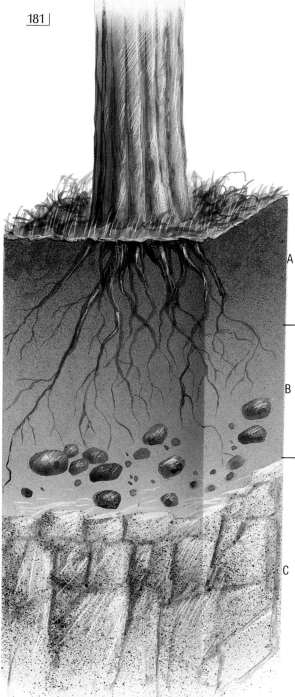

181 |

1. Quelle est l'épaisseur moyenne du sol?

2. De quels types de débris le sol se compose-t-il?

3. Identifie les trois horizons du sol.

4. Quand le cultivateur laboure son champ, quels horizons mélange-t-il? Pourquoi?

A

L'**horizon A** reçoit les débris végétaux et animaux qui se transforment en humus. L'eau cimente ces débris. Les insectes et les vers présents dans cette couche du sol l'aèrent et l'ameublissent.

B

L'**horizon B**, riche en minéraux, est constitué surtout de fins débris rocheux. L'eau qui s'y infiltre apporte également des sédiments de l'horizon A.

C

L'**horizon C**, appelé **roche mère**, forme une couche de roches solides qui supporte les couches supérieures; il est à l'origine de la formation du sol.

± 1 mètre

Cette mince couche sur laquelle repose la végétation joue un rôle vital. Sans le sol, pas de végétaux; et sans les végétaux, qu'en serait-il de la vie animale?

VÉRIFIE
TES CONNAISSANCES

1. En 1818, l'Américain John Symmes affirmait que la Terre était creuse et habitable à l'intérieur, qu'elle était composée de sphères concentriques comme les étages d'une maison. Avait-il raison? Pour démontrer ta réponse:

   a) trace le croquis de la structure de la Terre et identifie chaque composante par une couleur distincte;

   b) à l'aide de ton manuel, inscris le nom des composantes de la structure interne de la Terre sur ton croquis et donne leurs caractéristiques dans un tableau.

composante	épaisseur	composition

   c) Laquelle de ces composantes est:

   — la plus mince?

   — la plus chaude?

   — la plus dense?

   — la plus volumineuse?

2. a) Fais un croquis de la lithosphère;

   b) identifie le continent et l'océan;

   c) colorie à l'aide de couleurs distinctes la croûte continentale et la croûte océanique;

   d) indique par une flèche la zone la moins dense.

3. Dans une courte phrase, décris chacun des termes suivants:

   a) croûte continentale;

   b) croûte océanique;

   c) magma;

   d) noyau.

4. La croûte terrestre est une mince enveloppe rocheuse qui recouvre la planète:

   a) identifie les grandes catégories de roches qui la composent;

   b) décris brièvement chacune d'elles;

   c) donne un exemple de roche appartenant à chacune des catégories;

   d) selon toi, laquelle de ces catégories de roches est la plus ancienne? Pourquoi?

   e) à partir de l'observation de ton milieu, précise les catégories de roches que tu y retrouves en abondance.

5. a) Dessine le profil d'un sol;

   b) identifie les horizons;

   c) inscris quelques caractéristiques de chacun de ces horizons.

2. Comment le relief se forme-t-il?

L'observation du globe terrestre t'offre l'image familière de continents bien découpés, le tout bien ancré dans des océans. Pourtant, la position actuelle des continents ne représente qu'une étape dans l'évolution de ta planète.

182

La dérive des continents

Il y a plus de 200 millions d'années, la Terre ne formait qu'un «super continent» appelé Pangea, entouré par un océan universel, le Panthalassa.

Il y a 135 millions d'années, cette masse unique se serait déchirée en plusieurs continents qui ont dérivé lentement jusqu'à leur position actuelle.

D'ici 100 millions d'années, l'Afrique se sera disloquée, la Méditerranée aura disparu, les Amériques auront continué leur dérive.

Quelle observation permet d'imaginer que les continents ne formaient autrefois qu'un super continent?

Au tout début du siècle, le scientifique allemand Alfred Wegener (1880-1930) avait observé que les continents, par leur forme, pouvaient s'emboiter les uns dans les autres comme les pièces d'un immense puzzle. Pour expliquer cette coïncidence, Wegener émit l'hypothèse que les continents étaient autrefois réunis et qu'ils se déplaçaient à la surface de la Terre; cette théorie est celle de la **dérive des continents**. Encore fallait-il le prouver!

A. Le dynamisme interne de la Terre

Ce n'est qu'au début des années 1960 qu'on a trouvé une réponse à l'hypothèse de Wegener. L'exploration des fonds marins a permis de déceler une immense déchirure au milieu de l'Atlantique, de laquelle sortait du magma en fusion. Mais d'où venait ce magma?

183

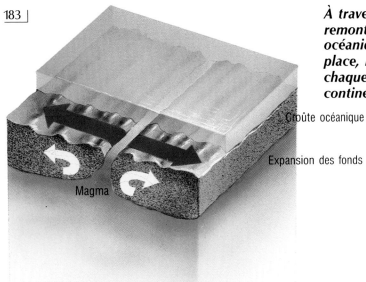

Croûte océanique

Expansion des fonds marins

Magma

À travers la fissure des fonds marins, la remontée du magma forme une croûte océanique toute neuve; pour lui faire place, l'ancienne croûte glisse de chaque côté en transportant les continents comme sur un tapis roulant.

Pour les géologues, tout commence au cœur de la Terre. Sous l'effet de la chaleur interne de la Terre, le magma s'agite et remonte lentement à la surface du globe. Il se crée alors des mouvements semblables à ceux que tu observes dans un potage exposé à un réchauffement rapide. Ces mouvements ascendants, appelés **courants de convection**, constituent le **dynamisme interne** de la Terre et sont responsables des grands bouleversements qui surviennent à la surface du globe.

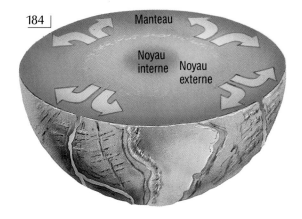

184

Manteau

Noyau interne

Noyau externe

La chaleur intense du noyau force le magma du manteau à monter vers la lithosphère, formant les courants de convection.

1. Quelle partie de la structure de la Terre est la plus chaude?

2. Quelle conséquence cette chaleur a-t-elle sur le magma? sur la lithosphère?

Ces courants de convection exercent une pression tellement forte que la croûte terrestre se fracture en d'immenses fragments rigides appelés **plaques**.

À cause des mêmes courants de convection, ces plaques se déplacent de quelques centimètres par année et dérivent sur le magma comme des glaces flottant sur un lac. Par conséquent, ce mouvement entraîne des collisions entre les plaques.

Les plaques tectoniques

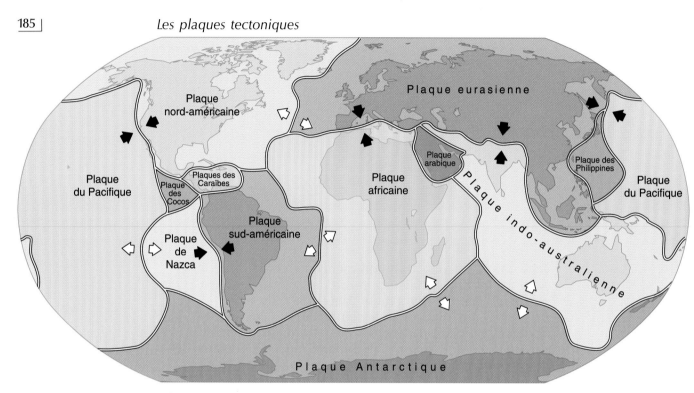

▶ Collision des plaques   ▷ Écartement des plaques

Loin d'être continue, la lithosphère est constituée de plaques en mouvement.

1. Identifie les plaques:
   a) qui supportent un continent;
   b) qui sont entièrement recouvertes par l'océan.

2. Nomme les plaques:
   a) qui s'éloignent les unes des autres;
   b) qui sont en collision.

B. Les manifestations du dynamisme interne de la Terre

Les courants de convection exercent une poussée si puissante que la croûte terrestre est soumise à des forces de tension et de compression constantes. Sous leur effet, la croûte terrestre se soulève lentement pour former les **montagnes**, la Terre tremble (**séisme**) et se fissure (**faille**), et les **volcans** apparaissent.

Les plaques en mouvement deviennent donc des forces de construction du relief terrestre, d'où leur appellation de **plaques tectoniques** (du grec *tektôn*, qui signifie «constructeur»).

a) Comment se forment les montagnes?

Les montagnes sont rarement isolées. Comme d'immenses cicatrices, elles forment de vastes chaînes qui s'étendent sur tous les continents.

Les **chaînes de montagnes** doivent leur création à des forces de compression très puissantes. Sous l'effet de la dérive des continents, certaines plaques se rapprochent et se heurtent. Les roches sédimentaires se compriment et se plient comme le soufflet d'un accordéon pour former les montagnes. Comme les chaînes de montagnes sont constituées d'une succession de **plis**, elles sont appelées **plissements**.

> Une montagne est un relief très élevé de l'écorce terrestre.

186

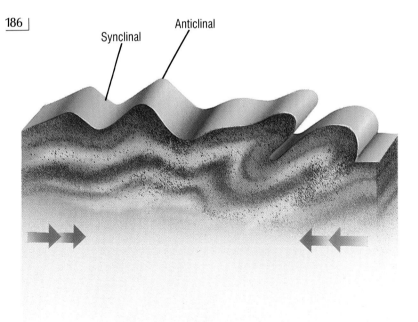

Synclinal

Anticlinal

Une chaîne de montagnes est formée d'une succession de plis:
— le sommet d'un pli a une forme convexe: c'est l'anticlinal;
— le creux d'un pli dessine une courbe concave comme une vallée: c'est le synclinal. On y trouve souvent un cours d'eau.

1. Qu'est-ce qu'un plissement?

2. Comment un plissement se forme-t-il?

3. Quelles sont les composantes d'un pli?

Les plissements

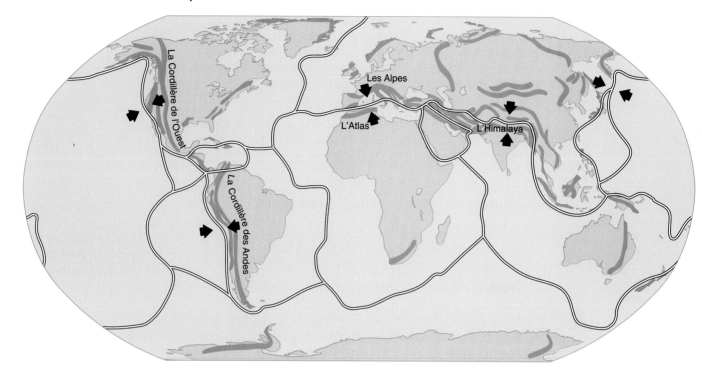

—— Limite des plaques tectoniques

~~~ Plissement

▶ Collision des plaques

Les chaînes de montagnes forment de vastes ensembles.

Quels plissements trouves-tu:

a) en Amérique du Nord?

b) en Amérique du Sud?

c) en Asie?

b) Pourquoi la Terre tremble-t-elle?

Parce que les séismes sont toujours imprévisibles, aucun autre phénomène ne suscite autant d'images de désolation. Certains séismes surprennent par leur soudaineté et leur force. Quelques secondes ont suffi pour tuer 600 000 personnes en Chine (1976), 140 000 au Japon (1923), 65 000 en Iran (1990), 25 000 en Arménie (1988), 25 000 en Iran (1978), 10 000 à Mexico (1985), etc.

Un séisme (du grec *seismos*: tremblement) est une secousse violente d'un point de la croûte terrestre.

Les séismes sont la manifestation la plus fréquente du mouvement des plaques qui s'entrechoquent. Sous la violence du choc, l'intérieur de la croûte terrestre (*l'**hypocentre**) est secoué brusquement. Les ondes se propagent alors jusqu'à la surface de la Terre (*l'**épicentre**).

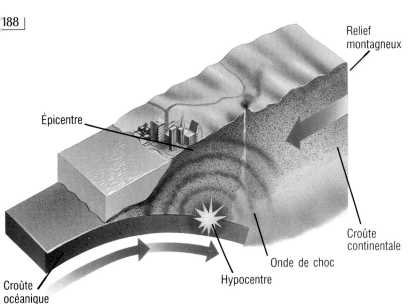

Relief montagneux

Épicentre

Croûte continentale

Onde de choc

Hypocentre

Croûte océanique

L'intérieur de la lithosphère est parfois agité de mouvements violents: le point à partir duquel se produit la secousse est appelé hypocentre.

L'épicentre est situé à la verticale de l'hypocentre, à la surface de la Terre. C'est à cet endroit que le séisme est le plus fortement ressenti.

Quelle est la cause des séismes?

189

Selon les matériaux qui forment la croûte terrestre, les conséquences d'un séisme peuvent varier d'un endroit à l'autre.

Après un séisme, à Baguio (Philippines, 19 juillet 1990)

Autrefois, on mesurait l'intensité d'un séisme par l'ampleur des dégâts qu'il causait (échelle de Mercalli). On ne tenait compte ni de la qualité des constructions ni de la solidité du sol, ce qui donnait lieu à des évaluations très approximatives.

En 1935, un chercheur américain, du nom de Richter, a mis au point une méthode scientifique de mesure de l'intensité des séismes. Il a créé une échelle semblable à celle d'un thermomètre, l'**échelle de Richter**. Universellement reconnue, cette échelle mesure la quantité d'énergie libérée (la magnitude) par le séisme.

190

Le sismographe détecte les moindres vibrations de la croûte terrestre qu'il reproduit en lignes continues sur le papier.

L'échelle de Richter comporte 9 degrés. Chacun des degrés correspond à une énergie dix fois supérieure au degré qui le précède. Ainsi, un séisme de magnitude 5 est 10 fois plus violent qu'un séisme de magnitude 4.

c) Comment les failles se produisent-elles?

La croûte terrestre n'obéit pas toujours aux poussées extrêmement fortes du magma ou à la compression des plaques. Les matériaux rigides se fissurent alors aux points les plus faibles de la lithosphère; ces gigantesques fractures, ce sont les failles.

Une faille est une cassure de la croûte terrestre.

191

En 1663, un violent séisme déchira le sol et provoqua une dénivellation de 70 mètres qui détourna la rivière Maskinongé de son lit.

La faille de Sainte-Ursule

Selon l'intensité de la poussée, il arrive qu'une partie du sol se soulève ou s'abaisse, donnant ainsi une dénivellation plus ou moins grande.

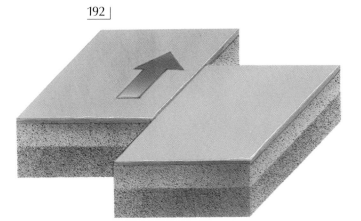

192

Une simple cassure sans dénivellation est une faille horizontale.

Comme une cicatrice longue de plus de 1000 km, la faille de San Andréas s'étend du golfe de Californie jusqu'au nord de San Francisco.

193

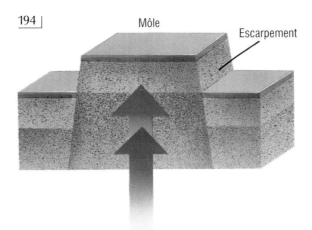

194 | Môle Escarpement

Dans une faille ascendante, la partie soulevée de la lithosphère forme un môle. La pente abrupte le long de la faille est un escarpement.

195

Cette montagne, faite de roches sédimentaires, est le résultat d'un môle, et non d'un plissement. C'est pourquoi ses strates ne comportent pas de plis.

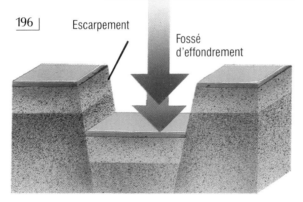

196 | Escarpement Fossé d'effondrement

Dans une faille descendante, une partie du sol s'affaisse pour former un fossé d'effondrement.

197

Un fossé d'effondrement dans le Saint-Laurent est à l'origine de la formation des chutes Montmorency, près de Québec.

d) D'où viennent les volcans?

Autrefois, les volcans inspiraient la crainte aux humains qui s'adressaient parfois à eux comme à des dieux, leur offrant même des sacrifices pour apaiser leur colère. Aujourd'hui, la science de la **volcanologie** nous permet de comprendre le mécanisme des volcans.

La naissance du volcan

L'intérieur de la Terre est un four gigantesque. Poussé par des gaz sous pression, le magma en fusion fait violemment éruption aux points les plus faibles de la croûte terrestre: dans les failles, à la rencontre des plaques et au sommet des montagnes.

Le volcan est un relief créé par l'accumulation de lave et de divers autres débris.

198

Les volcans sont la manifestation la plus spectaculaire du dynamisme interne de la Terre.

1. Quelle est la cause des volcans?

2. Comment explique-t-on leur présence en certains endroits particuliers?

Une éruption volcanique sur l'île de Bali (Indonésie)

Un volcan peut demeurer actif durant des semaines ou même des années; il peut aussi s'éveiller après de longs siècles de sommeil.

Son éruption

L'activité volcanique s'annonce par un grondement sourd, accompagné de tremblements de terre. Une explosion violente libère la bouche du volcan. À travers la cheminée s'échappent des débris gazeux, solides et liquides.

L'ÉRUPTION DU MONT MIHARA CHASSE LES OCCUPANTS DE L'ÎLE

Agence France Presse

Tōkyō

[...]
Selon l'Agence de météorologie nationale, dont les archives sur l'activité du mont Mihara remontent à plus de cinq siècles, l'éruption de vendredi est la plus violente depuis 1777.

Après un sommeil de 12 ans, le volcan, qui culmine à 758 mètres, s'est réveillé dimanche dernier. Une éruption non menaçante au départ: un nouveau cratère s'était ouvert au fond du vieux cratère intérieur, où les premières coulées de lave sont apparues mercredi.

Tout a changé vendredi quand l'éruption a brutalement gagné en intensité. Après de violentes explosions de gaz, le volcan a craché un gigantesque champignon, projetant roches et fumées jusqu'à 5 000 mètres d'altitude. Deux millions de tonnes de cendres et débris sont retombés sur l'île vendredi après-midi, selon l'Institut de technologie sismique de l'Université de Tōkyō.

Par ailleurs, deux forts tremblements de terre, dont l'un a atteint la magnitude 6,1 sur l'échelle de Richter, ont secoué hier matin l'est du Japon et notamment Tōkyō.

La Presse
23 novembre 1986

199

200

Les gaz explosifs ont arraché du cratère des millions de tonnes de débris.

Le mont Saint Helens, dans l'État de Washington (États-Unis)

Les débris gazeux sont le moteur des volcans. Ils s'échappent et s'accumulent en formant des champignons de fumées. Quand ils sont sous pression, ils provoquent des explosions redoutables, capables de projeter des blocs de pierre et même de pulvériser une partie du volcan.

Les premières explosions entraînent la sortie massive du magma qu'on appelle **lave**; selon la profondeur d'où elle provient, la lave est plus ou moins fluide. Si la lave est pâteuse, elle se figera le long du cône; si elle est plus fluide, les gaz chauds la transformeront en gouttelettes (les lapilli), en fines poussières (les cendres), ou encore elle jaillira comme une fontaine.

201

Le mont Kilauea, à Hawaï

La lave très fluide coule comme une rivière.

202

La forme d'un volcan dépend essentiellement des débris accumulés. Des débris solides formeront un cône plutôt élevé alors que des laves fluides donneront un cône moins élevé et plus arrondi.

1. Quelle est la forme d'un volcan?

2. Énumère les composantes d'un volcan (éléments 1 à 4).

3. Identifie les débris d'un volcan (éléments 5 à 8).

(1) Réservoir de magma

(2) Cheminée

(3) Cratère

(4) Cône

(5) Gaz

(6) Lapilli

(7) Cendres

(8) Lave

Les volcans sont-ils utiles?

Contrairement aux séismes, les éruptions volcaniques sont aujourd'hui prévisibles et, de ce fait, rarement mortelles. Le **sismographe** enregistre les moindres vibrations de la lithosphère, le **clinomètre** détecte avec précision le moindre soulèvement de l'écorce terrestre et le **thermomètre** mesure la chaleur des gaz qui s'échappent des fissures.

À cause des catastrophes survenues dans le passé, nous ne percevons trop souvent des volcans que le côté destructeur. Pourtant, les volcans sont aussi synonymes de vie. Dans l'histoire de la planète Terre, les volcans ont joué un rôle primordial. Nous leur devons la formation de l'atmosphère et la présence de l'eau sur notre planète, deux éléments essentiels au développement de la vie.

Les volcans apportent également d'autres bienfaits. Ils contribuent à la formation des continents, des fonds océaniques et des îles. Ils sont à l'origine de nombreux gisements de cuivre, d'uranium, d'or et de diamants.

Pour les humains vivant en zone chaude humide, les cendres volcaniques projetées par les éruptions sont un engrais tombé du ciel. En Indonésie, par exemple, près de 100 millions de personnes vivent grâce à la fertilité exceptionnelle du sol qui permet jusqu'à trois récoltes par année. En effet, les cendres volcaniques contiennent des sels minéraux indispensables aux plantes. Ils enrichissent ainsi un sol qui, autrement, serait lessivé et appauvri par les grandes pluies équatoriales.

203

Le mont Anak Ranaka (Indonésie)

e) Les zones d'instabilité

Les volcans, les séismes et les plissements se produisent
généralement dans les zones d'écartement et de
collision des plaques tectoniques. On note quatre
régions principales où se manifeste ce dynamisme
interne de la Terre: la ceinture de feu du Pacifique, la
dorsale Atlantique, le pourtour de la Méditerranée et
la faille d'Afrique.

Les zones d'instabilité

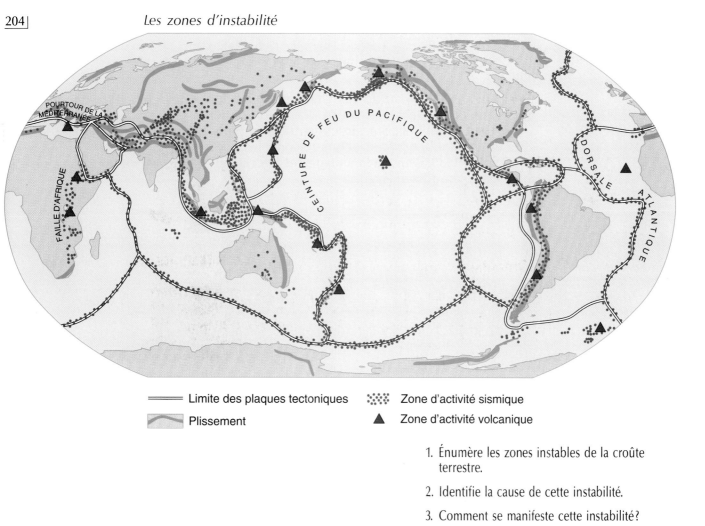

—————— Limite des plaques tectoniques   ⦂⦂⦂⦂ Zone d'activité sismique

〰〰 Plissement   ▲ Zone d'activité volcanique

1. Énumère les zones instables de la croûte
   terrestre.

2. Identifie la cause de cette instabilité.

3. Comment se manifeste cette instabilité?

C. Les ensembles structuraux

La formation du relief de la Terre résulte de trois éléments.

Le relief *dépend* tout d'abord de la *nature des roches* qui le constituent. Par exemple, selon la dureté des roches, un relief aura une flexibilité ou une résistance plus ou moins grandes.

Le relief est *façonné* par le *dynamisme interne de la Terre*. Sous l'effet de ce dynamisme se créent des montagnes, des failles, des volcans.

Le relief est *transformé* par *l'érosion*. La pluie, le vent, les cours d'eau, le gel et le dégel brisent les roches. Les débris sont transportés et déposés dans les vallées et les plaines.

C'est une combinaison de ces éléments qui a donné les grands reliefs actuels de la Terre. Lorsqu'on parle de la façon dont ces reliefs ont été construits, on parle de leur structure. Les **ensembles structuraux** sont: les **boucliers** (ou socles), les **bassins sédimentaires** et les **chaînes de montagnes** (ou **plissements**).

205 |

Les ensembles structuraux

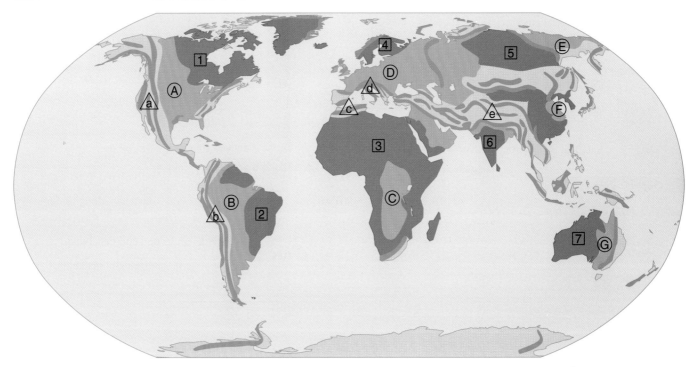

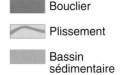 Bouclier

〰 Plissement

▓ Bassin sédimentaire

1 Bouclier canadien
2 Bouclier brésilien*
3 Bouclier africain*
4 Bouclier scandinave*
5 Bouclier sibérien*

6 Bouclier indien*
7 Bouclier australien*
Ⓐ Bassin nord-américain
Ⓑ Bassin sud-américain
Ⓒ Bassin africain

Ⓓ Bassin européen
Ⓔ Bassin sibérien
Ⓕ Bassin asiatique
Ⓖ Bassin australien

△a Cordillère de l'Ouest
△b Cordillère des Andes
△c Atlas*
△d Alpes
△e Himalaya

a) Les boucliers ou socles

Les boucliers forment les structures les plus anciennes
du monde et constituent la base des continents.
Composés de roches ignées, ils ont été aplanis par
l'action des glaciers et des cours d'eau qui leur a donné
l'aspect de plateaux plus ou moins ondulés.

206

**Les Laurentides font partie du bouclier
canadien.**

La région de Piedmont

b) Les bassins sédimentaires

Les bassins sédimentaires se trouvent dans des régions
occupées autrefois par des mers. Ils sont nés des débris
et des sédiments apportés par l'érosion des boucliers.
Les bassins sédimentaires présentent un relief plutôt
uniforme, aux pentes très douces. Ce sont des plaines.
C'est dans ces zones que la population humaine est la
plus concentrée.

207

**Les bassins sédimentaires sont des lieux
privilégiés pour la culture des terres et
l'habitat humain.**

La région de Mont-Saint-Hilaire

c) Les chaînes de montagnes

Constituées principalement de roches sédimentaires, les
chaînes de montagnes sont le résultat de plissements
colossaux qui s'étirent sur les continents. Elles ont été
formées par la rencontre des plaques.

208

La chaîne de l'Himalaya

VÉRIFIE
TES CONNAISSANCES

1. a) À partir de quelle observation Wegener a-t-il émis l'hypothèse de la dérive des continents?

   b) Comment expliquer que les continents se soient fragmentés?

   c) Quel rapport y a-t-il entre les plaques et la localisation des montagnes, des séismes et des volcans?

   d) Quels sont les endroits les plus instables de la croûte terrestre?

2. Lis l'extrait suivant avant de répondre aux informations demandées. Tu peux aussi consulter la carte 204.

PARIS (AFP) — Un relevé cartographique sous-marin très précis [...] a permis de vérifier l'hypothèse selon laquelle le Japon est le fruit d'un chaos de plaques tectoniques.

Le mouvement de ces plaques qui s'entrechoquent et s'enfoncent les unes sous les autres en permanence explique l'intensité des phénomènes sismiques et volcaniques qui affectent l'archipel.

Les mouvements tectoniques sont en certains endroits ceux, habituels, qui se déroulent quand une plaque passe sous une autre. Mais ils peuvent être inattendus, analogues aux collisions frontales qui se produisent dans l'Himalaya.

[...]
La Presse
7 juillet 1984

   a) Pourquoi les plaques s'entrechoquent-elles?

   b) Identifie les plaques tectoniques qui façonnent le relief du Japon.

   c) Comment expliques-tu la formation de l'Himalaya?

   d) À quels autres endroits fragiles de la Terre des phénomènes sismiques et volcaniques se produisent-ils?

3. Les termes suivants se rapportent à l'une ou l'autre des quatre manifestations du dynamisme de la Terre: les montagnes, les séismes, les failles et les volcans.

   Anticlinal, cendres, chaîne, cheminée, cratère, débris, escarpement, explosion, fossé, fracture, gaz, lave, magma, magnitude, môle, pli, Richter, Rocheuses, sismographe, synclinal.

   a) Associe chaque terme à la manifestation qui convient.

   b) Dans un bref paragraphe, définis chacune des manifestations et indiques-en la cause.

4. Par un schéma, illustre:

   a) les mouvements de convection du magma;

   b) un type de faille;

   c) un plissement et ses composantes;

   d) un relief volcanique et ses composantes.

5. Réfère-toi à la carte des ensembles structuraux (205) pour répondre aux questions suivantes.

   a) Dans un court paragraphe, définis chaque type d'ensemble structural et décris son mode de formation.

   b) Indique à quel ensemble appartient ton milieu.

   c) Indique à quel ensemble correspond:

   — un relief très élevé;

   — une formation de roches sédimentaires;

   — une formation de roches plissées;

   — une formation de roches ignées.

   d) Énumère les ensembles structuraux qui se trouvent au Canada.

*3. Comment le relief change-t-il?

Pendant que le dynamisme interne de la Terre construit le relief, des forces de destruction tout aussi puissantes l'attaquent et travaillent à sa disparition. Aussi dure que soit la roche, les montagnes les plus élevées finiront par s'aplanir. On assiste donc à une véritable entreprise de démolition du relief qui se manifeste par la **météorisation**, l'**érosion** et la **sédimentation**.

A. La météorisation

Sous l'effet d'agents physiques ou chimiques, les roches se fragmentent ou se décomposent: c'est la météorisation. Ce processus constitue la première étape de la modification du paysage.

> La météorisation est le processus de désagrégation ou de décomposition des roches.

a) La météorisation mécanique: les roches sont désagrégées

Les écarts de température ainsi que les alternances de gel et de dégel sont les principaux agents de la **météorisation mécanique** des roches.

Par exemple, dans les déserts, les écarts de température atteignent souvent plus de 30 °C. Le jour, les roches se dilatent sous l'effet de la chaleur, alors que la fraîcheur de la nuit les fait se contracter; en conséquence, les roches se brisent.

209

L'alternance constante de la chaleur et du froid émiette graduellement les roches et les transforme en sable.

Le Sahara algérien

Dans nos régions, ce sont surtout les alternances de gel et de dégel qui détruisent les roches. L'eau, qui s'infiltre dans les moindres fissures, gèle et dégèle tour à tour. Comme l'eau, en gelant, occupe un espace plus grand, elle soumet la roche à une force d'expansion continuelle qui la brise.

Sous l'action de l'eau qui gèle et dégèle, la roche se fissure. À la longue, la fissure s'élargit et fait éclater la roche qui se casse en morceaux.

Les arbres qui prennent racine dans des fissures rocheuses sont également des agents de la météorisation mécanique des roches. Avec le temps, les racines pénètrent de plus en plus profondément dans la roche, grossissent, et la fendent.

À force de grossir, les racines des arbres finissent par fendre la roche.

b) La météorisation chimique: les roches sont décomposées

La météorisation mécanique s'accompagne toujours de la **météorisation chimique**; les éléments chimiques contenus dans l'eau et l'air attaquent les minéraux des roches.

L'oxygène de l'air fait rouiller le fer de ce tuyau, lequel se désagrège alors lentement. Il en est de même du fer contenu dans les roches.

L'eau dissout le calcaire et creuse des grottes dans la roche.

L'accumulation du gaz carbonique dans l'air cause les pluies acides qui altèrent elles aussi les minéraux des roches.

Les végétaux qui se fixent aux roches produisent des acides qui rongent et émiettent les roches.

B. L'érosion

Les débris rocheux de la météorisation sont pris en charge par des agents de transport tels l'eau, les glaciers et les humains. Ces agents participent sans relâche à l'usure et à l'aplanissement du relief ou, en d'autres mots, à son **érosion**. Ces **agents d'érosion** sont en quelque sorte les *grands déménageurs* de la nature.

L'érosion est le processus d'usure et d'aplanissement du relief.

a) L'eau

L'eau constitue l'agent d'érosion le plus efficace et le plus constant. Dans un cycle sans fin, les eaux de pluie alimentent les torrents, les rivières et les fleuves. Sur leur passage, le relief se transforme: c'est ce qu'on appelle l'**érosion fluviale**.

L'érosion fluviale est l'érosion causée par les cours d'eau.

Tous les cours d'eau n'ont cependant pas les mêmes effets sur l'érosion d'un paysage. Par exemple, l'eau qui coule à grande vitesse d'un torrent en montagne a une force suffisante pour arracher et transporter d'assez lourds débris. Par contre, dans la plaine, où la rivière coule lentement, seuls les petits débris peuvent être transportés. Les plus lourds se déposent alors dans le lit de la rivière et le long de ses rives, formant des dépôts de boues, de sables et de graviers appelés **alluvions**.

Comment la rivière creuse le relief?

Les roches qui forment le lit d'un cours d'eau n'ont pas toutes la même dureté. Par conséquent, elles s'usent de façon inégale. Plus les roches sont tendres, plus le cours d'eau creuse son lit rapidement et profondément.

216

L'eau de cette rivière a creusé la roche sédimentaire et a formé progressivement des cascades.

Ausable Chasm, dans l'État de New York (États-Unis)

La rivière s'est enfoncée profondément dans le sol, creusant ainsi une gorge.

Les gorges de la rivière Sainte-Anne

Comment la rivière élargit la vallée?

Au fil du temps, la rivière s'enfonce entre des parois rocheuses de plus en plus hautes. Petit à petit, l'eau use ces parois. Elles finissent par s'affaisser pour créer une vallée de plus en plus large.

La vallée s'est élargie pour former un canyon. L'effondrement des parties supérieures a donné au canyon son profil en escalier.

Quelques pitons rocheux sont ici les vestiges d'une vallée disparue.

Monument Valley, dans l'État de l'Arizona (États-Unis)

Le Grand Canyon

Comment la rivière transforme la plaine?

Lorsque la rivière arrive dans la plaine, l'érosion fluviale approche de son terme. Maintenant que les pentes ont pratiquement disparu, l'eau coule lentement. C'est alors le frottement des sédiments contre les berges et le fond qui continue le travail d'érosion.

Comme le courant est faible, la rivière contourne le moindre obstacle sur sa route et serpente en traçant de grandes boucles appelées **méandres**.

220

La rivière qui serpente et coule en zigzag dans la plaine forme des méandres.

La rivière L'Assomption

b) Les glaciers

Les glaciers sont, avec les eaux, les grands artisans de la formation de notre relief. Contrairement aux apparences, la glace est suffisamment flexible pour se déplacer le long d'une pente sous l'action de son propre poids.

Chaque année, des neiges abondantes recouvrent partiellement la planète. Si l'arrivée du printemps en fait disparaître la majeure partie, la neige tombée dans les hautes montagnes ou dans les régions polaires ne fond pas entièrement. Les couches accumulées avec les années se transforment en glace pour former les glaciers. Lorsqu'il y a suffisamment de glace, le glacier amorce sa descente et rabote le paysage sur son passage: c'est ainsi que s'effectue l'**érosion glaciaire**.

Selon leur localisation, on distingue deux sortes de glaciers: les **glaciers continentaux** et les **glaciers alpins**.

Un glacier est une importante accumulation de neige tranformée en glace.

Les glaciers continentaux

Les **glaciers continentaux** ou **inlandsis** sont formés par l'accumulation de la neige dans les régions polaires. Ils occupent une partie très restreinte de la Terre: l'Arctique et l'Antarctique.

221

Le Groenland est le seul vestige de la calotte glaciaire qui recouvrait le nord du Canada et de l'Eurasie, il y a 10 000 ans.

■ Glacier

Le continent antarctique est recouvert d'une épaisse couche de glace, variant de 2000 m à 4000 m. Cette calotte glaciaire représente 90 % de toutes les neiges et glaces du monde.

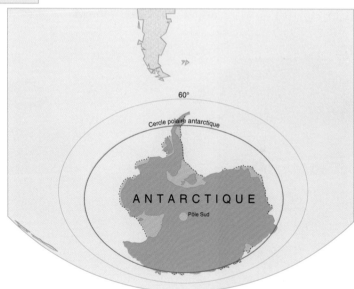

⋯⋯ Limite du glacier continental

Mais il n'en a pas toujours été ainsi. Au cours de son histoire, la Terre est passée par plusieurs périodes de refroidissement. Durant ces périodes, la neige s'est accumulée au point de recouvrir de vastes régions continentales. Par exemple, dans l'hémisphère Nord, lors de la dernière période glaciaire, la zone recouverte par les glaciers était trois fois plus grande qu'elle ne l'est aujourd'hui. Sous la pression de leur propre poids, ces glaciers continentaux se sont mis en marche. Leur passage a profondément marqué le paysage de nos régions. Les glaciers ont en effet nivelé les plus vieilles montagnes du Canada et creusé les Grands Lacs.

222

Le long de leur parcours, les glaciers ont abandonné d'énormes roches appelées blocs erratiques.

Les glaciers ont mis à nu les collines de la plaine du Saint-Laurent en grugeant toutes les roches sédimentaires qui les recouvraient.

223

Le mont Saint-Hilaire

224

La rivière Saguenay, avec ses parois escarpées, doit son origine à une vallée sculptée par les glaciers continentaux. Les eaux ont envahi la vallée pour former un fjord.

Aujourd'hui, malgré leur taille plus réduite, les glaciers continentaux poursuivent néanmoins leur lent travail d'aplanissement.

225|

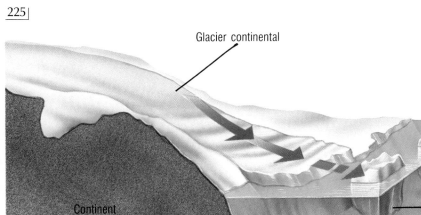

Glacier continental

Continent

Iceberg

Les glaciers continentaux glissent lentement vers la mer qui les entoure. Là, sous l'impact de la vague et de la poussée de l'eau, ils se fragmentent en immenses blocs de glace appelés icebergs.

226

La plus grande partie de l'iceberg est immergée. Cette montagne de glace flottante suit les courants et dérive pendant des années. C'est l'un d'eux qui causa la mort de 1500 personnes lors du naufrage du Titanic, en 1912, au large de Terre-Neuve.

Les glaciers alpins

On retrouve les **glaciers alpins** sous toutes les latitudes. La plupart des hautes montagnes portent des neiges persistantes, souvent appelées neiges éternelles ou encore **glaciers de montagnes**.

Le glacier alpin prend naissance au sommet de la montagne, dans un creux où s'accumule la neige. Sous l'action de gels successifs, la neige durcit et devient glace. De nouvelles couches de neige s'ajoutent sans cesse et agissent sur la glace comme un gigantesque pressoir qui la force à s'échapper et à s'écouler lentement vers la vallée.

Les couches de neige s'entassent dans une cuvette géante au sommet de la montagne.

Dans les Alpes

L'écoulement du glacier peut s'allonger sur plusieurs dizaines de kilomètres pour former une langue glaciaire. Avançant d'environ un mètre par jour, la glace rampe et arrache des débris de toutes sortes, appelés moraines, qu'elle transporte comme sur un tapis roulant.

La langue glaciaire coule comme un fleuve de glace sur le versant de la montagne.

En Islande

Tous ces débris arrachés jouent le rôle d'un abrasif puissant qui creuse et élargit constamment la vallée. Atteignant finalement une altitude où la glace commence à fondre, un torrent glaciaire naîtra du front du glacier et terminera sa course dans un lac glaciaire ou dans la mer.

Le lac glaciaire se caractérise par ses eaux turquoises.

Dans les Rocheuses

Lorsque le glacier aura disparu, il aura sculpté un nouveau profil de vallée.

230

Dans les Rocheuses

La vallée en berceau présente des parois arrondies et évasées par l'érosion et le dépôt des moraines.

La vallée en auge a un fond plat encaissé entre des parois verticales.

231

Dans les Alpes

c) L'érosion humaine

De tout temps, l'être humain a contribué à modeler le paysage. Il a fait reculer la forêt pour ériger des villes et obtenir des terres arables. Il a creusé le sol pour en extraire du minerai. Il a modifié le contour de certains rivages pour y construire des ports, et détourné des cours d'eau pour irriguer de vastes régions ou pour répondre à ses besoins énergétiques.

À une époque où subsistaient de nombreux espaces vierges, les conséquences que de telles interventions pouvaient avoir sur la vie de la planète paraissaient négligeables. Mais nous savons aujourd'hui que les modifications apportées par l'être humain à son milieu peuvent parfois avoir des effets destructeurs irrémédiables.

Dans le domaine agricole, par exemple, l'usage d'engrais chimiques en trop grandes quantités peut, à long terme, conduire à la stérilité du sol. Faute de cultures, le sol s'émiette et disparaît progressivement, emporté par le vent et les eaux qui ruissellent.

L'érosion humaine a également des effets dévastateurs lorsque, dans l'exploitation forestière, se pratique la coupe à blanc, qui consiste à couper tous les arbres de la forêt sans exception. L'absence de végétation donne ensuite plus d'emprise aux agents d'érosion.

232

La coupe à blanc accélère l'érosion du sol.

En Estrie

L'extraction de minerais peut compromettre l'équilibre biologique d'un milieu. Les montagnes de déchets miniers polluent le sol, l'air et l'eau.

233

Asbestos

L'érosion humaine est parfois inévitable. L'humanité doit se nourrir et subvenir à ses divers autres besoins. Par ailleurs, pour assurer sa survie, elle doit éviter une exploitation abusive des ressources naturelles qui mettrait en péril l'équilibre fragile des différentes composantes d'un milieu.

C. La sédimentation

Tu as vu comment les cours d'eau contribuent à user le relief en arrachant et transportant de grandes quantités de débris.

Ces débris ne poursuivent pas leur route indéfiniment. Quand la vitesse de l'eau devient trop faible pour les soutenir, ils se déposent le long des rives, formant les alluvions. Les débris les plus lourds se déposent les premiers, tandis que les plus légers parcourent de plus grandes distances.

C'est ainsi que l'eau contribue également à créer de nouveaux reliefs. Ce processus d'accumulation des débris par les cours d'eau s'appelle la **sédimentation fluviale**.

La sédimentation fluviale peut donner naissance à des reliefs particulièrement fertiles.

Lorsque la rivière coule dans une plaine propice aux inondations, ses eaux recouvrent fréquemment la plaine. Chaque fois que les eaux se retirent, elles abandonnent sur le terrain de nombreuses alluvions. Les sels minéraux et les matières organiques que contiennent les alluvions font de la **plaine inondable** une terre d'une grande fertilité.

La sédimentation est le processus par lequel les débris du relief se déposent et s'accumulent.

234

Une partie des sédiments transportés par la rivière se déposent dans la plaine inondable après chaque inondation.

La plaine inondée le long de la rivière Athabasca, en Alberta

Et quand un cours d'eau se déverse dans un autre, il arrive que le courant diminue. À l'embouchure, c'est-à-dire au point de rencontre des deux cours d'eau, les alluvions s'accumulent en couches successives. C'est alors qu'une nouvelle terre émerge lentement, prolongeant ainsi la surface continentale. C'est ce qu'on appelle un **delta**.

Lorsque les courants et marées sont trop faibles pour disperser les sédiments amenés par le fleuve jusqu'à l'embouchure, ils s'y déposent pour former un delta.

Le delta du fleuve Fraser, en Colombie-Britannique

Les deltas, comme les plaines inondables, sont des terres fertiles. On y retrouve souvent un foyer important de population. Au Québec, la ville de Sept-Îles est érigée sur le delta de la rivière Moisie, et Vancouver doit son site au delta du fleuve Fraser.

Les rizières occupent souvent des régions de deltas et de plaines inondables. Le sol y est fertile et l'apport d'eau important, comme le requiert la culture du riz.

Sur l'île de Sulawesi (Indonésie)

S A V O I R

Les connaissances

1. La Terre se compose de trois sphères superposées: l'écorce, le manteau et le noyau.

2. a) L'écorce terrestre est formée de roches.

   b) Les roches sont composées de minéraux.

3. Il existe trois grandes carégories de roches:

   — les roches ignées, formées de magma solidifié (ex.: le granite, le basalte);

   — les roches sédimentaires, formées de débris (ex.: le sable, l'argile, le charbon, le calcaire);

   *— les roches métamorphiques, transformées par la chaleur et la pression (ex.: l'ardoise, le marbre, le quartz).

4. Le sol est une mince couche (environ 1 mètre) composée de trois horizons:

   — l'horizon A: l'humus (débris végétaux et animaux);

   — l'horizon B: les minéraux (fins débris rocheux);

   — l'horizon C: la roche mère (roches solides).

5. a) La chaleur du manteau provoque de lents courants de convection dans le magma.

   b) Ces courants sont à l'origine du dynamisme interne de la Terre.

6. a) Le mouvement des plaques tectoniques est causé par les courants de convection du magma dans le manteau.

   b) La dérive des continents résulte du mouvement des plaques tectoniques.

7. Le dynamisme interne de la Terre se manifeste par:

   — la formation des montagnes (plissements de la croûte terrestre);

   — les séismes (secousses de la croûte terrestre);

   — les failles (fissures de la croûte terrestre);

   — les volcans (poussées de magma provenant du manteau).

8. a) Ces manifestations abondent dans les zones d'instabilité de la croûte terrestre, surtout sur les bords des plaques tectoniques.

   b) Les principales zones d'instabilité sont:

   — la ceinture de feu du Pacifique;

   — la dorsale Atlantique;

   — le pourtour de la Méditerranée;

   — la faille d'Afrique.

9. Les forces de construction (dynamisme interne de la Terre) et de destruction (érosion) du relief ont créé les grands ensembles structuraux:

   — les boucliers;

   — les bassins sédimentaires;

   — les chaînes de montagnes.

*10. La météorisation est le processus de désagrégation et de décomposition des roches.

*11. L'érosion est le processus d'usure et d'aplanissement du relief.

*12. Dans nos régions, l'eau et les glaciers sont les principaux agents d'érosion.

*13. La sédimentation est le dépôt et l'accumulation des sédiments.

Activités de synthèse

1. Ton grand-père a travaillé de nombreuses années dans la mine d'amiante d'Asbestos. Il t'invite à la visiter avec ton cousin.

    a) Ton cousin te fait le commentaire suivant: « La mine n'est pas prête de fermer si on creuse ainsi jusqu'au centre de la Terre. »

    À ton avis, ton cousin a-t-il raison? Justifie ta réponse à l'aide d'un schéma de la structure de la Terre.

    b) Ton cousin se demande pourquoi toutes les mines ne sont pas des mines d'or, comme chez lui, en Abitibi, puisque, selon lui, toutes les roches sont pareilles.

    — Que lui répondras-tu, toi qui sais que la roche est composée de minéraux?

    — Comment lui ferais-tu comprendre que toutes les roches ne sont pas semblables? Décris brièvement la formation des grandes catégories de roches.

2. Tu sais que la lithosphère se compose d'une couche rocheuse; voici, pêle-mêle, des termes qui se rapportent aux différentes catégories de roches:
   *ardoise, argile, basalte, calcaire, *chaleur/pression, charbon, débris, déposée dans les eaux, *extrusive, fossile, granite, gypse, ignée, *intrusive, magma, *marbre, pétrole, *quartz, sable, sédiments, sel, strates, tendre.

   Construis un tableau semblable à celui ci-dessous et associe à chaque catégorie les termes qui s'y rapportent.

Roche ignée	Roche sédimentaire	Roche métamorphique

3. Voici une série d'énoncés dont la dernière partie n'est pas nécessairement exacte ou complète:

    a) relève les numéros des énoncés qui sont vrais;

    b) reformule correctement les énoncés fautifs.

    1) Le sol a une épaisseur de plusieurs mètres.

    2) La lithosphère est formée de la croûte continentale.

    3) Le noyau contient du nickel et du fer.

    4) Le magma forme le centre de la Terre.

    5) Le manteau se compose de métal liquide.

    6) L'agriculteur qui laboure son champ mélange les trois horizons du sol.

    7) Les roches sont formées d'un seul minéral.

    8) Le magma solidifié rapidement se transforme en granite.

    9) Le magma solidifié lentement forme le basalte.

    10) Les roches ignées proviennent du magma.

    11) Les roches faites de débris sont des roches métamorphiques.

    12) Les fossiles se retrouvent dans toutes les roches.

    13) On trouve des strates dans les roches ignées.

    14) Les débris accumulés dans les eaux forment les roches ignées.

    15) Les roches sédimentaires sont une accumulation de débris.

4. Tu dois écrire un article pour le journal de ton école. Prépare un reportage sur la nature du sol dans ta région en répondant aux questions ci-dessous.

   a) Les catégories de roches dans ma région:

   — Quelles catégories de roches y trouve-t-on?

   — Y a-t-il des minerais?

   — Si oui, que fait-on de ces minerais?

   b) Le sol dans ma région:

   — Le sol est-il très fertile?

   — La roche mère est-elle à fleur de terre?

   — L'humus est-il abondant?

   — Quels produits cultive-t-on?

5. Voici un extrait d'un article qui traite de l'une des grandes découvertes de notre siècle.

a) Selon ce que tu sais, pourquoi la Terre se présente-t-elle comme «une mosaïque de dalles ou de plaques»?

b) Pourquoi les plaques se déplacent-elles les unes par rapport aux autres?

c) Quelle théorie explique ce phénomène?

d) Qui en est l'auteur?

e) D'après le premier paragraphe de l'article ci-contre, qu'est-ce qui explique le mécanisme des séismes?

f) Dans le second paragraphe, on utilise les termes «écartement» et «compression»:
   — en te référant à la carte 185, indique à quel endroit de la croûte terrestre les plaques s'écartent;
   — dis pourquoi elles s'écartent;
   — donne un exemple de plaques qui s'écartent l'une de l'autre;
   — identifie un endroit où les plaques s'entrechoquent.

g) Selon l'auteur de l'article, quelle conséquence découle du mouvement des plaques?

h) Selon ce que tu as appris, y a-t-il d'autres conséquences au mouvement des plaques?

i) Dans quelles zones très instables de la croûte terrestre ces conséquences se manifestent-elles?

LE MÉCANISME DES SECOUSSES TELLURIQUES

Le jour où les chercheurs imaginèrent que la croûte terrestre se présentait comme une mosaïque de dalles ou plaques plus ou moins rigides, susceptibles de se déplacer les unes par rapport aux autres, il fut possible de comprendre le mécanisme des tremblements de terre et de saisir la répartition dans l'espace des tremblements de terre.

À partir du moment où l'on admet qu'entre «deux dalles — en cours d'écartement — de cette croûte terrestre se créent de nouveaux fonds océaniques et qu'entre deux plaques qui s'affrontent jusqu'à se chevaucher naissent des contraintes de compression supérieures aux seuils de résistance mécanique des roches dont est faite l'écorce de la Terre», la répartition et la nature des séismes s'expliquent. L'immense majorité des séismes provient, en effet de la fracturation de ces roches.

La Presse
23 août 1986

6. Observe les illustrations suivantes.

237

238

239

240

a) Indique à quelle manifestation du dynamisme de la Terre correspond chacune des illustrations.

b) Décris chacune de ces manifestations dans un court paragraphe.

b) Décris sa formation en quelques mots.

c) À quelle catégorie de roches (ignées ou sédimentaires) peux-tu associer chaque type d'ensemble?

7. Le Canada est constitué de grands ensembles structuraux: un bouclier, des bassins sédimentaires et des plissements.

a) Définis chaque type d'ensemble.

8. Dans ton atlas, consulte une carte physiographique du Canada. Après avoir reproduit le tableau ci-dessous dans ton cahier, complète-le à l'aide des éléments suivants:

a) indique la province dans laquelle se trouve chacune des villes mentionnées;

b) identifie l'ensemble structural dont elle fait partie;

c) indique les catégories de roches qui composent chacun de ces ensembles structuraux.

VILLE	PROVINCE	ENSEMBLE STRUCTURAL	CATÉGORIES DE ROCHES
Montréal			
Gaspé			
Chicoutimi			
Regina			
Vancouver			

*9. Identifie et explique les deux types de météorisation représentés par les illustrations suivantes.

241

La région de Gaspé

242

Sur la place Saint-Marc, à Venise (Italie)

*10. a) Identifie les agents d'érosion qui ont façonné les reliefs représentés ci-dessous.

b) Décris dans chaque cas l'action de ces agents.

243

244

245

246

11. Observe l'extrait de carte topographique ci-dessous.

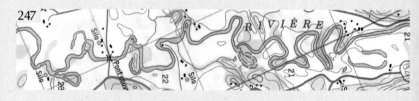

247

a) Comment nomme-t-on les courbes décrites par la rivière?

b) Dans quel type de relief ce phénomène se produit-il?

c) Explique brièvement comment se produit un tel phénomène.

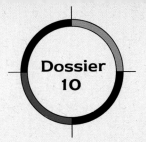

L'IMPORTANCE DE L'EAU

UNE NOUVELLE AVENTURE!

1. D'après toi, qu'est-ce qui occupe le plus d'espace sur la Terre: les continents ou les océans?

2. Tu as peut-être déjà eu l'occasion de te baigner dans la mer. En quoi l'eau de la mer est-elle différente de l'eau des lacs et des rivières?

3. Selon ce que tu en sais, d'où vient l'eau qui coule dans une rivière ou un fleuve? Comment se fait-il que l'eau n'arrête jamais de couler?

4. L'eau joue un rôle important dans ta vie. Énumère les circonstances, dans une journée, où tu utilises de l'eau.

L'ÉTUDE DU PRÉSENT DOSSIER TE PERMETTRA:

• de connaître l'étendue des eaux sur ta planète;

• de découvrir les caractéristiques des eaux salées;

• de découvrir les caractéristiques des eaux douces;

• de comprendre l'utilité de l'eau.

V ue de l'espace, la Terre est une planète bleue. Sa couleur lui vient de l'eau qui occupe une grande partie de sa surface. Cette masse d'eau, c'est l'**hydrosphère**. La Terre est la seule planète connue à posséder de l'eau liquide.

Mais ce qui rend la Terre encore plus exceptionnelle, c'est la vie à laquelle cette eau a donné naissance. Sans l'eau, la biosphère ne pourrait exister: l'eau est le seul élément indispensable à toutes les formes de vie.

248

Si tu n'avais pas d'eau courante dans ta maison, en quoi tes habitudes seraient-elles changées?

Des enfants transportant de l'eau, en Haïti

1. L'étendue des eaux

Comme les humains vivent sur les continents, il leur est facile d'oublier que la surface de la Terre est constituée d'une immense étendue d'eau. La partie habitable de la Terre est en fait très réduite puisque les eaux recouvrent 71 % de la planète.

L'hydrosphère est l'ensemble des eaux de la Terre.

249
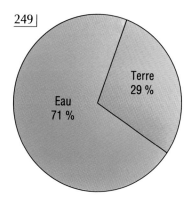

Sur la Terre, l'eau occupe une plus grande surface que les continents.

A. Les eaux douces et les eaux salées

Dans cette masse d'eau, il y a des eaux douces et des eaux salées. Les eaux douces existent à l'état solide, dans les glaciers, et à l'état liquide, dans les lacs, les rivières, les fleuves, les eaux souterraines, etc. L'atmosphère en contient également sous forme de vapeur d'eau. Les eaux douces représentent cependant à peine 3 % de l'ensemble des eaux de la planète.

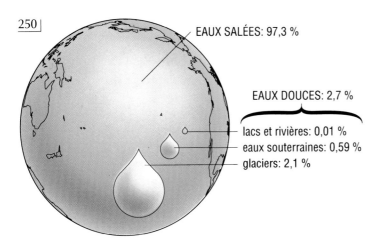

250

EAUX SALÉES: 97,3 %

EAUX DOUCES: 2,7 %

lacs et rivières: 0,01 %
eaux souterraines: 0,59 %
glaciers: 2,1 %

La quantité d'eau douce sur la Terre est minime comparativement à la quantité d'eau salée.

1. Les eaux salées comptent pour quel pourcentage approximatif du total des eaux?

2. Sous quelles formes se présentent les eaux douces?

3. Où trouve-t-on la plus grande quantité d'eau douce sur la Terre?

Les eaux salées, qui constituent la majeure partie de l'hydrosphère, sont appelées **océans** ou **mers** selon leur superficie.

B. La répartition inégale des eaux

La masse des eaux n'est pas répartie également dans les deux hémisphères. L'hémisphère Sud contient plus d'eau que l'hémisphère Nord.

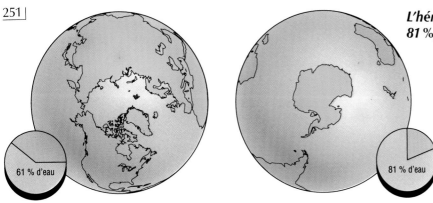

251

L'hémisphère Sud est constitué d'eau à 81 %, et l'hémisphère Nord à 61 %.

61 % d'eau

81 % d'eau

Quatre grands océans se partagent le globe terrestre: les océans Arctique, Indien, Atlantique et Pacifique. Ce dernier représente à lui seul près de la moitié des eaux salées.

Les océans communiquent entre eux et ne sont limités que par des frontières imaginaires. Les continents sont des îles dispersées dans cette grande masse d'eau. Les continents réunis ne sont guère plus grands que l'océan Pacifique.

Quant aux mers, elles forment des étendues plus petites et moins profondes que les océans.

Les océans et les principales mers

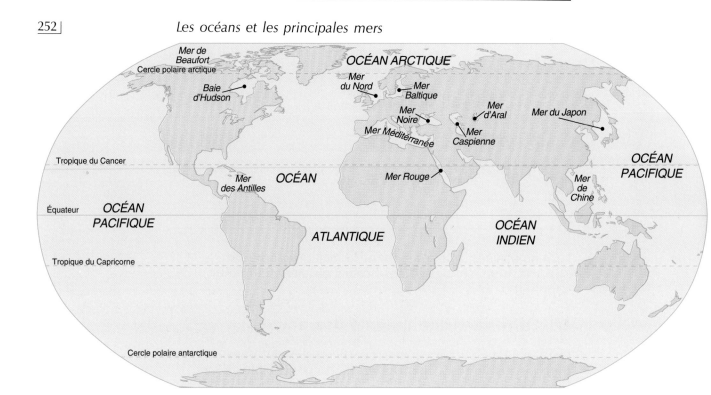

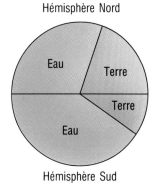

Hémisphère Nord

Hémisphère Sud

1. Quel hémisphère contient le plus d'eau?

2. Dans quel hémisphère les continents sont-ils principalement situés?

3. Quel est l'océan le plus vaste?

4. Quels océans baignent:
   a) les Amériques?
   b) l'Eurasie?

5. Quels océans et mers touchent à:
   a) l'Europe?
   b) l'Afrique?
   c) l'Amérique du Nord?

* Bien que leurs eaux soient salées, toutes les mers ne communiquent pas avec les océans.

253

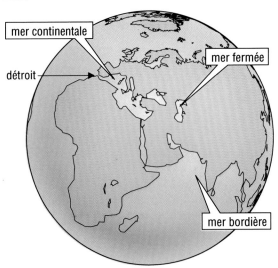

mer continentale

détroit

mer fermée

mer bordière

Une mer continentale est située à l'intérieur du continent (ou des continents). Elle est reliée à l'océan par un étroit passage appelé détroit.

Une mer fermée ne communique avec aucun océan. Elle est comme un immense lac salé à l'intérieur du continent.

Une mer bordière est située en bordure d'un continent. Elle n'est que le prolongement d'un océan.

VÉRIFIE
TES CONNAISSANCES

1. La surface de la Terre se compose de 71 % d'eau et de 29 % de terre. Illustre cette proportion sur une feuille millimétrique en tenant compte de l'échelle suivante: 1 cm^2 = 1 %.

Réfère-toi à la carte 252 pour les questions suivantes.

2. Énumère les océans appartenant:

   a) aux deux hémisphères;

   b) à un seul hémisphère.

3. Identifie le continent entouré par:

   a) l'océan Arctique, l'océan Pacifique, l'océan Indien, la mer Méditerranée et l'océan Atlantique;

   b) l'océan Pacifique, l'océan Arctique, l'océan Atlantique et la mer des Antilles;

   c) l'océan Indien, l'océan Atlantique, la mer Méditerranée et la mer Rouge.

4. Identifie la masse d'eau séparant ces continents:

   a) l'Afrique et l'Océanie;

   b) l'Amérique du Nord et l'Europe;

   c) l'Asie et l'Amérique du Nord.

2. Les eaux salées

Les mers et les océans se distinguent des eaux douces non seulement par leur étendue, mais aussi par leurs propriétés (salinité, température), le relief de leur fond et leurs mouvements.

A. Les propriétés de l'eau de mer

L'eau de mer diffère de l'eau douce par sa **température** et sa **salinité**.

a) La température des eaux salées

Contrairement aux eaux douces, qui suivent d'assez près les variations de température de l'air ambiant, les eaux de mer ne sont affectées qu'en surface par la température ambiante.

La température varie avec la latitude

La moyenne des températures de surface des océans varie surtout avec la latitude. Elle va de 27 °C dans les eaux équatoriales à –2 °C dans les eaux polaires. Sous –2 °C, l'eau salée gèle, pour former une banquise.

L'eau de mer gèle à –2 °C.

254

Une banquise près des îles de la Madeleine

La température varie avec la profondeur

Quelle que soit la latitude, les rayons solaires ont peu d'effet au-delà de quelques centaines de mètres.
La température de l'eau diminue donc lentement avec la profondeur; dans les fonds marins, l'eau de tous les océans a une température aux environs de –2 °C.

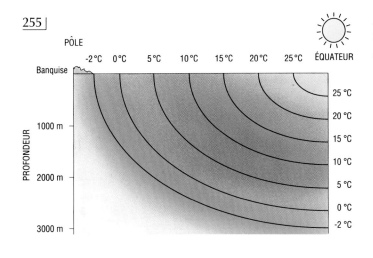

POLE ... ÉQUATEUR

PROFONDEUR
Banquise
1000 m
2000 m
3000 m

-2°C 0°C 5°C 10°C 15°C 20°C 25°C

25 °C
20 °C
15 °C
10 °C
5 °C
0 °C
-2 °C

À 3000 mètres de profondeur, la température des eaux équatoriales est la même que celle des eaux polaires.

1. Quel lien peux-tu faire entre la température de l'eau et la latitude?

2. Pourquoi l'eau est-elle si froide:
   a) dans le fond des océans?
   b) aux pôles?

b) Pourquoi la mer est-elle salée?

Tout le monde sait que l'eau de mer est salée. Ce phénomène est causé par l'accumulation des sels minéraux dans l'eau de mer: des sels de calcium, d'or, d'argent, de cuivre, de fer, etc.; mais c'est le chlorure de sodium qui est le plus abondant (notre sel de table).

Depuis des millions d'années, l'eau de pluie qui s'infiltre dans le sol dissout les sels et les entraîne dans les cours d'eau, qui se déversent dans les océans.

L'eau de mer contient en moyenne 35 grammes de sel par litre d'eau. Cependant, le taux de salinité varie avec la latitude. Les mers chaudes sont plus salées que les mers froides parce que l'évaporation y est plus grande. Lorsqu'une partie de l'eau de mer s'évapore, les sels sont concentrés dans l'eau qui reste. À titre d'exemple, la mer Rouge contient 44 g/l de sel alors que la mer Baltique, plus au nord, en contient à peine 7 g/l.

La salinité de l'eau est la quantité de sel qu'elle contient.

B. Le relief des fonds marins

Autrefois, on croyait que le fond des mers était comparable au fond des grands lacs terrestres, qu'il s'agissait ni plus ni moins d'énormes bassins remplis d'eau.

L'exploration des fonds marins a révélé une toute autre réalité. Si les océans étaient asséchés, on y trouverait un décor fantastique: des plaines immenses, des crevasses profondes, des plateaux et des montagnes parfois plus élevées que les plus hautes montagnes du monde.

a) La plate-forme continentale

La **plate-forme continentale** (ou **plateau continental**) borde les continents et s'enfonce rarement à plus de 200 mètres de profondeur sous la surface de la mer. Formée de débris apportés par l'érosion, elle offre des ressources abondantes et variées. Ses eaux sont poissonneuses et ses sédiments sont riches en minéraux; son sous-sol renferme des réserves de pétrole et de gaz.

b) Le talus continental

La pente douce de la plate-forme continentale plonge soudainement à plus de 3000 mètres de profondeur; cette dénivellation, c'est le **talus continental**. Il constitue en fait la limite naturelle entre les continents et les fonds marins.

c) La plaine abyssale

Au pied du talus continental s'étend une plaine immense, la **plaine abyssale** (ou bassin océanique). Située à des profondeurs variant de 3000 à 5000 mètres, elle forme les régions les plus planes du monde. On y retrouve des volcans, souvent actifs, qui peuvent même émerger des océans, telles les îles Hawaï dans le Pacifique.

d) La dorsale océanique

La **dorsale océanique** est une longue chaîne de montagnes sous-marines. D'origine volcanique, ces montagnes ont été édifiées par l'éruption du magma à la jonction des plaques tectoniques. Elles dominent la plaine par plus de 2000 mètres de hauteur; les sommets les plus élevés émergent parfois des eaux pour former des îles perdues au milieu des océans, telles l'Islande et les Açores.

e) La fosse océanique

La **fosse océanique** s'apparente à une gorge sous-marine. La plupart des fosses océaniques sont situées là où les plaques s'entrechoquent. C'est autour de la *ceinture de feu* du Pacifique que l'on retrouve les fosses les plus profondes; certaines d'entre elles ont une profondeur qui dépasse de beaucoup la hauteur des plus hautes montagnes terrestres. La fosse des Mariannes, par exemple, a environ 11 500 mètres de profondeur.

1. Identifie les composantes du relief sous-marin.

2. Laquelle de ces composantes:
   a) prolonge le continent?
   b) correspond aux montagnes terrestres?
   c) s'apparente à des gorges profondes?
   d) a un relief plat?
   e) marque la limite du continent?

3. Comment se forment les montagnes sous-marines?

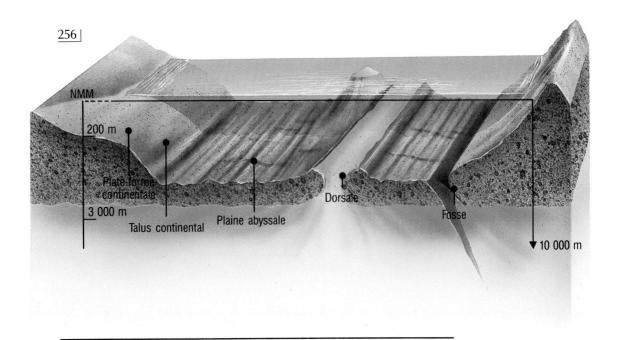

256

NMM

200 m

Plate-forme continentale

3 000 m

Talus continental

Plaine abyssale

Dorsale

Fosse

10 000 m

C. Les mouvements des mers et des océans

Les mers et les océans nous semblent parfois au repos. Pourtant, ces eaux sont toujours animées de divers mouvements de surface et de profondeur: les **vagues**, les *****marées** et les *****courants marins**.

a) Comment se forment les vagues?

Les vagues sont de longues ondulations causées par le vent à la surface de la mer. Elles débutent par de simples rides que les tempêtes soulèvent parfois à plus de vingt mètres de hauteur. En haute mer, on leur donne le nom de houle quand elles se propagent sur de très vastes étendues.

257

La vague comporte un sommet, la crête, et un affaissement, le creux. Sous la force du vent, la vague se soulève, forme de l'écume (moutons) et roule sur le rivage.

Qu'est-ce qui est à l'origine de la formation des vagues?

258

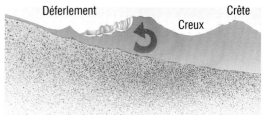

Déferlement   Crête

Creux

Lorsque les vagues atteignent les côtes, leur forme se modifie. Les vagues frottent sur le fond, basculent et forment de l'écume qui déferle sur le rivage. Projetées avec plus ou moins de force, elles érodent la rive, y déposent des débris, puis, retournent vers l'océan.

*b) Pourquoi y a-t-il des marées?

Chaque jour, sur toute la surface du globe, le niveau des eaux monte (le flux) et redescend lentement (le reflux); ce mouvement, c'est la **marée**.

La baie de Fundy, sur la côte Atlantique, connaît les plus hautes marées du monde, soit des marées de plus de 12 mètres.

259

260

Les mouvements de la marée dépendent de l'attraction du Soleil et surtout de celle de la Lune, qui est plus proche de notre planète. Selon leur position, ces deux astres agissent à la manière d'un aimant qui soulève les océans.

261 |

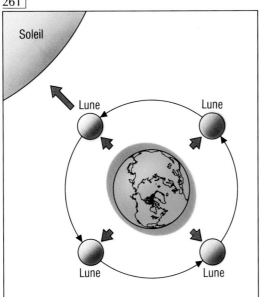

Les marées les plus fortes surviennent lorsque la Terre, la Lune et le Soleil sont alignés.

*c) Qu'est-ce qu'un courant marin?

Contrairement aux vagues qui ne font qu'agiter les eaux de surface, les **courants marins** sont de véritables «fleuves» dans l'océan. À vitesse très lente, ils déplacent des masses considérables d'eau jusqu'à plus de 300 mètres de profondeur.

Les courants transportent ainsi leurs eaux sur des milliers de kilomètres en les mélangeant très peu aux eaux environnantes, en raison de leur différence de densité. La densité de l'eau varie selon la température et la salinité: plus l'eau est froide, plus elle est dense; et plus elle est salée, plus elle est dense également.

La direction des courants est déterminée par les vents, la forme des continents et la rotation de la Terre. Selon leur origine, on distingue:

— des courants froids qui amènent les eaux froides des pôles vers l'équateur;

— des courants chauds qui entraînent l'eau chaude des tropiques vers les pôles.

Les principaux courants marins

Courant froid   Courant chaud

1. D'où viennent:
   a) les courants chauds?
   b) les courants froids?

2. Quels courants trouve-t-on dans les eaux qui entourent le Canada?

3. Si une bouteille lancée à la mer au sud de l'Afrique échoue en Europe, quels courants l'auront transportée?

4. Quelle est l'influence des courants sur le climat des continents?

Les courants marins influencent grandement le climat des continents dont ils s'approchent. Par exemple, le courant chaud du Gulf Stream réchauffe les côtes de l'Europe.

C'est ainsi que la Grande-Bretagne connaît des hivers beaucoup plus doux que Montréal et Québec, même si elle se trouve plus au nord. La Grande-Bretagne subit l'influence adoucissante du Gulf Stream alors que la côte est du Canada est refroidie par les eaux glacées du courant du Labrador.

D. Les effets des mers et des océans sur le relief

Sous l'assaut répété des vagues et des marées, le **littoral** (la **côte**) se modifie. Il subit l'**érosion marine**.

a) La mer détruit

Les vagues et les marées fissurent les roches du rivage. Les fissures s'agrandissent et des blocs de roche se détachent. C'est ainsi que la mer avance de plus en plus dans les terres et modifie le littoral.

Cap-au-Renard,
en Gaspésie

La mer découpe les côtes en dents de scie;

... forme des falaises escarpées;

Dans la région de Percé, en Gaspésie

... transforme les rochers en îles qui se dressent à l'écart du rivage;

Le rocher Percé

... sculpte dans les rochers du rivage des formes surprenantes.

Les îles de Mingan,
sur la Côte-Nord

b) La mer construit

La mer utilise également les débris comme matériaux de construction. Les fragments emportés par les vagues s'accumulent sur les côtes les plus basses ou encore lorsqu'ils rencontrent un obstacle. C'est ainsi que de nouvelles terres émergent sous l'effet de la sédimentation marine.

La mer transforme les débris des falaises en galets;

Îles de la Madeleine

... forme une plage en accumulant le sable, constitué de fins débris rocheux;

... construit, en bordure du rivage, une sorte de digue naturelle de sable qu'on appelle cordon littoral.

Îles de la Madeleine

Îles de la Madeleine

1. Lis bien cet article et complète les informations demandées ci-dessous.

La mer Morte est-elle en train de mourir?

[...]
Depuis 20 ans, le niveau de la mer [Morte], aux eaux extrêmement riches en sels minéraux, a baissé de six mètres, faisant émerger une bande de terre marécageuse entre les rives israélienne et jordanienne. Il se trouve maintenant à 402 mètres au-dessous du niveau de la mer: c'est le point le plus bas du globe. Le détournement des eaux du Jourdain a transformé le nord de la vallée du fleuve en région verdoyante, mais il a empêché que la mer Morte, où l'évaporation est forte en raison de la chaleur sèche, ne refasse le plein. Des spécialistes disent aussi que les précipitations de ce siècle ont été inférieures à la moyenne.

Agence France Presse
La Presse
15 février 1988

a) D'après cet article, pourquoi l'évaporation est-elle si grande?

b) Trouve dans ce texte deux raisons qui expliqueraient pourquoi la mer Morte risque de disparaître.

c) La mer Morte est une mer fermée. D'après toi, est-ce une mer chaude?

d) Le mer Morte est-elle une mer très salée? Pourquoi?

2. Si tu participais à une expédition de plongée dans les profondeurs de l'Atlantique, à l'équateur, subirais-tu des changements de température au cours de ta descente? Pourquoi?

3. Les mers et les océans sont en mouvement: il y a des vagues, des marées et des courants. Quelle est la cause de chacun de ces phénomènes?

4. Dans le document suivant, il est question d'une propriété de la mer.

La banquise relie le Groenland à l'Islande

Une vague de froid s'est abattue sur l'Islande depuis le début du mois de février et la banquise groenlandaise a atteint ce week-end les côtes islandaises, reliant ainsi le Groenland «nord-américain» et l'Islande «européenne». Selon les services météorologiques islandais, les icebergs des glaciers groenlandais, au lieu de fondre comme de coutume dans l'eau salée, se sont étendus jusqu'à l'Islande en se soudant entre eux. [...]

Agence France Presse
La Presse
15 février 1988

a) De quelle propriété s'agit-il?

b) Un tel phénomène peut-il se produire dans tous les océans du monde? Pourquoi?

c) Quelle différence y a-t-il entre une banquise et un iceberg?

5. Le littoral se modifie sous l'effet des mouvements de la mer ou de l'océan. Décris les effets de la mer sur le littoral dans chacune des illustrations ci-dessous.

270

Îles de la Madeleine

271

Cap-des-Rosiers

3. Les eaux douces

À peine 3 % de l'hydrosphère est constituée d'eaux douces contenues dans les lacs et les cours d'eau, les eaux souterraines et les glaciers. D'où vient cette eau?

A. Le cycle de l'eau

L'eau douce est fabriquée par une gigantesque machine dont le moteur est le Soleil. Les trois étapes de la fabrication de l'eau douce sont: l'**évaporation**, la **condensation** et les **précipitations**. Ces trois étapes constituent le **cycle de l'eau**.

a) L'évaporation

À la manière d'un puissant aspirateur, le Soleil pompe l'eau des océans, des cours d'eau et des plantes et la transforme en un gaz invisible: la vapeur d'eau.

b) La condensation

En s'élevant dans l'atmosphère, la vapeur se refroidit et se transforme en fines gouttelettes qui s'accumulent en nuages.

c) Les précipitations

Les gouttelettes s'agglomèrent et deviennent plus lourdes. Elles tombent alors sous forme de pluie ou de neige.

Qu'advient-il des quantités énormes d'eau qui se déverse chaque jour sur la Terre?

Une partie de l'eau ruisselle en surface avant d'alimenter les cours d'eau qui s'écoulent jusqu'à la mer. Une autre partie s'infiltre dans le sol; cette dernière est soit utilisée par la végétation, soit emmagasinée dans des réserves souterraines, les **nappes phréatiques**, ou encore elle s'écoule lentement jusqu'aux lacs et rivières avant de regagner la mer.

C'est ainsi que toute l'eau à la surface de la Terre suit toujours le même cycle: l'évaporation, la condensation et les précipitations.

1. Énumère les étapes du cycle de l'eau.

2. D'où vient la plus grande partie de l'eau accumulée dans l'atmosphère?

272 |

B. Les caractéristiques des eaux douces

a) Les cours d'eau sont hiérarchisés

Les cours d'eau n'ont pas tous la même importance. Les ruisseaux sont plus petits que les rivières, qui elles sont plus petites que les fleuves. Dans une région, l'ensemble des eaux courantes forme un réseau qu'on pourrait comparer à un arbre avec ses branches. Quand un cours d'eau du réseau en alimente un autre plus important, on dit qu'il est son **affluent**. L'importance d'un cours d'eau est donc reliée à la place qu'il occupe dans le réseau.

273

Les cours d'eau sont hiérarchisés, c'est-à-dire qu'ils vont du plus petit au plus grand.

Les ruisseaux recueillent les eaux qui ruissellent en surface.

Les rivières et les lacs sont alimentés par les ruisseaux.

Le fleuve rassemble les eaux des rivières et se déverse dans la mer.

275

Le fleuve Saint-Laurent

274

La rivière Saint-François

Cet ensemble de cours d'eau constitué d'un fleuve et de tous ses affluents (rivières, lacs, ruisseaux) est un **réseau hydrographique**. Et la région drainée par cet ensemble constitue un **bassin hydrographique**.

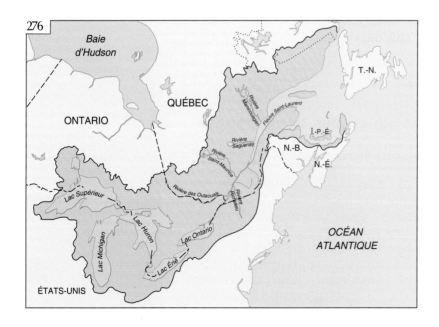
276

Le réseau hydrographique du Saint-Laurent

Le réseau hydrographique regroupe tous les affluents qui alimentent un cours d'eau principal.

Le bassin hydrographique est délimité par la source de tous les cours d'eau qui coulent dans cette région.

1. Identifie ce réseau hydrographique.

2. Dans quel océan se déverse-t-il?

3. Nomme deux de ses affluents.

b) La structure des cours d'eau

Contrairement aux mers et aux océans, les cours d'eau ont un début, la **source**, et une fin, l'**embouchure**.

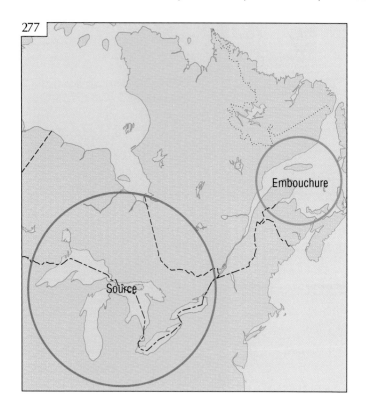

Les Grands Lacs sont situés à la source du fleuve Saint-Laurent. La Gaspésie est située à l'embouchure du fleuve Saint-Laurent.

Entre sa source et son embouchure, un cours d'eau reçoit les eaux de divers affluents. Chaque fois qu'un affluent se déverse dans ce cours d'eau, la quantité d'eau devient plus importante. La quantité d'eau qui s'écoule en un point donné d'un cours d'eau constitue son **débit**. Par conséquent, au fur et à mesure que les affluents s'ajoutent, le débit augmente.

Le débit d'un cours d'eau dépend de sa largeur, de sa profondeur et de sa vitesse (la vitesse, elle, dépend de la pente). En effet, plus un cours d'eau est large et profond, plus le volume d'eau est important. Et plus la vitesse du cours d'eau est grande, plus il s'écoule d'eau.

Pour connaître le débit d'un cours d'eau, on mesure la quantité d'eau écoulée en une seconde en un endroit donné. On l'évalue généralement en mètres cubes par seconde (m^3/s).

* Cependant, le débit d'un cours d'eau varie selon les saisons.

Au Québec, le gel de l'hiver ou la forte évaporation de l'été maintiennent le débit des rivières à son niveau le plus bas (l'**étiage**); par contre, au printemps, le niveau des eaux est à son plus haut, parce que la fonte des neiges gonfle les eaux des rivières au point de les faire déborder: c'est la **crue**.

Les inondations sont l'indice d'un débit saisonnier élevé.

La rivière des Mille Îles, à Laval

* Pour trouver le **régime** d'un cours d'eau, il faut calculer
la moyenne des débits tout au long d'une année.

VÉRIFIE
TES CONNAISSANCES

1. En général, il pleut régulièrement dans nos régions.

   a) À quelle étape du cycle de l'eau peux-tu associer ce phénomène?

   b) Définis brièvement les deux autres étapes.

2. À l'aide d'une carte de ta région:

   a) reproduis dans ton cahier de notes le tracé du principal cours d'eau;

   b) indique dans quel cours d'eau ou quel océan il se déverse;

   c) trace ses principaux affluents;

   d) relie d'un trait la source de chacun des cours d'eau de ce réseau hydrographique pour délimiter le bassin hydrographique.

3. À quelle saison de l'année les cours d'eau de ta région connaissent-ils le débit le plus grand? le plus faible?

4. Quand il y a des inondations, le débit des cours d'eau est-il plus grand ou plus faible?

4. L'utilité de l'eau

Chaque fois que tu veux de l'eau, il te suffit d'ouvrir le robinet. Ce geste banal te permet de satisfaire certains besoins quotidiens comme boire, te laver, faire à manger, etc. Mais l'eau joue un rôle essentiel dans plusieurs autres domaines.

A. L'eau et l'alimentation

L'eau est indispensable à l'alimentation. Sans eau, l'agriculture serait impossible: pas de lait, ni de fruits et légumes, ni de céréales, ni de viande. Savais-tu que la production d'un kilogramme de blé nécessite environ 1500 litres d'eau? Et qu'une vache laitière peut boire jusqu'à 56 litres d'eau par jour?

De plus, la mer contient des ressources alimentaires importantes. Chaque année, il se pêche de 70 à 75 millions de tonnes de poissons dans le monde, dont 1,5 million au Canada. Le Canada bénéficie d'une situation privilégiée. Les courants chauds et froids qui bordent ses côtes créent des zones de pêche où les poissons sont abondants et variés. On évalue la consommation moyenne par personne à 7 kg par an dans le monde.

En plus des poissons et fruits de mer, l'océan fournit également des algues qu'on utilise dans l'alimentation ou encore comme engrais.

B. L'eau et ses ressources minérales

Depuis longtemps, les pays tropicaux exploitent le sel de mer dans des **salines**. L'eau de mer est retenue dans d'immenses bassins et soumise à l'évaporation solaire. On recueille par la suite les dépôts de sel accumulés.

Une saline, en Tunisie

La mer, qui est un immense réservoir de minéraux, constitue le plus grand gisement minier potentiel. Au contact de l'eau, les vapeurs du magma ont formé des métaux très rares et très recherchés par la haute technologie: le manganèse, le brome, le magnésium, etc.

De plus, sur la plate-forme continentale, on exploite depuis quelques années des réserves de pétrole immergées. Une grande partie du pétrole consommé au Québec provient de gisements situés dans la mer des Antilles.

282

Les gisements pétroliers du plateau continental fournissent plus de 30 % de la consommation actuelle de pétrole dans le monde.

Une exploitation pétrolière au large des côtes de l'Australie

C. L'eau et ses ressources énergétiques

L'eau fut l'une des premières sources d'énergie exploitée par les humains. Elle a donné naissance au moulin à eau et à la machine à vapeur, qui a transformé d'une façon spectaculaire toute l'industrie du début de notre siècle.

De nos jours, l'énergie d'origine hydraulique est l'une des principales sources d'énergie. Elle a la propriété d'être renouvelable et non polluante. Au Québec, 97 % de la production d'électricité est assurée par des centrales hydroélectriques.

283

Le Québec produit plus d'électricité qu'il n'en consomme. En 1987, il a vendu 15,3 % de sa production à ses voisins (le Nouveau-Brunswick, l'Ontario et les États du nord-est des États-Unis).

La centrale de Beauharnois

D. L'eau et les loisirs

On dit qu'il y a plus d'un million et demi de personnes qui vont à la pêche au moins une fois par année au Québec. Et la baignade est sans doute l'activité la plus populaire les beaux jours d'été. À cela, il faut ajouter les sports nautiques tels la planche à voile, qui compte de plus en plus d'adeptes, le canotage, la voile, la plongée, etc. Bref, l'eau est à l'origine d'une grande variété d'activités de loisir et, du même coup, d'une importante industrie touristique. Certaines régions où les plans d'eau abondent, comme les Laurentides, doivent à cette industrie une bonne part de leur développement. Peut-on imaginer ce que seraient la Gaspésie, la région de Charlevoix ou la Côte-Nord, sur le plan touristique, sans le fleuve Saint-Laurent.

284

Dans la région de Saint-Donat

E. L'eau est en danger

Par leurs activités quotidiennes, les humains rejettent dans l'eau des acides, des lessives, des graisses, des détergents et une infinité d'autres produits polluants. Les industries font de même avec leurs déchets. Plus la population augmente, plus les industries se développent, et plus les eaux se chargent de polluants de toutes sortes. Lorsque la charge de polluants est très élevée, les cours d'eau n'arrivent plus à s'épurer naturellement. On connaît maintenant les effets de cette pollution. Des poissons et des oiseaux aquatiques meurent, des espèces sont menacées, certains poissons ne peuvent plus être consommés par les humains parce qu'ils sont eux-mêmes devenus toxiques, et ils contaminent forcément tous leurs prédateurs.

Les 57 usines de pâtes et papiers du Québec rejettent une quantité d'eau usée égale à la consommation d'une population de 8 millions de personnes. Cependant, la pollution qui en résulte se compare à celle qui est engendrée par une population de 17 millions de personnes.

Une usine de pâtes et papiers, à Windsor, en Estrie

Chaque année, un milliard de tonnes de pétrole est transporté par bateau. Lorsqu'un accident se produit, des quantités importantes de pétrole sont déversées dans la mer.

L'Exxon Valdez, dans le golfe de l'Alaska, après l'accident du 26 mars 1989

Depuis quelques années, les eaux usées de certaines grandes villes sont traitées dans des usines d'épuration avant d'être rejetées dans les cours d'eau. Mais c'est avant tout à chaque pollueur de faire sa part pour diminuer la pollution à sa source.

F. La Terre assoiffée

Chaque année, des millions de personnes meurent de faim... faute d'eau pour arroser la terre. Pourtant, l'humanité n'a besoin que du dixième de toute l'eau douce sur Terre. La quantité d'eau douce disponible dans une région dépend grandement des précipitations qu'elle reçoit. S'il pleut rarement, l'eau douce sera peu abondante.

Savais-tu qu'environ un cinquième de la population mondiale des villes et les trois quarts de celle des campagnes ne disposent pas d'eau potable en quantités importantes? Dans certains pays, la consommation quotidienne d'eau, pour divers usages, ne dépasse pas 5 litres par personne alors qu'en Amérique du Nord, chaque personne consomme en moyenne plus de 300 litres d'eau par jour.

287

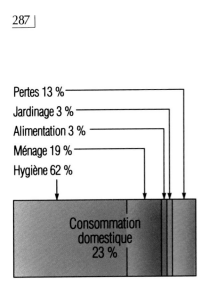

Pertes 13 %
Jardinage 3 %
Alimentation 3 %
Ménage 19 %
Hygiène 62 %

Consommation domestique 23 %

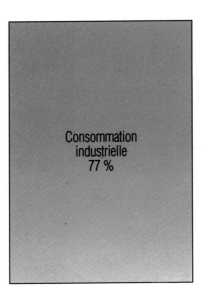

Consommation industrielle 77 %

1. Quelle proportion de la consommation totale d'eau est utilisée pour les besoins domestiques?

2. À quel usage est réservée la plus grande part de l'eau consommée par les individus?

La consommation d'eau dans les pays industrialisés

VÉRIFIE TES CONNAISSANCES

1. Sans eau, il te serait difficile de vivre. Dans ton milieu, d'où provient l'eau potable?

2. Donne quelques exemples des principaux usages de l'eau dans ton milieu, en dehors des besoins domestiques (agriculture, pêche, loisir, etc.).

Les connaissances

1. L'hydrosphère est l'ensemble des eaux de la Terre.

2. Les eaux recouvrent 71 % de la planète.

3. Les quatre océans sont l'océan Pacifique, l'océan Atlantique, l'océan Indien et l'océan Arctique.

4. L'eau de mer a une salinité moyenne de 35 grammes par litre.

5. L'eau de mer a une température qui varie avec la latitude et la profondeur.

6. Le relief sous-marin se compose de plates-formes continentales, de talus, de plaines abyssales, de fosses et de dorsales.

7. Les eaux de mer sont en mouvement:

   a) la vague est causée par le vent;

   *b) la marée est causée par l'attraction de la Lune et du Soleil;

   *c) les courants sont semblables à des fleuves coulant dans les océans.

8. Les différents reliefs construits par la mer sont: la côte, la falaise, la plage et le cordon littoral.

9. a) Les eaux douces proviennent du cycle de l'eau.

   b) Les trois étapes du cycle de l'eau sont l'évaporation, la condensation et les précipitations.

10. a) Les cours d'eau sont hiérarchisés: les plus petits se jettent dans les plus gros.

    b) Un réseau hydrographique est composé d'un cours d'eau principal et de ses affluents.

    c) Un bassin hydrographique est une région drainée par l'ensemble des cours d'eau d'un réseau hydrographique.

11. Le débit d'un cours d'eau est la quantité d'eau (en m³) qui s'écoule en une seconde en un point donné de ce cours d'eau.

12. Les eaux offrent des ressources alimentaires, minérales, énergétiques et touristiques.

U T I L I S E R

Activités de synthèse

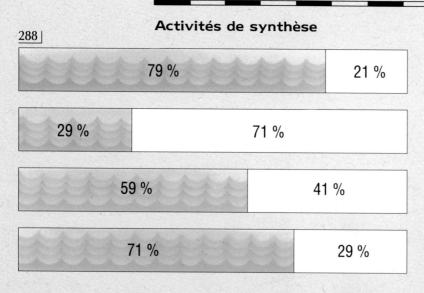

79 %	21 %
29 %	71 %
59 %	41 %
71 %	29 %

1. a) L'eau et les continents ne sont pas en proportion égale sur la Terre. Lequel des schémas suivants reflète les proportions les plus exactes d'eau et de terre?

   b) Les eaux sont inégalement réparties dans les hémisphères. Lequel des hémisphères est constitué à 61 % d'eau et 39 % de terre?

2. Réfère-toi à la carte ci-dessous
   pour répondre aux questions
   suivantes.

289

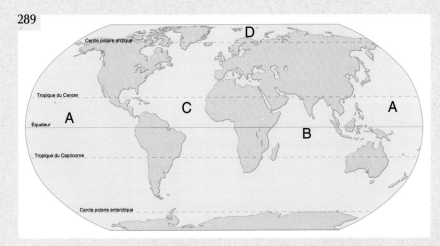

a) À quelle lettre peux-tu
   associer:
   — l'océan Pacifique?
   — l'océan Arctique?
   — l'océan Atlantique?
   — l'océan Indien?

b) Sur quel(s) continent(s)
   pourrait accoster un bateau s'il
   naviguait dans l'océan:
   — Arctique?
   — Pacifique?
   — Indien?
   — Atlantique?

c) Si tu naviguais, quelle mer
   devrais-tu traverser pour te
   rendre:
   — de l'Europe à l'Afrique?
   — de l'Afrique à l'Asie?
   — de l'Amérique du Nord à
     l'Amérique du Sud?

d) Un pilote est affecté à des vols
   transcontinentaux. Quel océan
   survole-t-il quand il voyage:
   — de l'Amérique du Sud à
     l'Europe?
   — de l'Océanie à l'Afrique?
   — de l'Asie à l'Amérique du
     Nord?
   — de l'Amérique du Nord à
     l'Asie en passant par le pôle
     Nord?

290

3. Si tu explorais le fond de l'océan
   à bord d'un sous-marin, tu
   observerais un relief très
   accidenté.

a) Décris brièvement chacune
   des composantes de ce relief.

b) Quel lien peux-tu établir entre
   la composante « D » et le
   dynamisme interne de la
   Terre?

*4. Il y a quelques années, un Norvégien a voulu prouver que les Égyptiens avaient colonisé l'Amérique du Sud. Parti du nord-ouest de l'Afrique en radeau, il a presque atteint les côtes du continent sud-américain.

a) À l'aide de la carte 262, essaie d'expliquer son trajet en identifiant les courants marins suivis?

b) Ces courants étaient-ils chauds ou froids?

En Nouvelle-Écosse

Aux îles de la Madeleine

En Gaspésie

5. Les mouvements de la mer transforment sans cesse la côte. Identifie, dans chacune des photos, le type de relief représenté et explique brièvement le rôle de l'érosion dans sa formation.

Aux îles de la Madeleine

6. Le rocher Percé est l'une des attractions touristiques de la Gaspésie. Selon les estimations, sa masse actuelle atteint les 3 000 000 de tonnes et la mer lui arrache environ 300 tonnes de débris par année. Combien d'années faudra-t-il pour que la mer le fasse disparaître?

7. Autrefois, les Anciens croyaient que les océans alimentaient les eaux douces par des canaux souterrains.

   a) Selon ce que tu sais, comment expliques-tu la présence des eaux douces sur la Terre?

   b) Énumère en ordre les trois étapes du cycle de l'eau.

   c) À l'aide d'un schéma, illustre le cycle de l'eau.

8. a) Donne une brève définition de l'expression *réseau hydrographique*.

   b) Que signifie l'expression *bassin hydrographique?*

9. Reproduis la carte 276. Trace en bleu le réseau hydrographique du Saint-Laurent et colorie en vert son bassin hydrographique.

10. Parler d'un fleuve, c'est parler aussi de ses affluents:

    a) donne une brève définition du terme *affluent*;

    b) nomme deux des affluents du fleuve Saint-Laurent.

11. En observant bien la carte 276:

    a) identifie l'endroit où se déverse le fleuve;

    b) localise la source du fleuve;

    c) identifie la rivière située le plus près de la source du fleuve.

    d) Selon toi, le débit du fleuve est-il plus important à la source ou à l'embouchure? Pourquoi?

12. Voici le débit mensuel de trois fleuves importants.

	J	F	M	A	M	J	J	A	S	O	N	D
Saint-Laurent	5	3	13	35	27	9	4	3	4	7	9	6
Nil	3	2	1	1	2	3	3	5	8	6	3	2
Volga	3	2	3	15	12	4	3	3	3	4	3	2

(milliers de m^3/s)

    a) Dans ton cahier de notes, illustre le débit mensuel de chacun des fleuves à l'aide d'une courbe. (Utilise une couleur différente pour chacun des fleuves.)

    b) Quel fleuve a le plus grand débit?

    c) À quel mois chacun des fleuves a-t-il le débit:
    — le plus élevé?
    — le plus faible?

    d) Pourquoi le fleuve Saint-Laurent a-t-il un débit très élevé en mars, avril et mai?

*13. a) Trouve le régime annuel de chacun des fleuves mentionnés ci-dessus en calculant la moyenne de leurs débits mensuels.

    b) Lequel de ces fleuves a le régime le plus élevé?

    c) Lequel a le régime le plus faible?

BILAN

14. Aujourd'hui, l'environnement est une préoccupation majeure et l'eau en est un des éléments les plus importants. En équipe, effectue un travail de recherche sur les eaux de ta région.

a) À l'aide d'une carte de ta région, dresse la liste des principaux cours d'eau et des lacs.

b) Indique les cours d'eau et les lacs utilisés pour des activités
   — sportives;
   — agricoles;
   — touristiques;
   — industrielles;
   — alimentaires;
   — énergétiques.

c) Identifie la source d'eau potable de ta localité.

d) Situe, s'il y a lieu:
   — l'usine de filtration d'eau potable;
   — l'usine d'épuration des eaux usées.

Une fois la recherche terminée, fais part de tes découvertes à toute la classe.

15. « Eau secours! »

a) Repère les principales sources de pollution de l'eau dans ton milieu.

b) Au cours de ton année scolaire, y a-t-il eu des incidents dans le monde qui ont eu de graves conséquences sur la qualité de l'eau? Lesquels?

LE CLIMAT ET LA VÉGÉTATION

UNE NOUVELLE AVENTURE!

1. Le temps nous joue parfois de vilains tours. Est-il déjà arrivé que le temps ait gâché un projet auquel tu tenais beaucoup?

2. Où peux-tu trouver des informations sur le temps qu'il fera demain?

3. Observe les photos ci-dessus.
   a) Pourrais-tu dire, dans chaque cas, s'il s'agit d'un milieu chaud, tempéré ou froid?
   b) Quelles différences observes-tu dans la végétation représentée sur chacune des photos?
   c) En quoi tes habitudes de vie seraient-elles différentes si tu habitais un milieu chaud? un milieu froid?

L'ÉTUDE DU PRÉSENT DOSSIER TE PERMETTRA:

• de connaître les facteurs qui déterminent le climat;

• de comprendre la répartition des climats dans les grandes zones climatiques;

• d'associer différents types de végétation à ces climats.

Nous vivons au fond d'un océan invisible, un océan d'air qui entoure la Terre: l'**atmosphère**. Quatre-vingt-dix-neuf pour cent de sa masse est concentrée dans une mince pellicule d'environ 40 km autour du globe.

L'atmosphère est la couche gazeuse qui enveloppe la Terre.

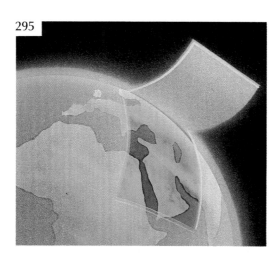

295

La Terre est entourée d'une mince pellicule d'air dont l'épaisseur représente à peine 1/10 de son diamètre.

Ses gaz sont constitués surtout d'azote (78 %), et d'oxygène (20 %). Mêlée à ces gaz se trouve également de la vapeur d'eau en quantité variable.

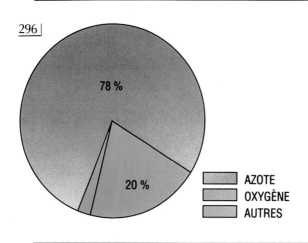

296

78 %

20 %

▨ AZOTE
▨ OXYGÈNE
▨ AUTRES

1. Quels gaz constituent 98 % de l'atmosphère?

2. D'après tes notions d'écologie, quel est le rôle de l'azote? de l'oxygène?

L'atmosphère est un cocon qui protège la planète. Elle filtre les radiations dangereuses du Soleil. C'est là que se déroulent tous les phénomènes atmosphériques qui déterminent le temps qu'il fait chaque jour et influencent les climats de la Terre.

1. Le temps et le climat

A. Le temps qu'il fait au jour le jour

L'une des premières choses que tu fais sans doute chaque matin, c'est de jeter un regard par la fenêtre pour voir le **temps** qu'il fait. Cela démontre bien à quel point le temps joue un rôle important dans ta vie quotidienne. Ta façon de te vêtir, tes loisirs, tes activités extérieures, et parfois ton humeur, sont conditionnés par le temps qu'il fait.

Le temps est un état passager de l'atmosphère en un lieu donné.

297

Le ciel est révélateur du temps. D'heure en heure, il présente un visage toujours différent.

298

Le temps change rapidement. Aussi, il est difficile de prévoir le temps qu'il fera longtemps d'avance. Les bulletins de la météo nous informent quotidiennement de son évolution. Mais il arrive que les conditions prévues ne se réalisent pas.

299

La météo

Aujourd'hui : Ensoleillé, passages nuageux

Minimum 15°   Maximum 28°

Demain : Averses dispersées

Les prévisions du 21 juin 1990

La météo

Aujourd'hui : Ensoleillé

Minimum 14°   Maximum 31°

Demain : Ciel variable

Les prévisions du 22 juin 1990

Le temps change rapidement... parfois plus vite que les prévisions!

De plus, au même moment, il ne fait pas partout le même temps.

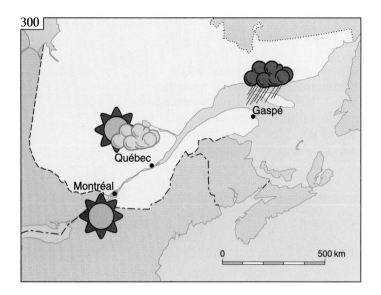

Le temps varie d'une région à l'autre.

Qu'est-ce qui détermine le temps? La science de la météorologie a aujourd'hui des réponses à cette question. Tu en prendras connaissance dans les pages qui suivent.

B. Le climat de la région où l'on vit

Contrairement au temps, qui est momentané et très localisé, le **climat** touche une région beaucoup plus vaste et s'étend sur une période beaucoup plus longue. Par exemple, si, en un endroit donné, le temps est généralement chaud tout au long de l'année et année après année, on dira que cette région a un climat chaud.

La **climatologie** est la science qui étudie les climats. Grâce à elle, tu découvriras les facteurs qui donnent à certaines régions du monde un climat si différent de celui de ta région. Tu comprendras également en quoi ces facteurs entraînent une grande diversité dans la faune, dans la flore et dans le mode de vie des humains qui habitent ces régions.

Le climat est l'ensemble des conditions du temps dans une région au cours d'une longue période.

301

Au Kenya

1. Peux-tu décrire simplement chacun des paysages?

2. Selon toi, retrouve-t-on les mêmes paysages dans toutes les régions du monde? Pourquoi?

303

Des champs de lavande dans les Alpes de Haute-Provence (France)

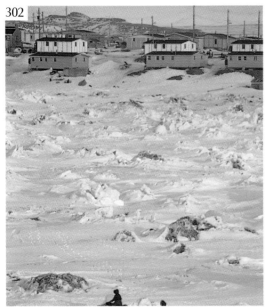

302

À Kangirsuk, au Nouveau-Québec

2. Les facteurs météorolo- giques du climat

Quand tu te demandes s'il fera froid, s'il ventera ou s'il pleuvra, tu fais référence, sans le savoir, aux facteurs météorologiques du climat: la **température**, la **pression atmosphérique**, les **vents** et les **précipitations**.

Ces quatre éléments constituent les rouages essentiels de la «machine météo» qui, sur une longue période, détermine les climats de la planète. Pour bien comprendre leur rôle, étudions-les.

La température, les précipitations, la pression atmosphérique et les vents constituent les facteurs météorologiques du climat.

A. La température

Le Soleil est le moteur de la machine du temps. Son énergie nous parvient sous forme de lumière visible et de radiations. La Terre absorbe à peine la moitié de cette énergie et renvoie le reste dans l'atmosphère sous forme de chaleur.

Évaluer la température d'un lieu, c'est mesurer la quantité de chaleur absorbée par l'air. La chaleur de l'air se mesure avec un **thermomètre** gradué en degrés Celsius. Pour une plus grande précision, les météorologues prennent toujours la mesure de la température dans les mêmes conditions, à heures fixes. Le relevé se fait la nuit, au lever du Soleil, à midi et au coucher du Soleil.

La température est le degré de chaleur plus ou moins grand de l'air.

304

Un abri de Stevenson

Les thermomètres sont dans un abri ajouré et surélevé.

D'après toi, les résultats seraient-ils les mêmes:

a) si l'abri était situé en montagne? dans une plaine?

b) si les instruments n'étaient pas abrités?

305

Le thermomètre mesure la température en degrés Celsius.

La température varie au cours d'une année. Elle atteint les plus hauts degrés en été, et les plus bas en hiver. Elle varie également au cours de la journée. La nuit, la température est à son plus bas (le minimum), tandis que le midi, elle est généralement à son plus haut (le maximum). L'écart entre les températures les plus basses et les plus hautes s'appelle l'**amplitude thermique**.

306

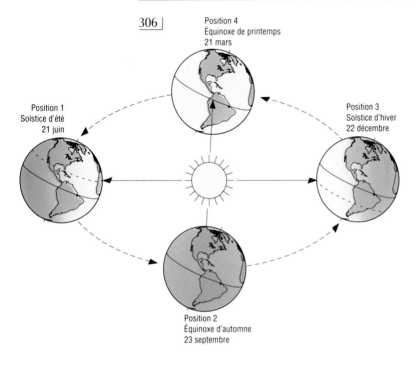

Position 4
Équinoxe de printemps
21 mars

Position 1
Solstice d'été
21 juin

Position 3
Solstice d'hiver
22 décembre

Position 2
Équinoxe d'automne
23 septembre

La température varie avec les saisons.

En été, l'hémisphère Nord est incliné vers le Soleil et reçoit plus de chaleur.

En hiver, c'est l'hémisphère Sud qui est incliné vers le Soleil; l'hémisphère Nord reçoit alors moins de chaleur.

1. Pourquoi la ville de Québec ne connaît-elle pas la même température toute l'année?

2. Quelle est l'amplitude thermique de la ville de Québec au cours d'une année?

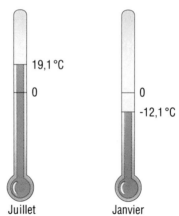

19,1 °C
0

0
-12,1 °C

Juillet   Janvier

températures moyennes
de Québec

307

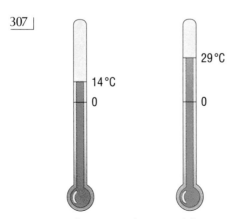

14 °C
0

29 °C
0

températures maximum et minimum
du 18 juin 1991 à Montréal

La température varie au cours d'une même journée.

1. Quelle est la température minimum illustrée? la température maximum?

2. Donne l'amplitude thermique de Montréal le 18 juin 1991.

Comme les écarts de température sont importants entre le jour et la nuit ou entre les saisons, les météorologues établissent des moyennes de températures pour donner l'image la plus juste possible d'un lieu. Par exemple:

— la moyenne journalière s'effectue à partir des relevés de température observée au cours de la journée;

— la moyenne mensuelle provient de la somme des moyennes journalières divisée par le nombre de jours dans le mois;

— la moyenne annuelle s'obtient par la somme des moyennes mensuelles divisée par 12.

Une moyenne de température représente donc un portrait de l'ensemble de la journée, du mois ou de l'année. Elle est très utile aux météorologues, qui s'en servent pour dresser des cartes ou des graphiques de l'évolution des températures.

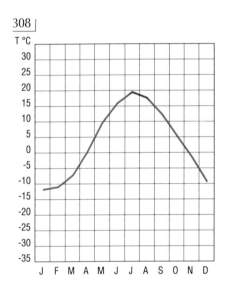

Sur un graphique, l'évolution des températures est représentée par une ligne continue appelée courbe thermique.

*B. La pression atmosphérique

a) L'air a un poids

L'atmosphère qui entoure la Terre est presque entièrement concentrée dans les premiers kilomètres qui entourent la croûte terrestre. Comme tu vis au fond de cet océan d'air, tu supportes sur tes épaules un poids qu'on appelle la **pression atmosphérique**.

Si tu pouvais remonter lentement à la surface de «l'océan atmosphérique», tu constaterais que la pression décroît avec l'altitude. Les alpinistes ressentent cette différence de pression lorsqu'ils arrivent à haute altitude. L'air se fait plus rare et l'utilisation de bonbonnes d'oxygène devient parfois nécessaire.

Pour mesurer la pression de l'air, les météorologues utilisent un **baromètre**. La pression s'exprime en kilopascals (kPa).

La pression atmosphérique est la force exercée par le poids de l'air.

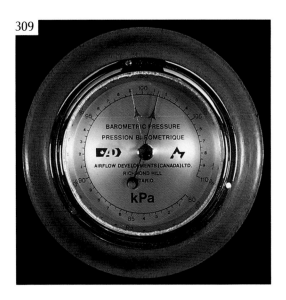
309

La pression atmosphérique se mesure en kilopascals (kPa) à l'aide du baromètre.

b) La pression varie avec la température

Cependant, même au niveau du sol, la pression de l'air n'est pas toujours constante.

La pression de l'air peut diminuer

L'air est soumis à l'action de la température. Quand une masse d'air se réchauffe, elle se dilate et devient plus légère. L'air chaud monte alors, et la pression diminue. On dit qu'il s'agit d'une **basse pression** (faible pression).

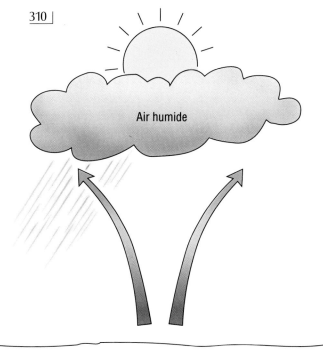
310

Air humide

Basse pression

Lorsque l'air chaud monte, il agit un peu comme un aspirateur; l'évaporation au sol augmente et l'air se charge de nuages de pluie. C'est pourquoi la basse pression entraîne généralement du mauvais temps.

311

La montgolfière « flotte » grâce à la basse pression. L'air réchauffé par les brûleurs se dilate et gonfle rapidement le ballon. Comme l'air contenu dans le ballon est plus léger que l'air environnant, la montgolfière monte.

La pression de l'air peut augmenter

Par contre, une masse d'air refroidi et asséché est plus dense qu'une masse d'air chaud et humide. L'air froid a tendance à descendre parce qu'il est plus lourd; la pression ainsi exercée sur le sol devient plus forte: c'est une **haute pression** (forte pression).

312

Air sec

Haute pression

Lorsque l'air froid descend, il agit un peu comme une soufflerie et chasse l'humidité. La haute pression annonce le beau temps.

Le deltaplane est soutenu par les courants ascendants de l'atmosphère (l'air chaud qui monte) lorsqu'il plane. Pour descendre, il lui suffit de suivre les courants froids.

313

C. Les vents

Les couches d'air les plus proches de la Terre sont rarement immobiles. Pourquoi sont-elles instables? L'air chaud, plus léger que l'air froid, s'élève dans l'atmosphère. Ce sont les différences de température dans l'air qui créent ces déplacements d'air qu'on appelle les **vents**. Divers instruments servent à mesurer les vents.

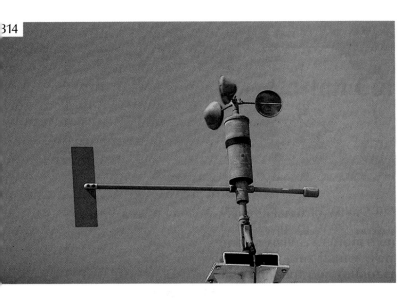

314

La vitesse des vents se mesure en kilomètres par heure à l'aide de l'anémomètre.

On repère la provenance des vents grâce à la girouette. Les tiges fixes portent les lettres qui indiquent les directions cardinales. La flèche mobile pointe dans la direction d'où vient le vent.

Les vents jouent un rôle essentiel dans la répartition de la température. Ils sont comme des ventilateurs qui réchauffent ou refroidissent l'atmosphère. À cause de la différence de températures de l'équateur aux pôles, les masses d'air se déplacent en suivant des trajectoires à peu près constantes. On observe donc des vents dominants caractéristiques dans chacune des zones climatiques.

— En zone chaude, comme il fait toujours chaud, la masse d'air est aspirée vers l'équateur. Les vents réguliers qui y soufflent, ce sont les alizés.

— Dans les zones froides, l'air froid, étant plus lourd, a tendance à descendre. Ces masses d'air froid glissent régulièrement vers les régions tempérées donnant les vents d'est. Ils causent des changements brusques et fréquents de température.

— Les zones tempérées connaissent les vents les plus instables et souvent les plus violents de la Terre parce que la température y est très changeante. Les vents d'ouest sont les plus fréquents. Ils prennent naissance dans les tropiques et apportent de l'air chaud et humide dans les régions tempérées.

ZONE CHAUDE — ZONE TEMPÉRÉE — ZONE FROIDE

Cercle polaire arctique

VENTS D'EST

VENTS D'EST

VENTS D'OUEST

VENTS D'OUEST

Tropique du Cancer

ALIZÉS

ALIZÉS

ALIZÉS

Équateur

ALIZÉS

ALIZÉS

ALIZÉS

Tropique du Capricorne

VENTS D'OUEST

VENTS D'OUEST

Cercle polaire antarctique

VENTS D'EST

VENTS D'EST

| Zone chaude | Zone tempérée | Zone froide |

1. Énumère les vents dominants de la Terre.

2. D'où viennent les vents dominants dans notre région?

D. Les précipitations

En étudiant le cycle de l'eau, tu as appris que l'évaporation est à l'origine des **précipitations**. La chaleur aspire l'eau et la laisse dans l'atmosphère sous forme de vapeur invisible; à long terme, cette vapeur se condense en nuages et se transforme en précipitations.

> L'eau qui tombe sur la terre (pluie, neige, grêle, brouillard) forme les précipitations.

La quantité de pluie s'évalue en millimètres à l'aide d'un pluviomètre.

316

Pour mesurer le pourcentage d'humidité de l'air, les météorologues utilisent un hygromètre.

317

Parmi les différents facteurs météorologiques du climat, les précipitations et la température sont les éléments que l'on retient pour définir le climat d'une région. En réunissant sur un même graphique les données qui correspondent aux moyennes mensuelles des précipitations et de la température d'un lieu, on obtient un climatogramme.

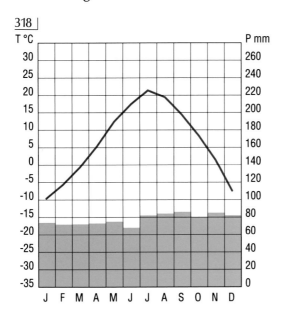

Le climatogramme présente le «portrait climatique» d'un lieu au cours d'une année.

— *La courbe thermique, en rouge, illustre les températures au cours de l'année. Son échelle (en degrés Celsius) apparaît à gauche du climatogramme.*

— *Les colonnes verticales, en bleu, indiquent les précipitations pour chaque mois. Leur échelle (en mm) s'inscrit à droite du graphique.*

— *Au bas du climatogramme figurent les lettres correspondant à chacun des mois de l'année.*

VÉRIFIE TES CONNAISSANCES

1. Le *temps* et le *climat* désignent deux réalités différentes. Parmi les énoncés suivants, indique lesquels se rapportent au temps, et lesquels, au climat:

   a) L'équateur est une région chaude et humide.

   b) La pluie a gâché mon congé!

   c) Dommage que les palmiers ne poussent pas ici!

   d) La sécheresse brûle encore la savane africaine.

   e) Quelle chaleur ce matin! Ce soir, il y aura sûrement de l'orage!

   f) On n'a pas eu un très bel été.

   g) Consultons le bulletin de la météo.

   h) C'est le temps de la cueillette des pommes.

   i) J'irai en Australie en décembre, ce sera plus chaud.

   j) Quel bon vent pour la voile aujourd'hui!

2. Le 5 janvier 1990, le journal *La Presse* donnait les prévisions suivantes:

dimanche	lundi	mardi	mercredi	jeudi
nuageux et froid avec neige légère	partiellement ensoleillé et froid	nuageux et froid avec neige légère	partiellement ensoleillé et froid	partiellement ensoleillé et froid
-2/-12	-4/-16	-7/-14	-4/-11	-3/-11

Dans ces prévisions:

a) de quels facteurs météorologiques parle-t-on?

b) de quels facteurs météorologiques ne parle-t-on pas?

c) quel jour présente...
— l'amplitude la plus grande?
— l'amplitude la plus faible?

d) quel jour présente...
— la moyenne de température la plus élevée?
— la moyenne de température la plus basse?

3. Voici des données qui correspondent aux températures mensuelles moyennes ainsi qu'aux précipitations mensuelles moyennes de deux villes.

		J	F	M	A	M	J	J	A	S	O	N	D
ALGER	T	9	10	11	13	16	20	23	24	21	17	14	11
	P	102	66	84	52	44	19	3	3	30	87	104	101
MOSCOU	T	-11	-9	-5	3	12	16	18	16	10	4	-3	-8
	P	34	31	35	35	45	67	81	78	55	53	44	40

a) Laquelle de ces deux villes:

— connaît le mois le plus chaud?

— connaît le mois le plus froid?

— a l'amplitude thermique annuelle la plus grande?

— a la moyenne de température annuelle la plus basse?

— reçoit le plus de précipitations?

4. Reproduis dans ton cahier ce tableau récapitulatif des facteurs météorologiques. Complète-le en inscrivant les éléments qui manquent dans les cases vides.

FACTEUR	INSTRUMENT DE MESURE	UNITÉ	CE QU'IL MESURE
température		°C	
		kPa	pression de l'air
vent			vitesse du vent
		millimètres	quantité de pluie

b) Sur une feuille millimétrique, dresse le climatogramme de chacune de ces villes.

c) À l'aide de ton atlas, trouve les coordonnées de chacune de ces villes.

3. Les facteurs géographiques du climat

En plus des facteurs météorologiques, il existe d'autres éléments, appelés facteurs géographiques, qui influencent le climat d'une région: il s'agit de la **latitude**, de la **proximité de la mer**, de la **continentalité** et de l'**altitude**. Leur rôle est si important qu'ils multiplient les types de climat à l'intérieur d'une même zone climatique.

A. La latitude

La latitude est le plus important des facteurs géographiques; c'est elle qui influence la répartition de la chaleur sur la planète.

Parce que la Terre est ronde, les rayons du Soleil ne l'atteignent pas et ne la réchauffent pas de façon uniforme. Ce facteur explique pourquoi la température s'abaisse au fur et à mesure qu'on s'éloigne de l'équateur pour se rapprocher des pôles.

320 |

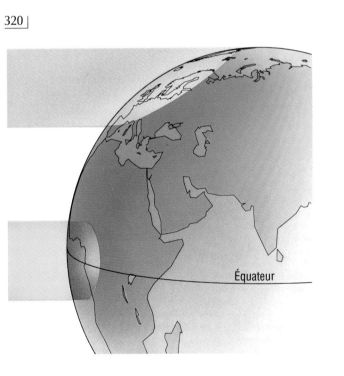

-15° C

10° C

26° C

Équateur

Les rayons solaires apportent plus d'énergie à l'équateur parce qu'ils frappent directement la planète.

Aux pôles, les rayons tombent obliquement, après avoir traversé une plus grande épaisseur d'air. Bon nombre d'entre eux sont déviés en raison de la forme sphérique de la planète.

1. Pourquoi fait-il plus chaud à l'équateur qu'aux pôles?

2. La forme de la Terre influence-t-elle la répartition de la chaleur?

B. La proximité de la mer

Si tu marches sur une plage en plein soleil, tes pieds sentiront la chaleur intense du sable; une fois le Soleil disparu, le sable redevient frais. Dans l'eau, tu ne sentiras pas la même différence de température. Les océans se refroidissent et se réchauffent plus lentement que les continents. Parce qu'ils absorbent mieux la chaleur que ne le fait le sol, leur température est plus constante. Les océans ont donc une influence sur les régions qu'ils baignent. L'hiver y sera plus doux et l'été plus frais que pour d'autres régions de même latitude, situées à l'intérieur des continents. De plus les précipitations sont généralement plus abondantes dans les régions bordées par les mers.

321

L'eau se refroidit ou se réchauffe plus lentement que la terre. Les écarts de température sont donc moins grands dans les régions situées près des mers.

1. Par un jour d'été ensoleillé, sur une plage des mers du Sud, le continent est-il plus chaud ou moins chaud que la mer?

2. La nuit, est-ce le continent ou la mer qui est le plus chaud?

C. La continentalité

La continentalité est l'éloignement d'un endroit par rapport à la mer. Ce facteur agit beaucoup sur la variété des climats de grands pays tels le Canada.

Ainsi, les villes situées à l'intérieur du pays connaîtront une amplitude thermique plus grande parce que les continents se réchauffent ou se refroidissent plus vite que les océans. Ces villes subissent des écarts extrêmes de température. Les étés seront plus chauds et les hivers très froids.

La continentalité influence la température des villes. Les villes continentales ont une amplitude thermique beaucoup plus forte que les villes côtières.

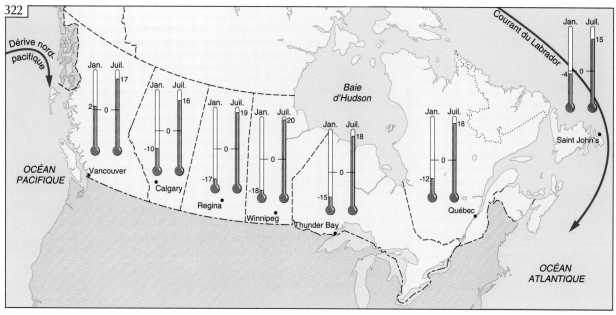

Les températures moyennes de quelques villes du Canada

1. Identifie les deux villes dont la température subit le plus l'influence de l'océan.

2. Pour chacune des villes sur la carte:

   a) donne l'amplitude thermique;

   b) calcule la moyenne de température.

3. Quelles sont les deux villes qui ont:

   a) la plus grande amplitude? Pourquoi?

   b) la plus faible amplitude? Pourquoi?

*4. Comment expliques-tu que Vancouver et Saint John's n'aient pas la même température? Réfère-toi à tes connaissances des courants marins.

D. L'altitude

Le sommet de certaines montagnes est aussi froid que les régions polaires. Ce phénomène s'explique par le fait que la température diminue régulièrement à mesure que l'on monte. À 1000 m d'altitude, elle s'est déjà abaissée de 7 °C. Ainsi, la ville de Quito, située à 4000 mètres d'altitude, a une température d'été ne dépassant pas celle de Montréal, bien qu'elle soit située à l'équateur.

323

Plus on s'élève dans l'atmosphère, plus il fait froid. La température diminue d'environ 1 °C à tous les 150 m.

Dans les Rocheuses

De plus, le relief des montagnes influence le régime des pluies. Poussé par le vent, l'air chaud et humide frappe la barrière des montagnes. Les précipitations sont plus abondantes sur les versants exposés aux vents. C'est ce qu'on appelle les **pluies de relief**.

324

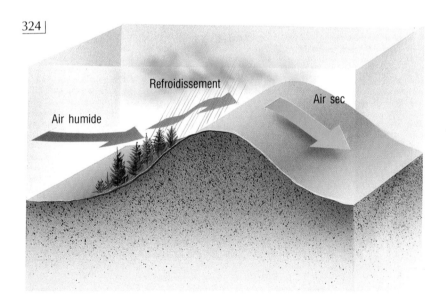

Refroidissement

Air sec

Air humide

L'air chaud et humide s'élève le long d'un versant de la montagne; en s'élevant, il se refroidit et se condense: des nuages se forment et il pleut. En redescendant, sur l'autre versant, l'air est sec et il se réchauffe progressivement.

À tous ces facteurs géographiques qui agissent sur le climat vient s'ajouter l'influence des humains.

Notre planète connaît présentement une poussée de fièvre...! La cause en est l'activité humaine. Des substances toxiques sont constamment relâchées dans l'atmosphère: les gaz d'échappement des voitures, le gaz carbonique produit par l'utilisation des combustibles fossiles (gaz naturel, charbon, pétrole), etc.

L'accumulation de ces gaz forme maintenant une barrière invisible qui emprisonne la chaleur dans l'atmosphère, produisant ainsi un effet de serre.

Le Soleil nous envoie sa chaleur sous forme de rayons, que la Terre renvoie ensuite dans l'atmosphère.

Avec le temps, l'accumulation de la pollution forme une bulle qui empêche la chaleur de s'échapper vers l'espace.

325

L'effet de serre est une menace pour la Terre. Ses conséquences possibles sont multiples: hausse des températures, dérèglement des climats, expansion des déserts, changement dans les précipitations, fonte des glaciers, élévation du niveau des océans, etc. Et que dire de ses effets sur la biosphère...

VÉRIFIE TES CONNAISSANCES

À cause de sa situation géographique, le Canada connaît une grande variété de climats.

1. À l'aide de la carte 322, à la page 247, identifie le facteur géographique en cause dans chacun des énoncés suivants:

   a) Vancouver connaît une température plutôt douce à longueur d'année.

   b) La température diminue au fur et à mesure que l'on s'approche du pôle Nord.

   c) Winnipeg connaît une température plus chaude en été que Vancouver.

   d) Montréal connaît un hiver très froid et un été très chaud.

   e) Les neiges fondent peu sur le sommet des Rocheuses.

4. Le climat et la végétation

Si tu voyageais du pôle Nord au pôle Sud, tu rencontrerais une grande variété de climats et de végétation. Tous les climats pourraient cependant être regroupés à l'intérieur de grandes **zones climatiques**: la **zone chaude**, les **zones tempérées** et les **zones froides**.

326 |

Les zones climatiques

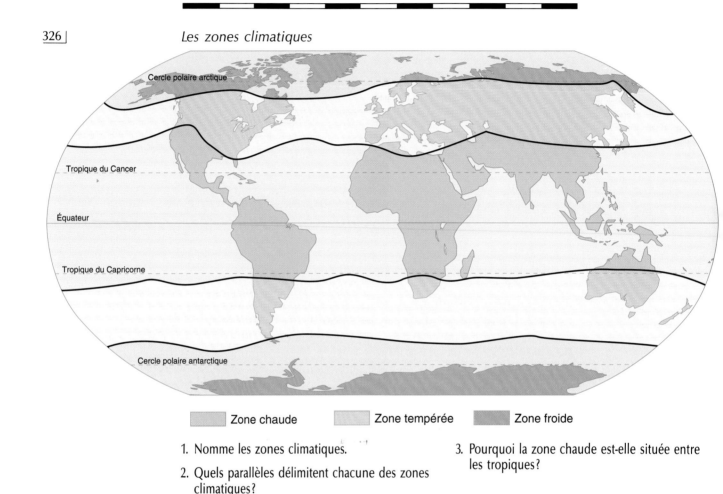

Zone chaude · Zone tempérée · Zone froide

1. Nomme les zones climatiques.

2. Quels parallèles délimitent chacune des zones climatiques?

3. Pourquoi la zone chaude est-elle située entre les tropiques?

Le climat et la végétation sont étroitement liés. Des climats différents favorisent des formations végétales distinctes.

Le climat dépend:

— de la quantité de chaleur que reçoit la Terre. Suivant la manière dont les rayons atteignent la planète, les zones climatiques se répartissent en latitude, de l'équateur aux pôles: zone chaude, zones tempérées et zones froides.

— des précipitations qui rendent l'air plus humide. Selon la quantité de précipitations, le climat sera plus ou moins humide.

La végétation dépend:

— de la lumière et de la chaleur. Le palmier et le cactus ne pourraient croître dans le même milieu que l'érable et le sapin! L'un et l'autre ont besoin d'une quantité de chaleur différente.

— des précipitations. Les plantes se nourrissent des sels minéraux dissous dans l'eau. La végétation sera plus ou moins dense selon la quantité de précipitations.

Explorons maintenant chacune des zones climatiques. Dans chaque zone, qu'elle soit chaude, tempérée ou froide, il existe une variété de climats caractérisés par une flore et une faune qui leur sont propres.

A. La zone chaude: le milieu intertropical

La zone chaude, située entre les deux tropiques (le tropique du Cancer, à 23° N, et le tropique du Capricorne, à 23° S), présente trois climats distincts: le **climat équatorial**, le **climat tropical** et le **climat désertique**.

a) Le climat équatorial: chaud et humide

327 |

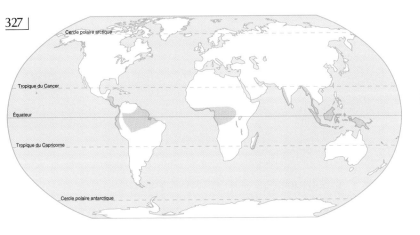

1. L'amplitude thermique est-elle grande?

2. D'après la courbe des températures, les saisons sont-elles contrastées?

328 |

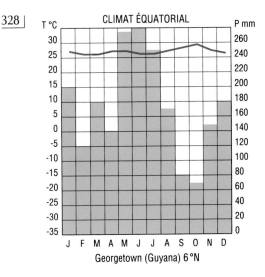

CLIMAT ÉQUATORIAL

Georgetown (Guyana) 6 °N

Une chaleur étouffante et humide

Le climat équatorial est celui d'une véritable serre.
De part et d'autre de l'équateur, le Soleil envoie ses
rayons à la verticale: il y fait constamment très chaud.
L'amplitude thermique est donc presque nulle.
La température, toujours élevée, fait s'évaporer beaucoup
d'eau des océans, des fleuves et des arbres.

Les alizés remplis d'humidité apportent de gros nuages
noirs qui éclatent en orage en fin de journée. Les pluies
très abondantes tombent presque chaque jour en
averses violentes.

Une végétation exubérante

Une telle chaleur et une telle humidité font de la forêt
équatoriale un océan de verdure; on la surnomme la
ceinture verte parce qu'elle entoure la planète. D'autres
la considèrent comme le «poumon» de la Terre à cause
de l'oxygène qu'elle fournit.

329

*La forêt équatoriale est si dense que ses
arbres poussent en étages superposés
pour rejoindre la lumière.*

La forêt équatoriale est dense et disposée en étages. À la
recherche de la lumière, des arbres énormes, aux racines
à fleur de sol, s'élèvent à plus de 50 m de hauteur. Leur
feuillage ombrage d'autres arbres moins grands qui, à
leur tour, dominent la végétation au sol. Entre ces arbres
courent, s'enchevêtrent et pendent des lianes de plus de
100 mètres de longueur. C'est la **jungle**.

330

La chaleur et l'humidité constantes font de la forêt équatoriale une véritable jungle.

D'après le climatogramme 328, quels facteurs météorologiques rendent la forêt équatoriale aussi verdoyante?

En Amazonie (Brésil)

Les arbres sont serrés et leur feuillage forme une voûte épaisse qui intercepte les rayons du Soleil et rend le sous-bois très sombre. Au ras du sol, c'est «l'enfer vert» où on respire un air chargé d'humidité.

Les fougères géantes et les lianes qui s'entrelacent rendent la forêt si impénétrable qu'il faut s'armer d'une machette pour se frayer un passage. Le sol gorgé d'eau décompose rapidement les arbres abattus et les feuilles mortes; il en émane de fortes odeurs de pourriture.

Une vie surprenante

Les humains s'adaptent mal à cette chaleur humide, moite et oppressante, où le moindre geste fait transpirer. Le milieu est insalubre. Les peuplades traditionnelles qui y vivent se déplacent en groupes, chassent avec des moyens rudimentaires et se nourrissent de fruits.

331

Chaque jour, on empiète davantage sur la forêt équatoriale, notamment pour obtenir des terres cultivables.

Une plantation en bordure de la forêt équatoriale (Tanzanie)

Aujourd'hui, on y a développé l'agriculture. Les plantations de bananiers, de palmiers, de cacaoyers, de figuiers et d'hévéas ont remplacé de grands morceaux de forêts. De plus, certains arbres, tels l'acajou, le palissandre et l'ébène, sont recherchés pour la qualité de leur bois.

332

Un singe écureuil

333

Des aras

334

Un boa constricteur

Dans ce milieu obscur, étouffant et hostile aux humains, les gros animaux ne pourraient ni vivre, ni se mouvoir. La forêt équatoriale est infestée de fourmis et d'insectes; elle n'est peuplée que par des animaux qui rampent, tels les serpents, qui grimpent, tels les singes, ou qui volent, tels les oiseaux au plumage très coloré.

b) Le climat tropical: une saison sèche et une saison humide

335
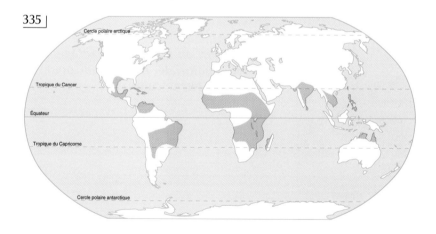

1. Identifie les mois où il pleut très peu?

2. Quels continents sont touchés par le climat tropical?

336
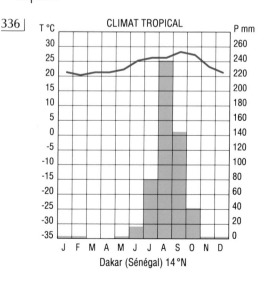
Dakar (Sénégal) 14 °N

Le climat tropical couvre de grandes étendues entre les tropiques et l'équateur: on le retrouve dans le Sud-Est asiatique, en Amérique du Sud, en Afrique. Le paysage des régions au climat tropical est plus changeant que celui des régions où règne un climat équatorial.

Une chaleur moins oppressante

Aux tropiques, la température demeure tout aussi élevée qu'à l'équateur. Pourtant, la chaleur y est plus supportable, la végétation moins dense, la vie animale plus abondante et la présence humaine plus importante.

La grande différence, c'est que la pluie ne tombe plus que durant l'été. Le climat tropical connaît donc deux saisons marquées par les précipitations: la saison humide et la saison sèche.

337

338

Pendant la saison sèche au Kenya...   *... et pendant la saison humide*

Le royaume de l'herbe

À mesure qu'on s'éloigne de l'équateur, la forêt devient plus clairsemée et les arbres moins hauts. La saison sèche leur fera même perdre leurs feuilles.

À ces forêts succèdent d'immenses étendues d'herbes parsemées d'arbres isolés tels que les baobabs et les acacias: c'est la grande **savane** à perte de vue qui borde la forêt équatoriale.

L'arrivée des pluies amenées par les alizés gonfle les cours d'eau et fait reverdir le paysage; les herbes croissent rapidement et alimentent les animaux.

339

340

Des baobabs
dans la savane sénégalaise

Des acacias dans le parc de
Tsavo (Kenya)

La savane est peuplée de grands animaux. On y trouve de magnifiques herbivores, tels les gazelles, les zèbres, les buffles, les antilopes, les girafes, les gnous, les rhinocéros et les éléphants. La plupart de ces herbivores sont pourchassés par les grands carnassiers comme les lions, les léopards, les tigres et les panthères... Quant aux chacals, aux hyènes et aux oiseaux de proie, ils attendent les restes du festin.

Plus on s'approche des tropiques, plus la végétation s'éclaircit pour faire place à la **steppe**. Dans ces étendues poussent de grandes herbes cassantes en touffes espacées. Pendant la saison sèche, la terre devient poudreuse, les cours d'eau, encore bordés d'arbres, ne conservent qu'un mince filet d'eau. Faute de pluie, les animaux sauvages commencent leur migration à la recherche de points d'eau.

341

342

Des girafes

Un lion et une lionne

343

Des hyènes

Une vie humaine qui suit le rythme des saisons

En Afrique, dès l'arrivée de la saison sèche, les paysans coupent les broussailles et les brûlent pour en faire un peu d'engrais. La terre est retournée, prête pour ensemencer le mil, qu'on entassera par la suite dans des greniers, et l'arachide qu'on vendra au marché.

Dans un village, au Sénégal

Chaque famille africaine a un petit jardin autour de sa case: tomate, haricot, manioc, maïs constituent le menu quotidien. Comme la terre est peu productive, elle ne peut nourrir qu'une population restreinte.

En Asie, les pluies apportées par les vents de la mousson assurent la fertilité des sols. Le riz, qu'on avait semé dans une pépinière, est repiqué à la main dans un sol gorgé d'eau. On y cultive aussi le coton, le thé, le blé, le jute, les épices et la noix de coco.

L'inondation du sol favorise une croissance rapide tout en chassant les oiseaux et les rongeurs.

Une rizière à Taiwan

Grâce à l'**irrigation**, on peut y faire deux récoltes par année. Très productive, la terre peut ainsi nourrir une population très nombreuse.

c) Le climat désertique: chaud et aride

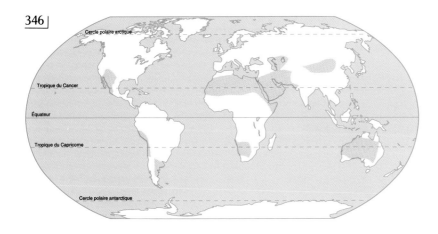

346

1. Si tu compares les pluies sur ce climatogramme avec celles des climatogrammes 328 et 336, qu'observes-tu?

2. L'amplitude thermique est-elle plus grande ici que pour les autres climats de la zone chaude?

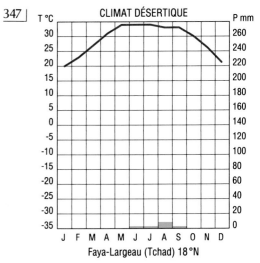

347

CLIMAT DÉSERTIQUE

Faya-Largeau (Tchad) 18°N

Les déserts chauds s'étendent de part et d'autre des tropiques et on les retrouve sur tous les continents: en Australie, sur la côte du Chili, au Mexique, dans le Kalahari (Afrique australe), en Arabie. Le Sahara africain est le plus grand désert du monde: il s'étend de l'Atlantique à l'océan Indien.

Une sécheresse permanente

Le climat désertique est caractérisé par la rareté des précipitations (moins de 200 mm par an) et ses températures élevées.

348

Un campement berbère dans le Sahara algérien

Le jour, la température peut atteindre facilement les 45 °C pour s'abaisser brusquement jusqu'à 0 °C la nuit. On peut donc suffoquer le jour et claquer des dents la nuit. Ces amplitudes thermiques journalières excessives sont causées par l'absence d'humidité.

349

Quelques palmiers et cactus en bordure de la chaîne de l'Atlas, en Tunisie

Les pluies, quand il y en a, sont extrêmement rares et irrégulières ; après des années de sécheresse totale, des averses brèves et brutales s'abattent, entraînant ainsi la crue des oueds, ces cours d'eau temporaires que le sol boit comme une éponge. Seul le Nil, qui prend sa source dans les régions de l'équateur où il pleut abondamment, réussit la traversée du Sahara.

Des étendues stériles et dénudées

Ces conditions sont défavorables à la vie. Ces immenses espaces sont dépourvus de végétation. Seuls résistent quelques buissons épineux, des cactus et des touffes éparses de graminées qui serviront de pâturage.

350

Une oasis dans la vallée de l'oued Ziz (Maroc)

Sous ce Soleil brûlant, les oasis deviennent les rares refuges habitables. Ces îlots de verdure cernés par le désert sont peuplés de palmiers dattiers et d'acacias qui s'alimentent à des nappes d'eau souterraines.

Une vie dispersée et difficile

Le climat désertique réduit la présence humaine. Dans le Sahara, les **sédentaires** cultivent les oasis, alors que les **nomades** se déplacent avec leur troupeaux de chèvres et de dromadaires, à la recherche de maigres pâturages, de puits et de points d'eau.

351

Un nomade et son troupeau de dromadaires (Algérie)

352

L'oasis d'El-Oued dans le Sahara algérien

353

L'agame du désert, lézard exclusivement saharien, supporte des températures très élevées et peut rester six mois sans manger.

La vie animale est peu abondante. Dans le sable et le sol pierreux se terrent des lézards, des scorpions, des rongeurs et des serpents. On voit parfois bondir quelques gazelles et courir des renards des sables, les fennecs, tandis que les quelques oiseaux qui y vivent se nourrissent d'insectes.

B. Les zones tempérées : des milieux très diversifiés

Les climats tempérés correspondent généralement aux régions de latitude moyenne. Ils s'étendent des tropiques aux cercles polaires.

Les nombreux facteurs géographiques font des zones tempérées des régions où les climats sont caractérisés par des saisons bien marquées, contrairement à la zone chaude. On y trouve le **climat méditerranéen**, le **climat océanique** et le **climat continental**.

a) Le climat méditerranéen: doux

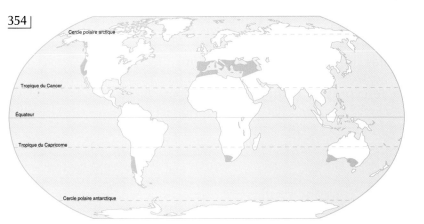

354

1. Quelle est l'amplitude thermique de la ville d'Athènes?

2. En quels mois la pluie se fait-elle rare?

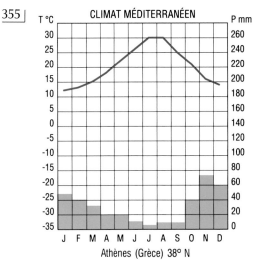

355

CLIMAT MÉDITERRANÉEN

Athènes (Grèce) 38° N

Le climat méditerranéen est un climat chaud que l'on rencontre dans les pays riverains de la Méditerranée; on le retrouve également en Californie.

Un climat généralement chaud en été et doux en hiver

Les étés chauds et secs se déroulent sous un ciel bleu et lumineux. Les vents brûlants du désert rendent parfois la température torride (35 °C). La sécheresse estivale ne laisse qu'un mince filet d'eau dans les rivières. Par contre, les hivers sont généralement doux et pluvieux, avec des averses brutales suivies de coups de vents froids. Il peut même geler ou neiger.

356

La Méditerranée attire les touristes.

La Promenade des Anglais à Nice (France)

Une végétation adaptée

La végétation s'est adaptée à une saison sèche généralement longue et chaude. Le relief accidenté et varié est couvert d'une végétation clairsemée. Les arbres à feuilles persistantes, cireuses et coriaces, résistent à l'aridité de l'été, de même que certaines variétés de conifères dont les aiguilles limitent l'évaporation. Parmi eux, on trouve l'olivier au tronc noueux et aux branches tordues, le chêne-liège, le cyprès, le cèdre.

357

Une plantation d'oliviers (Espagne)

Sur les sols minces et fragiles poussent des formations denses de buissons et d'arbustes pouvant atteindre trois ou quatre mètres de hauteur. Ce type de végétation forme le **maquis**. La **garrigue**, un autre type de végétation du climat méditerranéen, est faite de petits buissons, de touffes de thym, de romarin et de lavande, qui ne couvrent le sol qu'en partie. C'est souvent là que les bergers mènent paître les troupeaux de chèvres et de moutons.

358

La campagne algérienne dans la région d'Oran

Les paysages du climat méditerranéen sont variés.

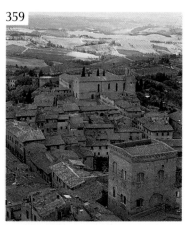

359

La campagne italienne dans la région de Vérone

Dans les plaines ou à flanc de colline poussent les vignes et les immenses plantations d'orangers, de citronniers, de pêchers... Sur les sols plus riches croissent des céréales et des légumes.

b) Le climat océanique: doux et humide

Le climat océanique se trouve dans la zone tempérée.
Il borde une partie de la façade ouest de l'Amérique du
Nord et de l'Europe.

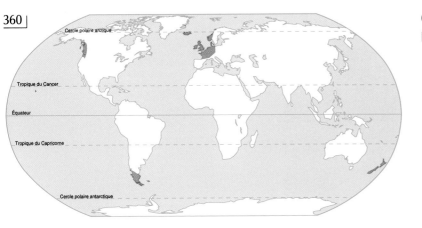

Quel facteur géographique entraîne des
précipitations abondantes à Vancouver?

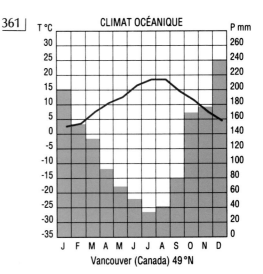

361

CLIMAT OCÉANIQUE

Vancouver (Canada) 49°N

Un climat doux, mais humide

Tel que l'indique son nom, le climat océanique subit
l'influence de la mer. C'est le climat tempéré qui a la
plus faible amplitude thermique.

Poussé par les vents d'ouest, l'air de la mer a un effet
modérateur: les hivers sont doux et les étés frais. Le
milieu océanique se reconnaît à ses brouillards
fréquents et à ses pluies fines qui tombent en toutes
saisons, mais de façon beaucoup plus abondante en
hiver.

Une végétation verdoyante

L'humidité constante et la régularité de la température
favorisent la croissance des plantes. Sur la côte du
Pacifique, la végétation se compose de conifères: cèdres,
sapins, pins et séquoias. En Europe, les chênes et arbres
feuillus abondent. Ces forêts abritent, entre autres, des
lièvres, des hérissons, des cerfs.

362

Les arbres peuvent atteindre des dimensions gigantesques dans les forêts de la côte du Pacifique, au climat océanique.

Dans la région de Vancouver

c) Le climat continental: un climat plein de contrastes

Le climat continental, qui couvre la plus grande partie de la zone tempérée, englobe d'immenses étendues localisées dans l'hémisphère Nord. Ce climat présente un visage très contrasté.

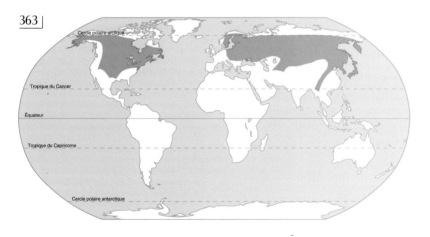

363

Dans ce climatogramme, la courbe thermique est-elle plus prononcée que dans ceux des climats océanique et méditerranéen?

364

CLIMAT CONTINENTAL

Winnipeg (Canada) 50°N

Des écarts extrêmes de température et de saisons

À mesure qu'on s'éloigne de la mer, l'amplitude thermique annuelle augmente, tandis que les précipitations diminuent. La température estivale oscille entre 20 °C et 25 °C; l'hiver, le mercure descend à −5 °C avec des chutes à −25 °C.

Au contraire des climats océaniques, le climat continental connaît donc quatre saisons très contrastées:

a) un printemps qui réchauffe et renouvelle la végétation;

b) un été chaud avec ses jours longs et ensoleillés;

c) un automne frais, pluvieux et venteux où les arbres à feuilles caduques se dépouillent de leur feuillage;

d) un hiver long et rigoureux avec ses jours courts, son Soleil bas, son froid qui mord et son blizzard.

365

Le printemps

366

L'été

Quels facteurs géographiques rendent le climat continental si contrasté?

367

L'automne

368

L'hiver

Des précipitations de pluie et de neige

Coincées entre les masses d'air froid polaire amené par les vents d'est et les masses d'air chaud humide des vents d'ouest, les régions qui ont un climat continental reçoivent des précipitations de pluie et de neige. Ces précipitations sont toutefois moins abondantes au cœur des continents. La rencontre de masses d'air chaud et d'air froid produit des pluies régulières en été, ponctuées parfois d'orages violents, ainsi que des chutes de neige et des tempêtes en hiver. Les précipitations sont à peu près également réparties entre les saisons.

Une végétation variée

L'alternance des saisons se traduit par une grande variété dans la végétation. Au sud, où l'air est plus chaud et plus humide, pousse la forêt de feuillus. Vers le nord, celle-ci fait place à la **forêt mixte**, constituée de conifères et de feuillus. Encore plus au nord, seuls les conifères de la **forêt boréale** résistent au froid et survivent dans un sol moins riche. Aux abords de la zone froide, on trouve encore des conifères, mais ils sont petits et dispersés; ils forment la **taïga**.

369

La forêt de feuillus en Estrie

370

La forêt boréale à Terre-Neuve

371

La taïga, au nord de la forêt boréale, à Terre-Neuve

Ces immenses forêts, qui s'étendent sur des millions de kilomètres carrés, servent de refuge aux ours, aux loups, aux élans, aux caribous, aux castors, aux rats musqués, aux ratons laveurs...

Un orignal ou élan d'Amérique

Au cœur du continent, les régions chaudes et peu arrosées ont une végétation herbacée: c'est la **prairie**. Celle-ci est propice à l'élevage et à la culture du blé.

La prairie en Saskatchewan

C. Les zones froides: des milieux hostiles

Le climat polaire: le monde du froid

Le climat polaire est peu favorable à la présence humaine. Il s'étend des cercles polaires jusqu'aux pôles. On y relève les amplitudes thermiques les plus extrêmes.

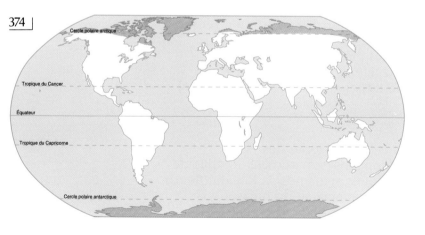

Quel facteur géographique caractérise le climat polaire?

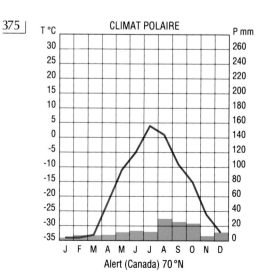

Un hiver très long et un été passager

Le climat polaire est le plus froid de la Terre; pendant un hiver interminable, la nuit dure des mois... Le blizzard y est mordant et la température se maintient parfois plusieurs jours à −50 °C. La mer elle-même s'enveloppe d'une carapace de glace et se transforme en banquise.

376

Pourquoi le climat polaire ne connaît-il pas de chaleur?

Iqaluit, sur l'île de Baffin, dans les territoires du Nord-Ouest

Ce climat ignore la chaleur, même s'il ne fait presque jamais nuit durant la saison d'été. En fait, le Soleil de midi et de minuit reste si bas sur l'horizon qu'il réussit à peine à hausser le mercure au-dessus du point de congélation. L'arrivée d'un été très bref et tiède fait fondre la neige et ne dégèle le sol qu'en surface; en profondeur, le sol reste toujours gelé: c'est le **pergélisol**.

Une vie en sursis

Dans l'Arctique, pendant l'été, la fonte des neiges entraîne la formation d'immenses marécages remplis de moustiques. Durant quelques semaines, la **toundra** fleurit sous un soleil permanent; composée de buissons, de saules rabougris, de mousses et de lichens, elle fournit la nourriture aux caribous. La faune arctique comprend également des ours blancs, des phoques et des oiseaux migrateurs.

La toundra, près de la rivière George, au Nouveau-Québec   *Un ours blanc*

En Antarctique, la vie animale est beaucoup plus limitée. Les phoques, les manchots et les otaries constituent les principales espèces qui peuplent ce continent.

Un peuplement dispersé

Dans la zone polaire arctique vivent les Inuit, qui ont su s'adapter aux conditions difficiles du climat. Bien que depuis le début du siècle leur mode de vie se soit transformé au contact des Blancs, certaines activités traditionnelles, comme la chasse et la pêche, revêtent encore une grande importance.

En Antarctique, on ne relève aucune vie humaine, à l'exception des employés des stations scientifiques.

D. Les régions de montagnes

Le climat de montagne : un climat modifié par l'altitude

Il existe des montagnes dans toutes les zones climatiques. Toutefois, où qu'elles soient situées, leur climat présente des ressemblances. Au fur et à mesure que l'altitude augmente, la température diminue. De plus, l'écart entre les températures de jour et de nuit est très important.

Selon la zone climatique dans laquelle est située la montagne, il peut faire très chaud à sa base, alors que 2000 mètres plus haut, il fait froid. Sur les sommets, il gèle et il neige. La nuit y est aussi froide que dans les régions polaires.

À longueur d'année, les neiges couronnent le sommet de cette montagne située à l'équateur.

À cause de quel facteur géographique la neige ne fond-elle pas?

Le pic Uhuru (Tanzanie)

Les précipitations sont plus abondantes sur les versants exposés au vent, lesquels favorisent les pluies de relief.

En fait, les différents climats qui s'étagent entre le pied et le sommet de la montagne correspondent généralement aux divers climats qui se succèdent de l'équateur aux pôles.

La présence humaine

Les activités humaines sont rendues difficiles à cause des fortes pentes du terrain, de l'altitude et des grandes surfaces rocheuses dénudées.

Les rares terres arables se concentrent au fond des vallées et sur les versants en pente douce exposés au soleil. En Europe, les zones déboisées sont consacrées au pâturage saisonnier.

Une végétation étagée

La végétation varie selon l'altitude où elle se développe.

La végétation se fait de plus en plus rare au fur et à mesure que l'altitude augmente.

Dans les Rocheuses

Dans la plaine environnant une montagne située en zone tempérée, il peut y avoir des prairies propices à l'agriculture.

À la base de la montagne s'étend une forêt de feuillus qui, avec l'altitude, fait place progressivement à une forêt mixte, puis à une forêt de conifères.

Au-dessus de la forêt de conifères se trouve une zone couverte d'arbustes.

Plus haut, seuls les mousses et les lichens peuvent survivre à des températures avoisinant 0 °C.

Sur le sommet, là où le mercure monte rarement au-dessus de 0 °C, se trouvent les neiges persistantes et les glaciers.

381

3000 m (−3 °C)

2000 m (3 °C)

1000 m (9 °C)

0 m (15°C)

Comment expliques-tu que la végétation soit étagée?

Les étages de végétation en montagne

382

Des mouflons

Certains animaux sont très bien adaptés à la vie en montagne. Selon les climats, on trouve des mouflons, des couguars, des lamas, des aigles...

Les climats

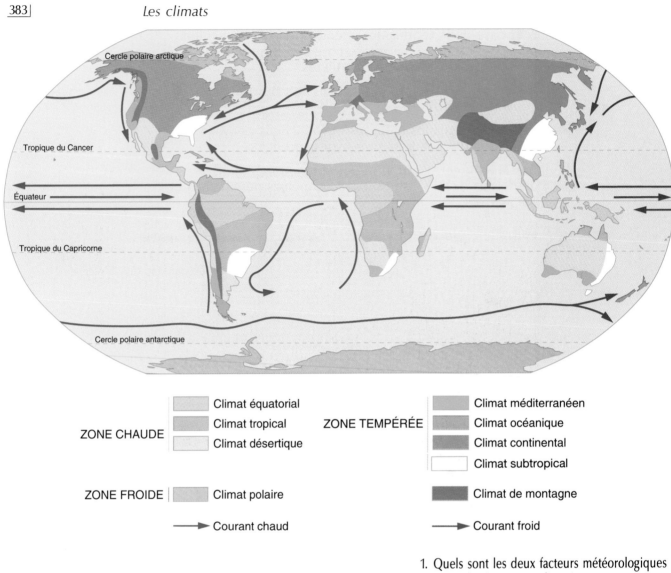

ZONE CHAUDE	Climat équatorial	**ZONE TEMPÉRÉE**	Climat méditerranéen
	Climat tropical		Climat océanique
	Climat désertique		Climat continental
			Climat subtropical
ZONE FROIDE	Climat polaire		Climat de montagne

⟶ Courant chaud

⟶ Courant froid

1. Quels sont les deux facteurs météorologiques qui caractérisent un climat?

2. Quels sont les climats qui existent de l'équateur au pôle Nord?

3. Quel est le climat de la région où tu vis?

La végétation

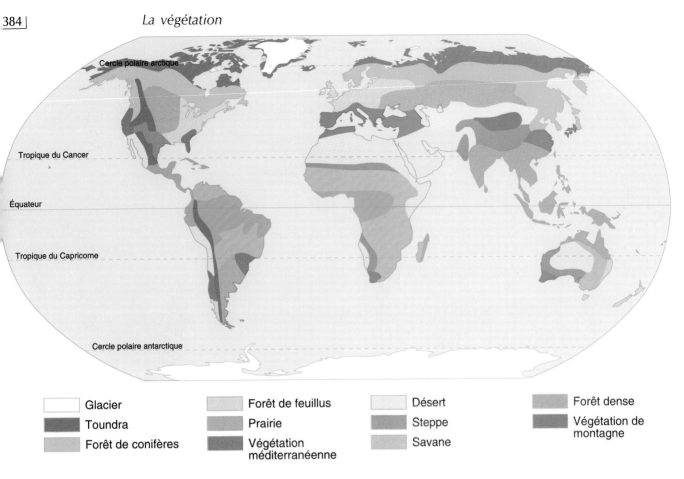

☐	Glacier	☐ Forêt de feuillus	☐ Désert	☐ Forêt dense
■	Toundra	☐ Prairie	☐ Steppe	☐ Végétation de montagne
☐	Forêt de conifères	☐ Végétation méditerranéenne	☐ Savane	

1. Que faut-il pour que la végétation croisse?

2. Énumère les différents types de végétation que l'on trouve de l'équateur au pôle Nord.

3. Quel type de végétation domine dans la région où tu vis?

ZONE CHAUDE

	SITUATION	CARAC-TÉRISTIQUES	FORMATION VÉGÉTALE	ESPÈCES D'ARBRES ET DE PLANTES
CLIMAT ÉQUATORIAL	De part et d'autre de l'équateur: centre de l'Amérique du Sud, centre de l'Afrique, Sud-Est asiatique	Chaud et humide. Amplitude presque nulle.	Jungle.	Bananiers, palmiers, cacaoyers, figuiers, hévéas. Acajou, palissandre, ébène.
CLIMAT TROPICAL	Entre les tropiques et l'équateur: Sud asiatique, Amérique du Sud, Afrique.	Chaud. Alternance d'une saison sèche et d'une saison humide.	Savane. Steppe et brousse.	Baobabs, acacias. Herbes.
CLIMAT DÉSERTIQUE	De part et d'autre des tropiques: Australie, côte du Chili, Mexique, Afrique du Sud (Kalahari), Arabie, Afrique du Nord.	Chaud et sec. Grande amplitude (jour/nuit, été/hiver).	Oasis.	Palmiers-dattiers, cactus.

ZONE TEMPÉRÉE

	SITUATION	CARAC-TÉRISTIQUES	FORMATION VÉGÉTALE	ESPÈCES D'ARBRES ET DE PLANTES
CLIMAT MÉDITERRANÉEN	Pays riverains de la Méditerranée, Californie.	Été chaud et sec. Hiver doux et pluvieux.	Maquis. Garrigue.	Oliviers, chênes-lièges, cyprès, cèdres. Vignes, orangers, citronniers.
CLIMAT OCÉANIQUE	Façade ouest de l'Europe et de l'Amérique du Nord.	Été frais et humide. Hiver doux et humide.	Forêts de feuillus en Europe. Forêts de conifères au Canada.	Chênes, hêtres. Sapins, pins, séquoias.
CLIMAT CONTINENTAL	Majeure partie de l'Amérique du Nord et de l'Eurasie.	Été chaud et court. Hiver froid et long.	Prairies. Forêts de feuillus. Forêts mixtes. Forêts boréales. Taïga.	Érables, bouleaux, trembles. Épinettes, sapins.

ZONE FROIDE

	SITUATION	CARAC-TÉRISTIQUES	FORMATION VÉGÉTALE	ESPÈCES D'ARBRES ET DE PLANTES
CLIMAT POLAIRE	Des cercles polaires aux pôles: nord du Canada et de l'Eurasie, Groenland et, au sud, Antarctique.	Hiver long et très froid. Été court et frais. Pergélisol.	Toundra.	Mousses, lichens, saules nains.

RÉGIONS DE MONTAGNES

	SITUATION	CARAC-TÉRISTIQUES	FORMATION VÉGÉTALE	ESPÈCES D'ARBRES ET DE PLANTES
CLIMAT DE MONTAGNE	Hautes montagnes, à diverses latitudes.	De plus en plus froid avec l'altitude.	Végétation étagée.	Feuillus, conifères, arbustes, mousses et lichens.

VÉRIFIE
TES CONNAISSANCES

ZONE CHAUDE

1. Observe les climatogrammes de la zone chaude (328, 336 et 347).

   a) Indique le facteur météorologique commun à chacun de ces climats.

   b) Quel facteur météorologique différencie chacun de ces climats?

2. Pourquoi dit-on qu'il y a deux saisons dans le climat tropical?

3. À quel climat correspond:

   a) la forêt dense?

   b) la savane?

   c) l'oasis?

4. Relève dans le texte des pages 251 à 254 des mots qui montrent que le climat équatorial est difficile à supporter.

5. Pourquoi la population des régions désertiques est-elle si dispersée?

6. Associe à chacun des climats de la zone chaude un exemple de la faune et de la flore.

ZONE TEMPÉRÉE

7. Compare les climatogrammes 355, 361 et 364 de la zone tempérée.

   a) Lequel indique un été sec et un hiver pluvieux?

   b) Lequel a la plus grande amplitude?

   c) Lequel révèle quatre saisons bien marquées?

8. À quel climat associes-tu:

   a) un hiver doux et pluvieux suivi d'une saison sèche?

   b) les forêts mixtes?

   c) les grandes plantations d'oliviers?

   d) la taïga?

9. D'après la carte générale des climats (p. 272), dans quel hémisphère le climat continental occupe-t-il une place importante?

ZONE FROIDE

10. Il existe deux zones froides sur la Terre qui connaissent un climat polaire. Ces zones sont-elles habitées?

11. Dans le climat polaire, la saison froide dure très longtemps. Dirais-tu que l'amplitude thermique de ce climat est faible? Observe le climatogramme 375 pour répondre.

RÉGIONS DE MONTAGNES

12. Quel est le facteur géographique associé au climat de montagne? Explique brièvement ses effets sur la végétation.

BILAN

Les connaissances

1. La Terre est entourée d'une sphère gazeuse: l'atmosphère.

2. a) Le temps est un état passager de l'atmosphère.

   b) Le climat est l'ensemble des conditions du temps dans une région, au cours d'une longue période.

3. Le climat est déterminé par...

   a) des facteurs météorologiques:

   — la température (mesurée par le thermomètre);
   — la pression atmosphérique (mesurée par le baromètre);
   — les vents (vitesse mesurée par l'anémomètre, et provenance indiquée par la girouette);
   — les précipitations (mesurées par le pluviomètre);

   b) des facteurs géographiques:

   — la latitude;
   — la proximité de la mer;
   — la continentalité;
   — l'altitude.

4. Le climatogramme est un graphique construit à l'aide des moyennes de température et de précipitations d'un lieu au cours d'une année.

5. Les zones climatiques comprennent une zone chaude, deux zones tempérées et deux zones froides.

6. À la zone chaude correspondent le climat équatorial, le climat tropical et le climat désertique.

7. En zone tempérée, on trouve le climat méditerranéen, le climat océanique et le climat continental.

8. En zone froide, le climat polaire domine.

9. Le climat de montagne est spécifique aux régions de montagnes.

10. La végétation varie selon la température et les précipitations.

U T I L I S E R

Activités de synthèse

1. Le temps et le climat sont deux réalités distinctes.

   a) Éric part en excursion demain; s'inquiètera-t-il du temps ou du climat?

   b) Anny veut visiter le Brésil l'année prochaine; s'informera-t-elle du temps ou du climat pour fixer la date de son voyage?

2. Dans un journal, on pouvait lire la manchette suivante, le 26 juin 1988.

Climat changeant...

Les vents soufflant par rafales ont déraciné une dizaine d'arbres et brisé des milliers de branches, hier après-midi, en plus de causer de multiples pannes de courant dans la région de Montréal.

Selon toi, le titre est-il bien choisi? Pourquoi?

3. Après avoir lu le bulletin météorologique suivant, fais appel à tes connaissances pour compléter les informations demandées.

« Région de Montréal et environs: ensoleillé avec périodes nuageuses; minimum et maximum: −20 °C et 0 °C; risque d'averses en fin de soirée; le baromètre descendra à 98,1 kPa; vents du sud-ouest de 45 km/h ».

a) Énumère les facteurs météorologiques dont on parle.

b) Associe à chacun les instruments de mesure utilisés.

c) Normalement, à quel moment de la journée le thermomètre atteint-il le maximum? pourquoi? le minimum? pourquoi?

d) Calcule l'amplitude thermique de la journée.

e) Calcule la moyenne de température pour cette journée.

Voici les données de température de quelques villes canadiennes. Elles te permettront de répondre aux questions 5, 6 et 7.

	J	F	M	A	M	J	J	A	S	O	N	D
Victoria	3	5	6	9	12	15	17	17	14	10	7	4
Winnipeg	-18	-16	-8	3	11	17	20	19	13	7	-5	-14
Québec	-12	-11	-5	3	11	16	19	18	13	7	0	-9
St. John's	-4	-4	-2	1	5	10	15	15	12	7	3	-1
Yellowknife	-28	-25	-18	-8	4	12	16	14	7	-1	-14	-23

4. Parmi ces villes, laquelle a:

a) la température mensuelle la plus froide? la plus chaude?

b) l'amplitude thermique la plus grande? la plus faible?

c) la moyenne annuelle de température la plus élevée? la plus basse?

5. Sur une feuille millimétrique, trace sur un même graphique la courbe thermique de chacune de ces villes. Emploie une couleur distincte pour chacune d'elles.

6. À laquelle de ces villes correspondrait le mieux chacun des énoncés suivants. Utilise la carte 322 pour t'aider à répondre.

a) La continentalité lui donne des températures extrêmes.

b) La proximité de la mer et la présence de montagnes lui donnent des précipitations régulières tout au long de l'année.

c) Située au nord du Canada, son été est court et frais, et son hiver est long et rigoureux.

7. En te référant à la carte des climats, page 272:

a) indique la zone climatique située...
— entre les tropiques;
— entre le tropique du Cancer et le cercle polaire arctique;
— entre le cercle polaire arctique et le pôle Nord.

b) Identifie les climats que rencontrerait un voyageur parti de l'équateur, en Afrique, pour rejoindre le pôle Nord? Inscris-les en colonne sur une feuille, de bas en haut.

c) Pour chacun de ces climats, donne deux caractéristiques (température, précipitations, faune et végétation).

8. Voici une liste d'indices qui décrivent les climats et la végétation de la Terre. Associe une caractéristique du climat et une caractéristique de la végétation à chacun des climats suivants:
— climat continental
— climat désertique
— climat équatorial
— climat méditerranéen
— climat de montagne
— climat océanique
— climat polaire
— climat tropical.

Climat

1. Constamment chaud et humide.

2. Été chaud et hiver froid, forte amplitude.

3. Été très court, hiver long et très rude.

4. Chaud et sec en été, doux et pluvieux en hiver.

5. Chaud, alternance d'une saison sèche et d'une saison humide.

6. Chaud et sec toute l'année.

7. Frais en été, doux en hiver, humidité constante.

8. Modifié par l'altitude.

Végétation

A. Forêt dense, jungle.

B. Toundra.

C. Oasis.

D. Savane.

E. Forêt mixte, arbres à feuilles caduques.

F. Forêt mixte, forêt de conifères, prairie, taïga.

G. Oliviers, chênes-lièges, forêt claire, arbustes.

H. Végétation étagée.

9. Voici cinq climatogrammes fictifs.

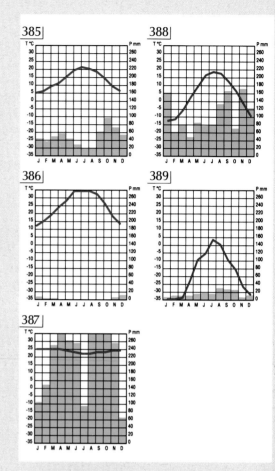

a) Détermine à quelle zone climatique chacun d'eux pourrait appartenir (zones chaude, tempérée ou froide).

b) Lequel de ces climatogrammes conviendrait le mieux à chacun des énoncés suivants?
— Méditerranéen: hiver doux et humide, été chaud et sec.
— Désertique: chaud et sec.
— Équatorial: chaud et pluvieux toute l'année.
— Continental: hiver froid, été chaud.
— Polaire: froid rigoureux, été très court.

c) Quels sont les deux climatogrammes qui correspondraient aux régions les plus hostiles à l'habitat humain?

10. En équipe, prépare une affiche faisant le portrait des zones climatiques de la Terre.

a) Divise un grand carton (1 m x 1 m) en cinq sections correspondant aux zones climatiques de la Terre, du pôle Nord au pôle Sud.

b) Recueille diverses illustrations sur la végétation, la faune et les habitants de chacune de ces zones.

c) Colle tes illustrations dans chacune des zones correspondantes.

11. On dit que la Terre est en danger! En t'inspirant des illustrations ci-dessous, décris en quoi les humains, par leurs activités, modifient le climat.

390

391

HABITER
LA TERRE

Dans ce dernier module, tu voyageras de la campagne à la ville, et du Grand-Nord québécois au Sahara, en passant par Montréal. Tu découvriras que la population mondiale est diversifiée et mobile, et que l'être humain s'adapte au milieu dans lequel il vit.

DOSSIER 12:
La population mondiale et les espaces habités
Quelles régions du monde sont les plus peuplées? Quelles sont les langues et les religions les plus répandues? Qu'est-ce qui distingue les pays riches des pays pauvres? Quels sont les principaux types de mouvements de population? Qu'est-ce qui caractérise l'organisation de l'espace en ville et à la campagne?

DOSSIER 13:
Les humains et leur milieu
Comment vivent les Touaregs dans le Sahara? Comment vivent les Inuit dans le Grand Nord québécois? Comment vivent les Montréalais dans leur milieu?

LA POPULATION MONDIALE ET LES ESPACES HABITÉS

UNE NOUVELLE AVENTURE!

1. Observe les deux paysages agricoles ci-dessus.
   a) Lequel, selon toi, appartient à un pays riche? à un pays pauvre?
   b) Qu'est-ce qui te permet de le déterminer?

2. Compare les deux photos de villes ci-dessus avec celles des paysages agricoles. En quoi les gens vivant dans une ville ont-ils une vie différente de ceux qui vivent à la campagne?

3. Chaque année, le Québec accueille de nombreux immigrants.
   a) Peux-tu énumérer différents motifs qui amènent ces immigrants à venir s'établir au Québec?
   b) Quels avantages, selon toi, le Québec retire-t-il de la venue de ces gens?

L'ÉTUDE DU PRÉSENT DOSSIER TE PERMETTRA:

- de découvrir la diversité des humains qui peuplent la Terre;

- de reconnaître les différents types de mouvements de population;

- de comprendre comment les humains aménagent leur espace.

L e 11 juillet 1987, dans un hôpital de la ville de Zagreb, en Yougoslavie, naissait le bébé qui portait la population mondiale à cinq milliards d'habitants. Mais imagine que ce cinq milliardième bébé soit né, en réalité, au Bangladesh... ou bien au Brésil... ou encore en Suisse... Sa vie aurait-elle été comparable, dans chacun des cas?

1. La diversité des humains

A. La diversité démographique

a) La répartition inégale de la population

En 1990, la population mondiale s'élevait à 5,2 milliards d'humains, répartis de façon très inégale à la surface de la Terre. Près des deux tiers des terres émergées sont inhabitées. Les déserts chauds et froids constituent des zones presque vides, la forêt dense est peu propice à l'habitat à cause de la chaleur et de l'humidité excessives, et les hautes montagnes demeurent peu accueillantes pour les humains.

La démographie est la science qui étudie les populations et leur évolution.

392

En Arizona (États-Unis)

Le climat, le relief, la nature du sol et l'hydrographie expliquent la répartition des humains sur la Terre.

Dans ces illustrations, identifie des éléments:
a) hostiles à l'habitat humain;
b) favorables à l'habitat humain.

394

Dans les Andes

393

Dans la vallée de la rivière Richelieu

L'hémisphère Nord, dans lequel est située la plus grande partie des continents, regroupe environ 90 % de la population mondiale.

Les grands foyers de population

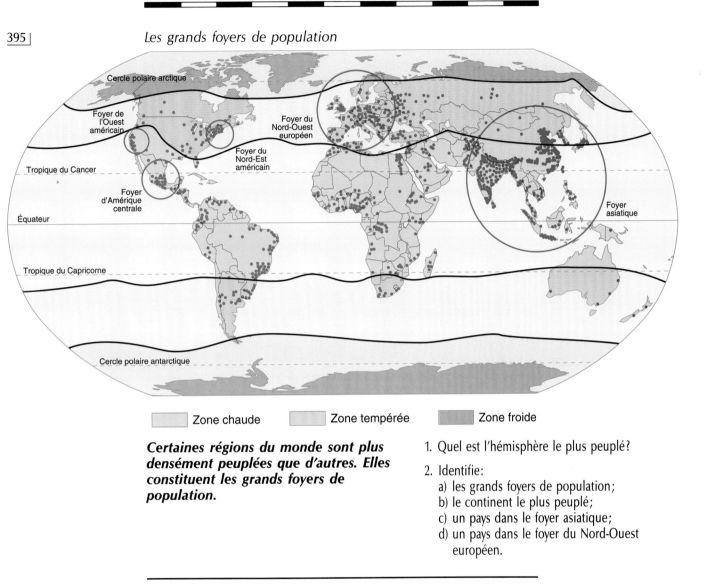

Cercle polaire arctique

Foyer de l'Ouest américain

Foyer du Nord-Ouest européen

Foyer du Nord-Est américain

Tropique du Cancer

Foyer d'Amérique centrale

Équateur

Foyer asiatique

Tropique du Capricorne

Cercle polaire antarctique

Zone chaude   Zone tempérée   Zone froide

Certaines régions du monde sont plus densément peuplées que d'autres. Elles constituent les grands foyers de population.

1. Quel est l'hémisphère le plus peuplé?

2. Identifie:
   a) les grands foyers de population;
   b) le continent le plus peuplé;
   c) un pays dans le foyer asiatique;
   d) un pays dans le foyer du Nord-Ouest européen.

Les régions densément peuplées forment les grands **foyers de population.**

1. Le foyer asiatique correspond au plus ancien et au plus peuplé de ces foyers. Il rassemble, notamment, l'Inde (dans le Sud asiatique), la Chine et le Japon (dans l'Est asiatique), ainsi que l'Indonésie (dans le Sud-Est asiatique). À elle seule, cette région du monde regroupe près de la moitié de la population mondiale.

2. Le foyer du Nord-Ouest européen comprend de grandes villes densément peuplées telles Paris, Londres, Rome.

3. Le foyer du Nord-Est américain réunit, entre autres, les villes de Boston, New York, Philadelphie, Chicago, Washington.

4. Le foyer de l'Ouest américain est situé le long de la côte du Pacifique, dans la région de Los Angeles et San Francisco.

5. Le foyer de l'Amérique centrale comprend le Mexique, pays densément peuplé.

* On évalue la **densité de la population** au nombre d'habitants par kilomètre carré. La densité de population (ou **densité démographique**) se calcule en divisant le nombre d'habitants d'un pays par sa superficie.

CANADA	$\dfrac{\text{Population}}{\text{Superficie}} = \dfrac{25\ 000\ 000\ \text{hab.}}{10\ 000\ 000\ \text{km}^2}$	$= \begin{array}{c}2{,}5\ \text{hab./km}^2 \\ \text{(faible densité)}\end{array}$
PAYS-BAS	$\dfrac{\text{Population}}{\text{Superficie}} = \dfrac{15\ 000\ 000\ \text{hab.}}{40\ 000\ \text{km}^2}$	$= \begin{array}{c}375\ \text{hab./km}^2 \\ \text{(forte densité)}\end{array}$

b) La croissance inégale de la population

En quelques siècles, la population mondiale a connu une croissance spectaculaire. De deux cents millions d'habitants qu'elle était au début de l'ère chrétienne (en l'an 0), la population mondiale atteindra plus de six milliards d'habitants en l'an 2000... et huit milliards en l'an 2025.

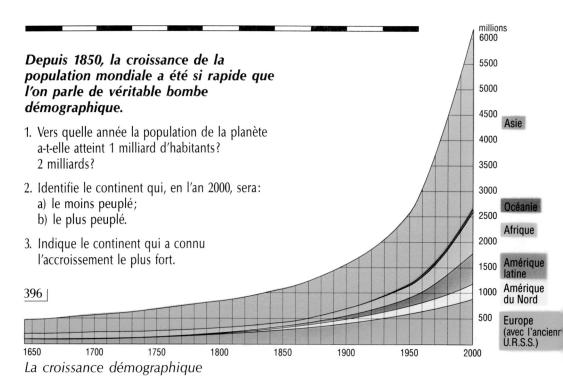

Depuis 1850, la croissance de la population mondiale a été si rapide que l'on parle de véritable bombe démographique.

1. Vers quelle année la population de la planète a-t-elle atteint 1 milliard d'habitants? 2 milliards?

2. Identifie le continent qui, en l'an 2000, sera:
   a) le moins peuplé;
   b) le plus peuplé.

3. Indique le continent qui a connu l'accroissement le plus fort.

396 |

La croissance démographique

Cependant, la **croissance démographique** ne s'effectue pas au même rythme, partout dans le monde, en même temps.

De 1850 à 1950, ce sont surtout les pays d'Europe et d'Amérique du Nord qui ont vu leur population augmenter considérablement:

— l'amélioration des conditions de vie ainsi que les progrès de l'hygiène et de la médecine y ont fait reculer la mortalité;

— l'invention des machines (l'industrialisation) a nécessité l'immigration de nombreux travailleurs dans ces pays.

Aujourd'hui, l'Europe et l'Amérique du Nord, où sont situés la plupart des pays riches (les **pays industrialisés**), ont une croissance beaucoup plus lente:

— le nombre de naissances y a diminué de façon importante;

— l'immigration y est contrôlée.

Par contre, dans les pays d'Asie, d'Afrique et d'Amérique du Sud, qui sont pour la plupart des **pays en voie de développement**, donc des pays pauvres, on observe une évolution différente. En effet, depuis les années 1950, la population de ces pays connaît sa plus forte croissance:

— c'est seulement au cours du 20e siècle que ces pays ont commencé à bénéficier des progrès de la médecine; les campagnes de vaccination, par exemple, ont contribué à y réduire la mortalité infantile;

— en même temps, les naissances y sont demeurées, en général, aussi nombreuses qu'autrefois.

De nos jours, les pays en voie de développement continuent de connaître, dans l'ensemble, une forte croissance démographique, à l'exception de la Chine où les naissances sont rigoureusement contrôlées. Dans la plupart des pays d'Afrique par exemple, où les jeunes de moins de 25 ans sont majoritaires, on estime que la population doublera d'ici 30 ans.

C'est ainsi que s'il fallait refaire une carte du monde en fonction de l'importance de la population dans chaque pays, certains pays, comme la Chine et l'Inde, atteindraient les dimensions les plus grandes en raison de leur grande population; par contre, le Canada, deuxième plus grand pays du monde, occuperait un des derniers rangs étant donné sa très petite population.

La population mondiale

397 |

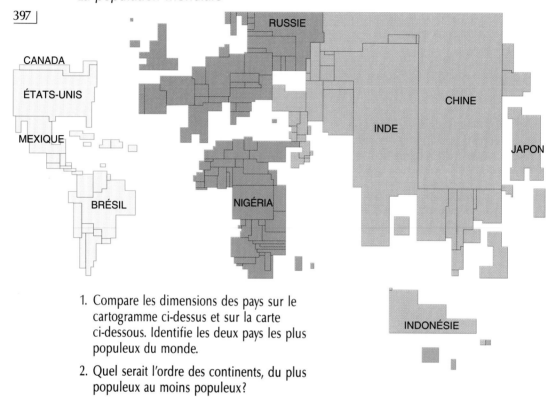

1. Compare les dimensions des pays sur le cartogramme ci-dessus et sur la carte ci-dessous. Identifie les deux pays les plus populeux du monde.

2. Quel serait l'ordre des continents, du plus populeux au moins populeux?

398 |

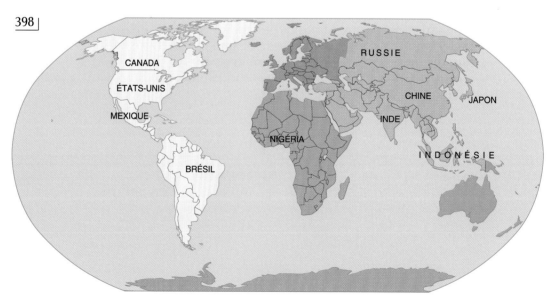

B. La diversité culturelle

Sans doute y a-t-il dans ton entourage des gens dont la langue, les croyances et les habitudes de vie sont différentes des tiennes. Cette diversité constitue ce qu'on appelle la diversité culturelle.

399

a) La langue

La langue est l'élément qui différencie le plus les habitants de la planète; elle marque une appartenance à un peuple, et distingue ce peuple des autres dans sa façon de penser et de s'exprimer.

Des quelque 2500 langues qui existent à travers le monde, certaines sont parlées par un plus grand nombre d'individus que d'autres. Le chinois (mandarin) est la langue parlée par le plus grand nombre de personnes. Par contre, elle n'est utilisée qu'en Chine. La deuxième langue la plus parlée dans le monde est l'anglais. Elle est aussi la langue utilisée dans le plus grand nombre de pays. C'est elle qui s'est imposée dans la plupart des échanges internationaux.

Certains pays, comme la France, n'ont qu'une langue officielle; le Canada en a deux. D'autres pays, comme le Maroc, l'Algérie et la Tunisie, ont l'arabe comme langue officielle, mais une partie importante de la population parle le français.

Le chinois, l'anglais, l'hindi, l'espagnol, le russe, l'arabe, le portugais et le français comptent parmi les langues les plus utilisées dans le monde.

Les principales langues parlées

Chinois   Arabe

Anglais   Portugais

Hindi   Français

Espagnol   Autres

Russe

1. Selon la légende, quelle langue est commune:
   a) au Canada, à l'Inde et à l'Australie?
   b) à l'Afrique du Nord et à quelques pays d'Asie?

2. Lesquelles des langues indiquées sur la carte sont parlées:
   a) en Asie?   c) en Amérique du Nord?
   b) en Afrique?   d) en Amérique du Sud?

b) La religion

Les croyances religieuses, encore plus que la langue, influencent la manière de penser et de vivre des individus. Quelle que soit leur origine, les religions reposent sur la croyance en des divinités ou en un être suprême de qui dépend la destinée des humains. Pour assurer une vie plus heureuse sur la Terre et l'espérance d'une vie après la mort, elles proposent un code de vie que doivent observer les croyants.

Les grandes religions sont originaires d'Asie. Le premier berceau, en Asie orientale, regroupe l'**hindouisme** et le **bouddhisme**; le second, situé au Moyen-Orient, a donné naissance au **judaïsme**, au **christianisme** et à l'**islam**.

L'hindouisme

L'hindouisme est une très ancienne religion de l'Inde. Elle enseigne l'existence de divinités supérieures représentées sous diverses formes: Brahmā, le créateur de l'Univers, Visnu, le conservateur, et Síva, le destructeur.

L'intérieur d'un temple en Inde

Le bain dans les eaux du Gange, à Vārānasi (Inde)

Pour les Hindous, il n'y a pas de distinction entre le sacré et le profane; tout est en interrelation: chaque chose a sa place et son rôle par rapport à l'ensemble. Les êtres humains atteignent la libération par le renoncement, après plusieurs vies successives. Ils croient donc en la réincarnation.

Quatre livres sacrés, appelés les Veda, contiennent les préceptes de l'hindouisme. Les fidèles se réunissent dans des temples et leurs chefs spirituels sont appelés gourous.

Le bouddhisme

Le bouddhisme a été fondé par Bouddha, qui vivait en Inde au 6e siècle av. J.-C. Pour les bouddhistes, si les humains souffrent, c'est parce qu'ils désirent toujours ce qu'ils n'ont pas: il faut donc qu'ils se libèrent de leurs désirs. De plus, les humains sont punis pour leurs fautes en subissant les conséquences de leurs actes: un bienfait apporte la joie, un méfait la souffrance.

Un temple bouddhiste à Bangkok (Thaïlande)

Une statue de Bouddha à Bangkok

Comme les hindous, les bouddhistes croient en la réincarnation de l'être humain, qui doit traverser une série d'existences successives avant d'atteindre une parfaite sérénité: le nirvāna. C'est alors qu'il ne se réincarnera plus.

Le judaïsme, le christianisme et l'islam ont des racines communes et fondent leurs croyances sur l'existence d'un seul Dieu.

Le judaïsme

L'existence du peuple juif remonte à Abraham. La religion juive est originaire d'Israël et compte environ 15 millions d'adeptes dispersés dans le monde.

Pour le croyant, l'être humain a été créé à l'image de Dieu. Il n'appartient qu'à lui de se perfectionner en suivant la loi énoncée par le plus grand des prophètes, Moïse.

405

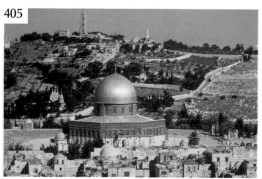

La ville de Jérusalem (Israël)

Jérusalem est la ville sainte à la fois du judaïsme, du christianisme et de l'islam.

406

Une synagogue à Montréal

La Torah est le livre qui contient la Révélation divine. Les juifs se rassemblent à la synagogue où le rabbin préside aux offices religieux.

Le christianisme

Le christianisme fut fondé en Israël par Jésus, que les chrétiens considèrent comme le Fils de Dieu et le libérateur promis au peuple juif. Son enseignement prône l'amour de Dieu et du prochain, ainsi que l'espérance d'une vie éternelle après la mort. Et toute la foi chrétienne repose sur l'incarnation et la résurrection de Jésus.

407

La basilique Saint-Pierre-de-Rome

La basilique Saint-Pierre-de-Rome, la plus grande église du monde, rassemble chaque année de nombreux pèlerins dans la Cité du Vatican.

408

L'oratoire Saint-Joseph à Montréal

L'islam

L'islam dérive en partie du judaïsme et du christianisme puisque les musulmans reconnaissent Moïse et Jésus. Allah est le Dieu unique et Mahomet, le dernier et le plus grand de tous les prophètes envoyés par Dieu. Le terme *islam* signifie « soumis à Dieu ». Pour les musulmans, le Coran est le livre contenant tout ce que Allah a appris à Mahomet.

409

La Mecque

La Mecque, deuxième ville en importance de l'Arabie Saoudite, est la capitale de l'islam.

410

Une mosquée en Égypte

Les religions animistes

En plus de ces grandes croyances, on retrouve de par le monde des millions d'êtres humains qui pratiquent une religion animiste. L'**animisme** repose sur la croyance en une force supérieure qui habite les éléments naturels (le vent, l'eau, la forêt, etc.) ou encore les êtres vivants et les choses (les animaux, les personnes et les objets).

Il faut donc éviter de choquer ces êtres qui pourraient se retourner contre nous. Pour se les rendre favorables, on leur offre des prières, des sacrifices et des cérémonies en la présence d'un sorcier, le seul apte à communiquer avec les esprits.

411

Dans les religions animistes, le masque joue un rôle important. Durant les cérémonies rituelles, celui qui le porte devient l'intermédiaire entre le peuple et les forces de la nature (les dieux) dont il réclame la protection.

Un masque du Sénégal

Les principales religions

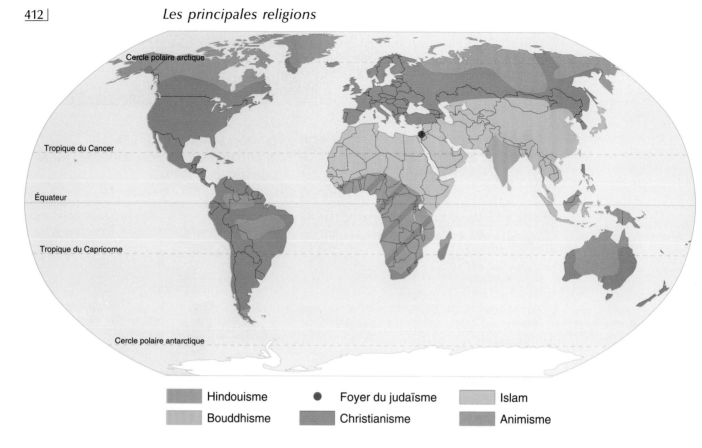

■ Hindouisme	●	Foyer du judaïsme	■	Islam
■ Bouddhisme	■	Christianisme	■	Animisme

Identifie les religions pratiquées sur chacun des continents.

C. La diversité économique

Dans ton milieu, tout le monde n'a pas le même **niveau de vie**: certains se logent et se nourrissent convenablement, pratiquent des sports et s'accordent quelques loisirs; d'autres profitent de nombreux loisirs, font des voyages, habitent des quartiers aisés. Mais il y en a aussi qui ont à peine le nécessaire: leur alimentation est insuffisante, ils n'ont pratiquement aucun loisir et habitent des logements modestes, situés dans des quartiers plus ou moins attrayants. Le niveau de vie est étroitement lié au revenu des individus.

Le niveau de vie n'est pas identique pour tous.

Quels éléments, dans ces photos, permettent de dire qu'il s'agit, dans un cas, d'un quartier riche, et dans l'autre, d'un quartier pauvre?

413

Dans le quartier Centre-Sud, à Montréal

414

Dans le quartier Outremont, à Montréal

Il existe aussi une grande disparité parmi les peuples de la Terre. Cette inégalité fait en sorte qu'on peut diviser le monde en deux parties: des pays riches ou développés, situés généralement au nord, et des pays pauvres ou en voie de développement, regroupés plus au sud.

415

Les pays riches et les pays pauvres

Cercle polaire arctique

«NORD»

Tropique du Cancer

«SUD»

Équateur

Tropique du Capricorne

Cercle polaire antarctique

Dans quelle partie du monde se trouvent la plupart des pays riches? La plupart des pays pauvres?

Le niveau de développement d'un pays s'évalue à l'aide de deux critères importants: la quantité de biens et de services produits par ses habitants (le PNB) et leur régime alimentaire.

a) Le PNB par habitant

Pour évaluer la richesse de ta famille, tu compilerais tous les biens qu'elle possède; puis, en divisant le tout par le nombre de personnes, tu obtiendrais la richesse moyenne de chacun des membres de la famille.

Ainsi, pour connaître la richesse d'un pays, on évalue les biens et les services produits par la population. Cette richesse, les spécialistes l'appellent le *produit national brut* (PNB). Pour obtenir le PNB par habitant, on divise la richesse globale du pays par le nombre d'habitants.

Il y a des pays riches...

Les pays riches, qu'on appelle les **pays développés**, forment un groupe assez réduit. Le développement de leur économie a favorisé un certain partage de la richesse entre leurs habitants, qui profitent en retour de conditions de vie généralement avantageuses.

416

Times Square, dans la ville de New York

417

Une usine de montage Toyota au Japon

— De nombreuses industries produisent une grande variété de biens de consommation.

— Les moyens de communication sont nombreux.

— Une agriculture mécanisée répond aux besoins alimentaires.

— Les services d'éducation et de santé sont facilement accessibles.

— Les loisirs font partie de la vie des citoyens.

Il y a des pays pauvres...

Les pays démunis, appelés **pays en voie de développement**
ou pays du **tiers monde**, rassemblent plus des trois
quarts de la population mondiale. Dans ces pays peu
industrialisés, les contrastes sont frappants. La richesse
est souvent entre les mains de groupes de privilégiés
vivant parmi une masse très pauvre, qui, pour survivre,
cultive péniblement une terre généralement peu fertile,
ou encore, exerce de petits métiers dans les bidonvilles.

Sans les revenus nécessaires, ces pays ne peuvent
résoudre efficacement les problèmes qui se posent.

— L'agriculture est peu productive, ce qui entraîne la
  sous-alimentation.

— L'habitat est souvent insalubre et surpeuplé.

— L'hygiène publique est fréquemment inexistante.

— L'éducation est peu accessible.

— Il manque d'industries pour transformer sur place les
  richesses naturelles et créer les produits qui
  répondent aux besoins de la population.

418

Un bidonville de Calcutta (Inde)

419

Un marché mexicain

Pour sortir de la misère, ces pays font appel aux pays
riches. L'entraide et les échanges avec les pays
développés permettent à certains d'entre eux de
développer leurs richesses et de former une main-
d'œuvre de plus en plus qualifiée. Tel est le cas, par
exemple, du Mexique et de la Corée du Sud.

Certains de ces pays sont par ailleurs si démunis qu'ils
constituent un monde à part, appelé **quart monde**.
Parmi eux se trouvent, notamment les pays du Sahel,
situés en bordure sud du Sahara, où la sécheresse est
une menace constante.

L'inégalité en chiffres

DES PAYS TRÈS RICHES: PNB/habitant supérieur à 8000 $

	*PNB	**espérance de vie
SUISSE	26 020 $	77 ans
CANADA	20 780 $	77 ans
ÉTATS-UNIS	20 750 $	76 ans
FRANCE	16 900 $	76 ans
ITALIE	15 025 $	76 ans

DES PAYS RELATIVEMENT RICHES: PNB/habitant entre 2000 $ et 8000 $

	PNB	espérance de vie
CORÉE DU SUD	4 950 $	70 ans
LIBYE	3 300 $	62 ans
TURQUIE	3 000 $	65 ans
MEXIQUE	2 300 $	70 ans
MALAYSIA	2 115 $	70 ans

DES PAYS RELATIVEMENT PAUVRES: PNB/habitant entre 500 $ et 2000 $

	PNB	espérance de vie
ALGÉRIE	1 878 $	65 ans
PARAGUAY	980 $	67 ans
CAMEROUN	928 $	54 ans
ÉGYPTE	630 $	60 ans
INDONÉSIE	502 $	61 ans

DES PAYS TRÈS PAUVRES: PNB/habitant inférieur à 500 $

	PNB	espérance de vie
HAÏTI	368 $	56 ans
KENYA	362 $	60 ans
INDE	318 $	59 ans
BANGLADESH	180 $	52 ans
ÉTHIOPIE	126 $	45 ans

* PNB: PNB/HAB. de 1989, en dollars des États-Unis.
Source: Banque Mondiale et Secrétariat de l'OCDE.
**World Population Prospects 1990, Population Studies n° 120, ONU, 1991.

D'après les données du tableau, quel lien peux-tu faire entre l'espérance de vie et le revenu des habitants d'un pays?

b) Le régime alimentaire

Lorsque tu vas au supermarché, tu ne t'inquiètes jamais de savoir s'il y aura de la nourriture. Pourtant, dans certains pays, il arrive couramment que les gens ne puissent pas se procurer à manger. Pendant que des millions de personnes meurent de faim chaque année dans les pays en voie de développement, les excès alimentaires menacent la santé d'un milliard de personnes dans les pays industrialisés.

La valeur énergétique d'un **régime alimentaire** se mesure en unités appelées **kilojoules (kJ)**. Un sandwich au jambon, par exemple, compte 1500 kJ. Pour assurer le bon fonctionnement de son organisme, l'être humain a besoin d'un minimum de 10 000 kJ par jour. Ces besoins varient évidemment selon l'âge et l'activité des personnes.

À l'échelle de la planète, plus de la moitié de la population mondiale dispose à peine d'une ration de 8400 kJ par jour... Les conditions climatiques et la pauvreté des sols en sont les principales causes.

Si l'Asie comble de plus en plus ses besoins alimentaires, la sous-alimentation affecte encore une partie de l'Amérique du Sud, et plus gravement l'Afrique. Le régime alimentaire des habitants des pays du tiers monde ne se résume souvent qu'à un seul aliment de base tel le riz ou le manioc.

420 | *Le régime alimentaire*

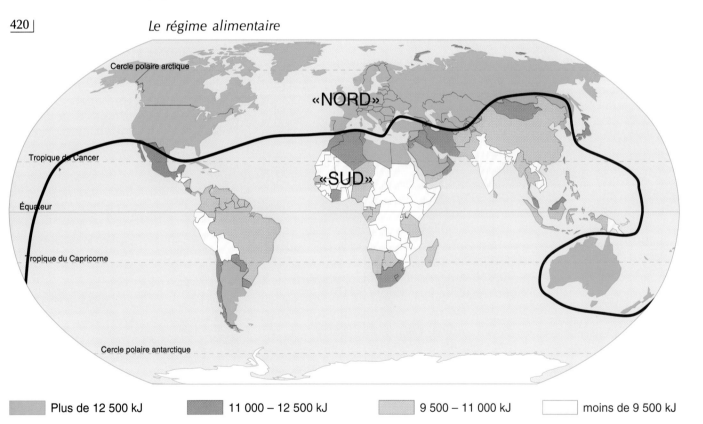

| Plus de 12 500 kJ | 11 000 – 12 500 kJ | 9 500 – 11 000 kJ | moins de 9 500 kJ |

Pour assurer le bon fonctionnement de son organisme, l'être humain a besoin d'environ 10 000 kJ par jour.

1. Sur quels continents la ration quotidienne par habitant est-elle inférieure au seuil des 10 000 kJ?

2. Sur quels continents la ration quotidienne dépasse le plus les besoins alimentaires?

À cause de carences alimentaires, les enfants des pays du tiers monde sont plus vulnérables aux maladies que ceux des pays riches. Faute de ressources, dans les pays du tiers monde, l'espérance de vie est réduite et la mortalité infantile largement répandue. Il meurt en proportion dix fois plus d'enfants dans ces pays que chez nous.

VÉRIFIE TES CONNAISSANCES

1. Les facteurs physiques (relief, climat, végétation, etc.) influencent la répartition démographique. Identifie et décris les facteurs favorables à l'établissement des humains dans ton milieu.

2. Réponds aux questions ci-dessous en te référant à la carte 395.

   a) Quels foyers de population y a-t-il dans la zone chaude?

   b) Quels foyers de population se trouvent dans la zone tempérée?

   c) Pourquoi l'hémisphère Nord de la terre est-il le plus peuplé?

   d) D'après tes connaissances sur les climats, pourquoi les régions ci-dessous sont-elles peu peuplées?
   — au nord du 60ᵉ parallèle;
   — à 23° nord, en Afrique;
   — à l'équateur;
   — en Antarctique.

3. La croissance démographique est différente selon les continents et les époques. Consulte le diagramme 396 pour répondre aux questions ci-dessous.

   a) Quel continent a toujours été le plus peuplé?

   b) La population mondiale s'est accrue de combien d'habitants:
   — entre 1650 et 1750?
   — entre 1750 et 1850?
   — entre 1850 et 1950?

   c) Quelle augmentation révèle la courbe entre 1950 et l'an 2000?

4. La diversité culturelle se manifeste par la langue et la religion.

   a) À l'aide de la carte 400, associe à chacun des continents les langues qui y sont parlées.

   b) Sur quels continents parle-t-on le français?

   c) À l'aide de la carte 412, identifie:
   — les grandes religions du monde;
   — le continent où se concentre surtout le bouddhisme;
   — la religion liée à la langue arabe.

5. Le monde se partage en pays riches et pays pauvres. Qu'est-ce qui distingue un pays riche d'un pays pauvre?

2. Les mouvements de population

Tout comme certaines espèces animales se déplacent à la recherche de points d'eau ou de pâturage, les humains vont aussi d'un lieu à un autre, soit pour y travailler, ou encore dans l'espoir d'y trouver une meilleure qualité de vie. C'est ce qu'on appelle une **migration**.

> Une migration est un déplacement de population.

A. Les migrations internes

La migration peut s'effectuer à l'intérieur d'une même région ou d'un même pays: c'est la **migration interne**.

— Ainsi, les 200 000 travailleurs qui viennent travailler quotidiennement à Montréal participent à la migration interne, mais temporaire.

— Les cultivateurs qui laissent leur ferme pour aller vivre en ville font aussi de la migration interne, mais définitive.

— Les familles qui louent des chalets durant les saisons d'été ou d'hiver font de la migration interne saisonnière.

421

Le village de Sainte-Adèle, dans les Laurentides, est le lieu d'une forte migration saisonnière.

Des immeubles d'habitations en copropriété à Sainte-Adèle

B. Les migrations internationales

La **migration internationale** implique le changement de pays. Par exemple, chaque année, des milliers de gens viennent de pays étrangers pour s'installer au Québec, à la suite de guerres, de famine ou encore pour y trouver de meilleures conditions de vie. Parmi ces arrivants, certains ont fui leur pays à cause de leurs idées, leurs croyances religieuses ou leur culture. Ces immigrants sont appelés réfugiés politiques.

On parlera d'**émigration**, quand une famille quitte son pays pour vivre à l'étranger; par contre, pour le pays qui l'accueille, cette famille **émigrante** devient une famille **immigrante**. Du point de vue du pays d'accueil, il s'agit donc d'**immigration**.

Si les pays surpeuplés sont soulagés par le départ d'une partie de la population, ils sont aussi parfois pénalisés lorsque les personnes qui émigrent constituent une main-d'œuvre jeune et qualifiée.

Mais pour le pays qui les accueille, les immigrants apportent un enrichissement culturel et économique; de plus, en s'intégrant, ils invitent à une meilleure compréhension entre les peuples.

422

Des immigrants nouvellement arrivés au Québec suivent les cours de français offerts dans un COFI.

VÉRIFIE TES CONNAISSANCES

1. Associe à chacun des énoncés le terme qui convient parmi les suivants: *migration quotidienne, migration saisonnière, immigration, émigration*.

   a) Mohamed vient de la Tunisie.

   b) La famille d'Hélène est partie vivre en France.

   c) Mes grands-parents passent l'hiver en Floride.

   d) Ma mère travaille dans la ville voisine.

2. Plusieurs de tes camarades sont probablement nés dans une ville ou une localité autre que celle qu'ils habitent maintenant.

   a) Fais une enquête dans ta classe sur le lieu de naissance de chacun de tes camarades.

   b) Identifie les élèves dont la présence dans ta classe résulte d'une migration interne ou d'une migration internationale. Indique le type de migration dans chaque cas.

3. La diversité des espaces habités

Les humains vivent dans un espace déterminé qu'ils ont aménagé pour en faire leur milieu de vie. Certains habitent la campagne: c'est l'**espace rural**; d'autres, la ville: c'est l'**espace urbain**.

A. L'espace rural

Vivre à la campagne impose un mode de vie particulier. L'agriculture, qui est une activité importante de l'espace rural, nécessite de vastes territoires. Par conséquent, la densité de la population y est moins grande et l'habitat y est beaucoup plus dispersé que dans l'espace urbain. Au Québec, par exemple, des fermes isolées s'échelonnent le long des routes appelés **rangs**. Quand des habitations sont regroupées, elles forment des **villages**.

423

Dans l'espace agricole, l'habitat est dispersé.

Un rang dans la région de Saint-Jean-sur-Richelieu

a) La répartition inégale de l'espace rural

Les terres cultivables emploient près des trois quarts des humains. Mais c'est surtout dans les pays en voie de développement que l'agriculture constitue le mode de vie le plus généralisé; elle est, la plupart du temps, le seul moyen de survie.

La population agricole

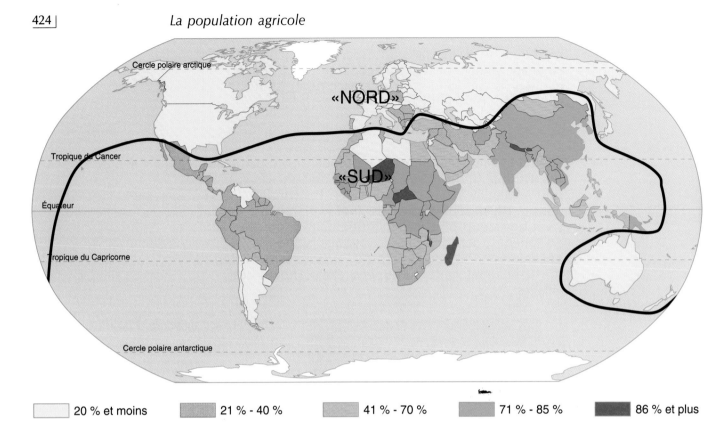

20 % et moins	21 % - 40 %	41 % - 70 %	71 % - 85 %	86 % et plus

Les populations du tiers monde vivent surtout de l'agriculture.

1. Identifie les continents les plus agricoles.

2. Les pays où la population agricole est importante sont-ils des pays développés ou des pays en voie de développement?

* **b) Les différentes formes d'agriculture**

Les formes d'agriculture diffèrent selon les conditions climatiques et la fertilité du sol. On distingue **l'agriculture de subsistance, l'agriculture familiale** et **l'agriculture commerciale.**

L'agriculture de subsistance

L'agriculture de subsistance vise à répondre aux besoins alimentaires de ceux qui s'y adonnent. Cependant, la récolte est souvent insuffisante. Cette agriculture peu productive se pratique dans la plupart des pays du tiers monde situés en zone intertropicale. Certains facteurs expliquent le faible rendement de cette forme d'agriculture:

— les pluies abondantes de l'équateur drainent l'humus du sol;

— la sécheresse saisonnière des régions tropicales rend les terres stériles;

— l'outillage est souvent rudimentaire.

425

En Amazonie, on abat et on brûle des arbres pour créer des terres cultivables. Les cendres fertilisent le sol. C'est la culture sur brûlis. Après quelques années, la terre ne produit plus et il faut défricher ailleurs.

La culture du manioc sur brûlis en Guyane française

L'agriculture familiale

Dans bon nombre de pays, des familles entières participent à la culture des terres: c'est l'agriculture familiale. Cette forme d'agriculture vise à subvenir tout d'abord aux besoins de la famille. La vente des surplus de production permet l'achat d'autres biens de consommation et l'amélioration de l'équipement.

Cette forme d'agriculture était autrefois répandue au Québec. Aujourd'hui, les fermes sont devenues des entreprises commerciales, tout en demeurant, dans certains cas, des exploitations familiales.

L'agriculture commerciale

L'agriculture commerciale est essentiellement orientée vers la vente et les profits. Cette forme d'agriculture se caractérise généralement par des cultures très spécialisées, implantées sur de vastes territoires. Selon la qualité des sols, on y retrouve, par exemple, de l'élevage, de la culture céréalière, de la culture maraîchère (culture des légumes), etc.

426

Une bananeraie en Martinique

Dans les pays en voie de développement, l'agriculture commerciale emploie une main-d'œuvre abondante.

Par contre, dans les pays développés, cette forme d'agriculture est fortement mécanisée et requiert peu de main-d'œuvre.

427

La culture du blé dans l'Ouest canadien

c) Les problèmes agricoles

L'espace rural rétrécit constamment. Dans les pays développés, la population agricole a beaucoup diminué depuis les cinquante dernières années, et ce, pour diverses raisons:

— la pauvreté de certains sols rend l'agriculture moins rentable lorsque les produits cultivés peuvent être importés à un coût moindre;

— le coût exorbitant de la machinerie a forcé de nombreux agriculteurs à abandonner leur ferme ou à se regrouper;

— l'attrait des horaires réguliers de travail dans les usines ou des services accessibles en ville a incité plusieurs agriculteurs à quitter la ferme. Ce déplacement massif de la population des campagnes vers les villes s'appelle l'**exode rural.**

428

L'île des Sœurs, près de l'île de Montréal, au début de son développement, en 1982

Les villes grignotent de plus en plus les terres cultivables.

429

L'île des Sœurs aujourd'hui

La construction d'un aéroport comme Mirabel a nécessité l'expropriation de terres agricoles très fertiles.

430

L'aéroport de Mirabel

Dans le tiers monde, les zones équatoriales sont soumises à des pluies si abondantes qu'elles érodent le sol et charrient l'humus. Dans les pays semi-arides, les sécheresses prolongées et la culture sur brûlis épuisent la fertilité du sol en empêchant la formation de l'humus. Année après année, on brûle alors d'autres terres. Un tel processus entraîne la désertification lente de vastes territoires, comme en Afrique, par exemple.

B. L'espace urbain

En un siècle, la population s'est concentrée de plus en plus dans les villes; 25 fois plus de personnes habitent l'espace urbain qu'il y a cent ans. Et en l'an 2000, plus de la moitié de la population de la planète sera urbaine.

a) L'évolution urbaine

Dans les pays développés, la grande majorité des populations vit dans des villes. L'implantation des industries, l'expansion des activités commerciales, la création des services publics ont exigé une main-d'œuvre de plus en plus nombreuse.

431|

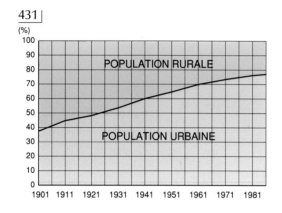

Au Québec, plus de 75% de la population est urbaine.

L'évolution de la population au Québec, de 1901 à 1986

Attirée par des salaires assurés, un horaire de travail fixe et le goût d'une vie plus aisée, la population des campagnes a envahi les villes (exode rural). De plus, l'arrivée de centaines de milliers d'immigrants est venue au même moment gonfler la population urbaine.

L'espace urbain se caractérise par les éléments suivants:
— une forte concentration de la population;
— des constructions en hauteur;
— la présence d'une multitude de services;
— des voies de communication nombreuses (autoroutes, boulevards, etc.);
— un service de transport en commun, avec, parfois, un transport souterrain (métro).

432

Les édifices en hauteur reflètent la forte concentration de la population.

New York

Depuis l'essor de l'automobile, les villes s'étalent et s'entourent de banlieues de plus en plus étendues pour former des ensembles plus vastes, les **agglomérations**, telles celles de Montréal et de Québec.

Au fil des années, les agglomérations s'étendent et sont reliées les unes aux autres par des autoroutes pour constituer une **conurbation**. Ainsi, autour de la ville de New York se sont développées de nombreuses grandes villes qui totalisent maintenant une population de plus de 55 millions d'habitants.

Quelles villes forment cette conurbation?

433

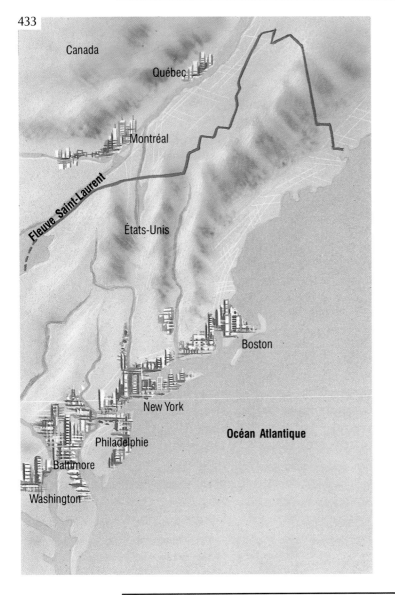

La conurbation de New York

b) La structure de la ville

Si tu as déjà voyagé, tu as peut-être constaté que certaines villes sont très différentes de la tienne. Ce qui caractérise une ville, c'est son site, sa situation, ses quartiers et ses activités.

Son site

La construction d'une ville n'est pas le fruit du hasard. Les premiers habitants ont choisi un emplacement qui répondait d'abord à des besoins précis, tels le transport par eau, les ressources, l'agriculture, etc. Cet emplacement précis où a été construite une ville constitue son **site**. Il influence l'apparence générale de la ville.

434

La Citadelle de Québec

La ville de Québec a été érigée sur un site défensif.

En quoi, selon toi, le site de Québec a-t-il permis aux premiers habitants de se défendre facilement?

Sa situation

Toute ville est située dans un ensemble plus vaste qui forme une région. La place qu'occupe une ville par rapport à l'ensemble de sa région constitue sa **situation**.

Entre les différentes villes d'une même région, il se fait des échanges. Par exemple, les villes sont reliées les unes aux autres par des routes. Plus les routes qui donnent accès à une ville sont nombreuses, plus la ville est importante. Si tu observes une carte de ta région, tu peux constater que certaines villes sont de véritables carrefours.

435

Extraits de la carte routière du Québec

1. Laquelle de ces deux villes est la plus importante?

2. Quelles routes conduisent à cette ville?

436

Ses quartiers

L'aménagement de l'espace urbain peut varier selon l'importance de la population. La plupart des petites villes se composent d'un centre où se regroupent quelques édifices publics, d'une rue principale et de rues résidentielles.

Les villes plus importantes comportent des quartiers où domine un type d'activités. Ces quartiers peuvent avoir une fonction commerciale, industrielle ou résidentielle.

La ville se développe tout d'abord grâce aux échanges qu'elle fait avec d'autres milieux. Un noyau se forme, le centre-ville: c'est là que se concentrent les affaires, les commerces, l'administration. C'est la **zone commerciale**. Pour exploiter cet espace au maximum, on construit des édifices en hauteur. Dans les grandes agglomérations d'aujourd'hui, on trouve également de nombreuses zones commerciales en périphérie.

Une rue commerciale à New York

Dans des villes de dimensions moyennes, on tente de regrouper les industries dans une seule et même zone, le parc industriel. Dans les grandes villes, il peut y avoir plus d'une **zone industrielle**. Pour faciliter les échanges, les industries s'implantent près des voies de communication: fleuve, autoroute, chemin de fer, aéroport.

Des industries dans un port

L'industrie pétrolière en bordure de l'autoroute Métropolitaine, à Montréal

Les **zones résidentielles** s'étendent généralement autour des zones industrielles. C'est là qu'habitent les citoyens. L'aspect d'un quartier résidentiel et le type d'habitations qu'on y trouve varient avec la densité de population et les revenus des résidents. Ces habitations peuvent être des maisons unifamiliales, des duplex, des condominiums, des tours d'habitation, des habitations à loyer modique, des maisons en rangée, etc.

440

Des maisons en rangée à Montréal

441

La ville de Boucherville, en banlieue de Montréal

Les activités qui se déroulent dans une ville sont généralement diversifiées. Mais il arrive parfois qu'un type d'activités domine dans une ville, lui donnant ainsi une fonction spécialisée. Par exemple, dans la ville de Québec se trouve le siège du gouvernement provincial. La fonction administrative de Québec joue donc un grand rôle dans son développement. La ville de Trois-Rivières doit une part importante de son essor à une activité industrielle spécifique, celle des pâtes et papiers. Une ville comme Saint-Sauveur, dans les Laurentides, s'est développée en raison de son activité touristique.

442

Les environs du Parlement, à Québec

443

L'industrie des pâtes et papiers à Trois-Rivières

c) La ville et ses problèmes

La vie en ville a son prix. La forte concentration de la population et des activités dans un espace restreint soulève, entre autres, des problèmes reliés à la circulation automobile et au logement.

444

La migration quotidienne des travailleurs voyageant en automobile pose d'énormes problèmes de congestion et de pollution de l'air dans les grandes villes.

La circulation à Montréal

445

Le coût élevé du logement dans les villes contraint nombre de familles à faible revenu à habiter des quartiers où la qualité de vie laisse à désirer (manque d'espaces verts, habitations mal entretenues, taux élevé de criminalité, etc.).

Montréal

Aujourd'hui, dans la plupart des villes, la qualité de vie demeure une des grandes préoccupations des citoyens. La création d'espaces verts, le développement du transport en commun, la préservation des zones résidentielles, le regroupement des industries dans des zones spécifiques, constituent quelques-uns des moyens qui permettent d'améliorer la qualité de l'environnement urbain.

*C. Les autres espaces habités

L'espace rural et l'espace urbain constituent les principaux types d'espaces habités. Il arrive cependant que des gens s'établissent dans une région pour en exploiter une richesse particulière. On peut donc trouver d'autres types d'espaces habités, par exemple, dans une région minière, forestière ou touristique.

a) La zone minière

De nombreuses villes doivent leur existence à la présence de gisements miniers.

C'est ainsi qu'est née, par exemple, la ville de Schefferville, dans le nord-est du Québec.

Vers 1950, l'exploitation d'un gisement de fer annonçait un avenir prometteur pour la région, y attirant ainsi nombre de travailleurs. Un chemin de fer fut construit pour relier la ville de Schefferville aux usines de transformation de Sept-Îles, plus au sud.

La prospérité de la ville fut malheureusement de courte durée. Les mines ont fermé les unes après les autres en raison de la baisse de la demande en fer, remplacé peu à peu par l'aluminium et le plastique. Comme aucune autre ressource ne pouvait être exploitée dans la région à la place du fer, la plupart des familles ont quitté la ville.

446

Schefferville, en 1967

La fin de l'exploitation minière dans la région de Schefferville a entraîné la quasi-fermeture de la ville.

b) La zone forestière

Autrefois, jusqu'au début des années soixante, la forêt accueillait des dizaines de milliers de bûcherons qui « montaient dans le bois » à l'automne pour y séjourner jusqu'à la fonte des neiges. Des camps aménagés près des zones d'exploitation leur offraient l'essentiel: un lit dans un dortoir, ainsi qu'une nourriture saine et abondante.

447

448

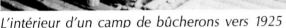
L'intérieur d'un camp de bûcherons vers 1925

Un camp de bûcherons vers 1925

Six jours par semaine et dix heures par jour, les bûcherons abattaient et ébranchaient les arbres. Les billots étaient ensuite transportés par flottage ou par camion jusqu'aux usines. Une fois la concession épuisée, comme des semi-nomades, ces travailleurs allaient vers d'autres camps ouvrir d'autres chantiers.

Mais la façon de récolter le bois a tellement évolué au cours des vingt dernières années qu'elle nécessite dix fois moins de travailleurs. Aujourd'hui, une seule machine remplace des centaines d'ouvriers. Les sociétés forestières emploient des travailleurs propriétaires d'abatteuses. En une série d'opérations successives et rapides, l'abatteuse abat, ébranche, tronçonne les arbres et les charge dans des camions.

449

Une abatteuse

450

Le transport du bois par camion

Ces travailleurs ne vivent plus maintenant dans des camps en forêt. Tout comme des ouvriers qui habitent en banlieue des villes, ils résident à proximité des exploitations forestières, et voyagent soir et matin.

Par ailleurs, ces changements ont donné naissance à de nouvelles activités forestières telles l'aménagement forestier et le reboisement qui emploient de nombreux travailleurs occasionnels durant l'été.

c) La zone récréative

Chaque fin de semaine, de nombreux citadins fuient la ville à la recherche de loisirs. Ils pratiquent ainsi une migration temporaire vers des régions avoisinantes où ils peuvent pratiquer le ski, la voile, la pêche, la chasse, etc. C'est pourquoi les zones récréatives se développent généralement non loin des grandes villes. Pour accueillir cette population temporaire, les localités situées dans ces zones doivent mettre en place des services d'hébergement et de restauration, ce qui contribue à créer de nombreux emplois. Au Québec, les régions de l'Estrie, des Laurentides et de Charlevoix doivent une partie de leur essor économique à leur fonction récréative.

451

Dans la région de Charlevoix

d) La zone de subsistance

On appelle zone de subsistance les lieux occupés de façon temporaire par des groupes humains qui ont une vie nomade. Ces lieux peuvent, par exemple, se révéler propices à la chasse ou à la cueillette ; ou encore, ils peuvent offrir de bons pâturages pour les animaux. Une fois la ressource épuisée, le groupe doit se déplacer pour assurer sa survie.

Le peuple des Masaïs, qui vit au sud-est de l'Afrique, est un peuple semi-nomade. Les lieux qu'il occupe sont des zones de subsistance.

Les Masaïs élèvent du bétail. Plus le troupeau compte de bêtes, plus le prestige de son propriétaire est grand. Les bêtes, dont on consomme rarement la viande, fournissent cependant le lait qui est à la base de l'alimentation des Masaïs. Elles constituent également une monnaie d'échange. Les hommes s'occupent du troupeau, qu'ils suivent toute la journée. Les femmes ont la responsabilité de la vie domestique.

L'habitat masaï, le kraal, est constitué d'un groupe de maisons entourées d'un enclos pour le bétail. Ces maisons sont faites de branchages, d'herbes et de feuillage, colmatés à l'aide d'une épaisse couche de bouse de vache.

452

Un troupeau

453

L'habitat des Masaïs

454

Une femme masaï

455

Un guerrier masaï

Aujourd'hui, le mode de vie des Masaïs est menacé, car les gouvernements de la Tanzanie et du Kenya cherchent à développer de grandes fermes dans la région qu'ils occupent. On trouve inconcevable que les Masaïs y fassent paître des troupeaux qui ne nourrissent personne et qui épuisent le sol; par ailleurs, ces terres pourraient produire du maïs, du blé et servir à l'élevage. Mais cette idée est nouvelle pour les Masaïs, qui n'ont jamais cultivé de leur vie.

1. Associe à chacun des énoncés ci-dessous le terme qui convient parmi les suivants:
agglomération, agriculture commerciale, agriculture familiale, agriculture de subsistance, conurbation, espace rural, espace urbain, exode rural, site, situation.

   a) Espace aménagé pour la culture de la terre.

   b) Espace aménagé où vit une forte concentration humaine.

   c) Forme d'agriculture dans laquelle la production sert à nourrir ceux qui la pratiquent.

   d) Forme d'agriculture visant la vente de la production et la recherche d'un profit.

   e) Forme d'agriculture dans laquelle la majeure partie de la production sert à nourrir un petit groupe, alors que les surplus sont vendus.

   f) Ensemble constitué par une ville et ses banlieues.

   g) Ensemble constitué par plusieurs grandes villes importantes.

   h) Mouvement massif de la population des campagnes vers la ville.

   i) Emplacement choisi au moment de la fondation d'une ville.

   j) Place qu'occupe une ville par rapport à sa région.

2. La population humaine devient de plus en plus urbaine. En te référant à ton manuel, explique pourquoi les cultivateurs des pays développés quittent leur ferme.

3. Une ville a des zones d'activités différentes.

   a) Définis chacune de ces zones.

   b) À laquelle de ces zones appartiennent les lieux suivants: *magasin, rue habitée, industrie, école.*

4. L'espace urbain et l'espace rural présentent des caractéristiques différentes. Reproduis le tableau ci-dessous dans ton cahier et précise brièvement chacune des caractéristiques.

	ESPACE RURAL	ESPACE URBAIN
a) la densité de population		
b) l'habitat		
c) les activités		
d) les avantages		
e) les problèmes		

Les connaissances

1. a) La population mondiale est inégalement répartie.

 b) La population mondiale est principalement concentrée dans l'hémisphère Nord.

 c) Cinq grands foyers de population rassemblent la majorité des humains:
 — l'Est, le Sud et le Sud-Est asiatique;
 — le Nord-Ouest européen;
 — le Nord-Est américain;
 — l'Ouest américain;
 — l'Amérique centrale.

2. a) La diversité culturelle s'exprime à travers la diversité des langues et des religions dans le monde.

 b) Le chinois (mandarin), l'anglais, l'hindi, l'espagnol, le russe, l'arabe, le portugais et le français comptent parmi les langues les plus utilisées dans le monde.

 c) Les grandes religions sont l'hindouisme, le bouddhisme, le judaïsme, le christianisme et l'islam.

3. a) La diversité économique s'exprime à travers l'inégalité des revenus et des régimes alimentaires dans le monde.

 b) Les pays en voie de développement, ou pays du tiers monde, sont situés, pour la plupart, au sud des pays développés.

4. a) La migration est le mouvement de la population.

 b) La migration interne est le mouvement de la population à l'intérieur d'un même pays.

 c) La migration internationale est le mouvement de la population entre les pays.

 d) Un immigrant ou une immigrante est une personne qui arrive dans un pays.

 e) Un émigrant ou une émigrante est une personne qui quitte son pays.

5. a) Les humains vivent dans des espaces aménagés.

 b) L'espace rural est caractérisé par un habitat dispersé (faible densité de population).

 c) L'agriculture est une activité importante de l'espace rural.

 d) L'espace urbain est caractérisé par un habitat concentré (forte densité de population).

 e) Les activités de l'espace urbain sont diversifiées et concentrées dans des zones spécifiques appelées zone résidentielle, zone commerciale ou zone industrielle.

U T I L I S E R

Activités de synthèse

1. À l'aide des données de la carte 395:

   a) identifie les grands foyers de population;

   b) précise à quel continent ils appartiennent;

   c) associe à l'un ou l'autre des foyers de population les pays suivants: Chine, France, États-Unis, Japon, Inde, Mexique.

2. La population mondiale a connu une croissance telle qu'on parle d'explosion démographique. Voici quelques chiffres:

Année	0	1500	1800	1850	1900	1960	1980	2000
Millions d'habitants	200	400	825	1050	1550	3000	4400	6200

   a) À partir de l'année 0 (début de l'ère chrétienne), à quels moments, parmi les données ci-dessus, la population mondiale a-t-elle plus ou moins doublé?

   b) Combien a-t-il fallu d'années environ pour que la population double dans chacun des cas que tu as relevés en a)?

3. Les pays les plus peuplés ne sont pas nécessairement les plus grands. Consulte le cartogramme 397. Quels sont les trois pays les plus peuplés du monde?

4. a) Tu cherches un correspondant ou une correspondante vivant dans un pays où l'on parle français. De quels continents pourrait provenir la lettre de ton correspondant ou de ta correspondante?

   b) Hélène est convaincue que l'espagnol lui suffit pour se faire comprendre n'importe où en Amérique du Sud. Est-ce exact? Pourquoi?

   c) En observant la carte 400, Ahmed a découvert un continent où se parlent la plupart des principales langues du monde. De quel continent s'agit-il?

   d) Quelle langue serait-il très utile de comprendre si tu visitais:
   — l'Égypte?
   — l'Australie?
   — la Russie?

5. a) Selon la carte 412, identifie la religion dominante:
   — en Amérique et en Europe;
   — en Afrique du Nord.

   b) Dans ta classe, combien de religions sont pratiquées par l'ensemble de tes camarades?

   c) Dans ta localité, identifie et localise les édifices religieux.

   d) Donne quelques caractéristiques importantes d'une religion de ton choix.

6. Aujourd'hui, près des trois quarts de la population mondiale vivent dans la pauvreté.

456

70 %

23 %

7 %

☐ Pays en voie de développement (tiers monde)

☐ Pays développés

■ Pays très pauvres (quart monde)

   a) À quoi reconnaît-on un pays développé et un pays en voie de développement?

b) Selon le diagramme 456:
   — quel pourcentage de la population vit dans des pays pauvres?
   — quel pourcentage de la population vit dans des pays riches?

c) Selon la carte 415:
   — les pays riches sont-ils généralement au nord ou au sud des pays pauvres?
   — quels foyers de population sont situés dans des pays pauvres?

7. La croissance démographique est différente dans les pays développés et dans les pays en voie de développement.

   a) À l'aide des données suivantes, trace l'évolution démographique de ces deux catégories de pays. (Utilise un crayon vert pour les pays développés, un crayon rouge pour les pays en voie de développement.)

	1950	1975	2000
Population des pays développés (en millions d'habitants)	850	1100	1550
Population des pays en voie de développement (en millions d'habitants)	1750	2900	4650

   b) Classe les pays identifiés sur la carte 398 selon qu'il s'agit de pays riches ou de pays pauvres. Utilise la carte 415 pour t'aider à répondre.

8. Tu sais maintenant que la vie urbaine est différente de la vie rurale. Fais un portrait de l'espace (rural ou urbain) dans lequel tu vis:

   a) décris ses caractéristiques physiques (site, situation, relief, etc.);

   b) décris les activités qu'on y pratique (forme d'agriculture, types d'industries, de commerces);

   c) identifie quelques problèmes relatifs à la qualité de vie dans ton milieu;

d) sur une carte de ta localité, indique, s'il y a lieu, les différentes zones d'activités (résidentielle, commerciale, industrielle) à l'aide de couleurs distinctes.

9. Avec les années, la population d'une ville varie selon les naissances, les décès, les migrations. Imagine le scénario suivant:
   En début d'année, une localité comptait 10 000 habitants sur un territoire de 20 km^2. Au cours de l'année, elle a connu divers changements:

   A. il y a eu 100 naissances;

   B. 45 personnes sont décédées;

   C. 200 personnes travaillent le jour dans une ville voisine;

   D. 20 citoyens sont partis travailler à la baie James;

   E. 10 cultivateurs ont quitté leur ferme, ailleurs au Québec, pour venir s'y installer;

   F. des Néo-Québécois sont arrivés: 10 Vietnamiens, 3 Haïtiens, 2 Mexicains;

   G. 12 Montréalais y ont bâti un chalet;

   H. une famille de 5 personnes est partie vivre aux États-Unis.

   a) Dans l'énumération ci-dessus, quelles catégories de gens:
      1. sont considérées comme des émigrants?
      2. proviennent de la migration interne?
      3. sont des immigrants?
      4. participent à la migration saisonnière?
      5. font de la migration journalière?
      6. illustrent l'exode rural?

   b) Selon ces données, quelle est la population totale et permanente de cette ville?

   *c) Calcule la densité de la population à la fin de l'année.

LES HUMAINS ET LEUR MILIEU

UNE NOUVELLE AVENTURE!

1. Les humains se sont adaptés à des milieux de vie très diversifiés. Observe les photographies ci-dessus.

   a) À quel type de milieu (chaud, tempéré ou froid) peux-tu associer chacune des photos?

   b) Lequel des paysages représentés a été le plus transformé par les humains?

2. Si demain tu devais vivre en zone froide, quelles contraintes rencontrerais-tu?

3. a) Crois-tu qu'il serait plus facile ou plus difficile pour toi de t'adapter à un milieu situé en zone chaude?

   b) Quelles sont les principales difficultés que tu aurais à surmonter à ton avis?

À LA FIN DE CE DOSSIER, TU SERAS CAPABLE:

- d'identifier les éléments physiques d'un milieu chaud, d'un milieu froid et d'un milieu tempéré;

- de comprendre comment des êtres humains se sont adaptés à ces différents milieux.

De toutes les planètes du système solaire, la Terre est la seule où il y ait de la vie. Des pôles à l'équateur, cette vie présente une grande diversité lorsqu'elle se manifeste sous forme végétale ou animale.

Les humains, quant à eux, ont appris à vivre dans différents milieux, qu'ils se trouvent en zone climatique chaude, tempérée ou froide. Voyons de quelle façon ils y ont réussi.

1. Vivre en zone chaude: les Touaregs du Sahara

A. L'aspect physique

Le milieu désertique est l'habitat le plus inhospitalier de la zone chaude. Le Sahara, le plus grand désert du monde, localisé sous le tropique du Cancer, couvre dans toute sa largeur une partie du nord de l'Afrique.

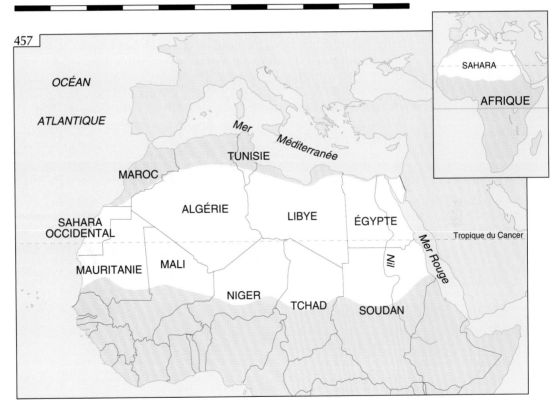

Le Sahara, avec ses huit millions de kilomètres carrés, est le plus grand des déserts du monde.

1. Sur quel continent est situé le Sahara?

2. Quelles masses d'eau sont situées à l'ouest, au nord et à l'est de ce désert?

3. Quel tropique le traverse?

4. Quels pays sont touchés par le Sahara?

5. Quel fleuve traverse ce désert?

458

Un Touareg

Malgré l'inhospitalité du désert, certains groupes humains en ont fait leur habitat. Parmi eux se trouvent les Touaregs, peuple berbère nomade.

a) Le climat du Sahara

Le terme « Sahara » est un mot arabe qui signifie « vide ». C'est le climat qui a fait du Sahara un désert. La chaleur y est souvent torride, et l'aridité, excessive. De plus, le vent y est parfois redoutable.

Contrairement aux régions équatoriales, la région du Sahara n'est pas constamment chaude. Les écarts de température sont extrêmes entre le jour et la nuit. Quand le Soleil disparaît, l'air se refroidit rapidement, faute d'humidité pour retenir la chaleur. Un écart important existe également entre les saisons. Le thermomètre peut descendre à 4 °C en janvier et grimper à plus de 50 °C en été, à l'ombre. Cette fournaise infernale rend l'évaporation si constante et l'air si sec que la peau se fissure, les lèvres se fendillent, le corps se déshydrate.

En altitude, les gelées nocturnes sont même fréquentes en hiver et la neige fait parfois son apparition.

459

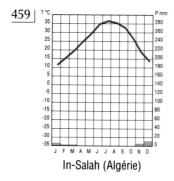

In-Salah (Algérie)

1. Quels sont les mois les plus chauds?

2. Pourquoi la courbe thermique est-elle accentuée?

3. Quels mois apportent les précipitations?

Le régime des vents donne des pluies irrégulières. Sur son passage, le vent chaud et sec aspire l'humidité du sol. Les rares pluies tombent avec violence sous forme d'averses et donnent naissance à des cours d'eau temporaires appelés **oueds**; pendant quelques jours ou parfois quelques semaines, ces oueds se gonfleront avant de disparaître dans le sol. Il peut parfois s'écouler plus d'une année entre deux averses.

Dans le désert, le vent souffle en permanence au ras du sol, roulant des grains de sable sur des kilomètres. Certains matins d'été, un lever de soleil tout rouge annonce l'arrivée d'un vent brûlant, le **simoun**. D'immenses tourbillons soulèvent le sable et obscurcissent le ciel d'une poussière rosée. Durant des jours, cette poudrerie de sable étouffante s'infiltre partout: dans les oreilles, les narines, les yeux, la bouche.

b) Le paysage du Sahara

Qui pense «désert», pense «sable». Pourtant, contrairement à ce qu'on imagine, le sable n'occupe environ que le dixième de la superficie du désert.

460

La rose des sables est unique. Sous l'effet de la chaleur excessive du Sahara, les minéraux de gypse se dissolvent pour se cristalliser ensuite avec le sable, en prenant une forme qui rappelle les pétales d'une rose.

Le Sahara repose sur un gigantesque bouclier. Au centre, on y trouve de grands massifs semblables à un paysage lunaire. Le principal massif, celui du Hoggar, s'élève à plus de trois mille mètres d'altitude. Au milieu se dressent des pics volcaniques dépouillés de leur cône.

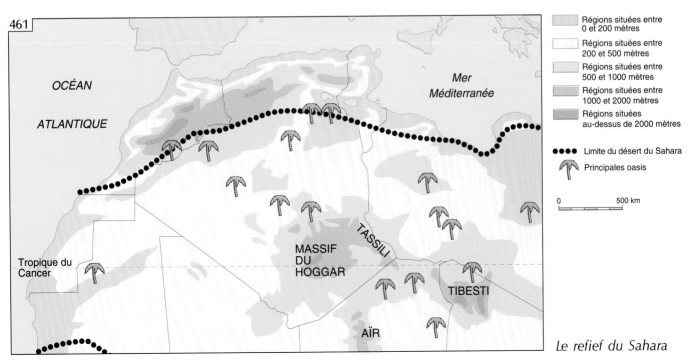

461

| | Régions situées entre 0 et 200 mètres |
| Régions situées entre 200 et 500 mètres |
| Régions situées entre 500 et 1000 mètres |
| Régions situées entre 1000 et 2000 mètres |
| Régions situées au-dessus de 2000 mètres |
| ●●●● Limite du désert du Sahara |
| Principales oasis |

0   500 km

OCÉAN

ATLANTIQUE

Mer Méditerranée

Tropique du Cancer

TASSILI

MASSIF DU HOGGAR

TIBESTI

AÏR

Le relief du Sahara

462

Les Touaregs occupent surtout le Sahara central: les plateaux du Hoggar, de l'Aïr et du Tibesti.

Le massif du Hoggar

Tout autour s'étendent des vallées, puis des plaines à perte de vue. L'un des paysages les plus courants, ce sont les **regs**, grandes plaines monotones jonchées de cailloux recouvrant une surface dure, craquelée et sèche. Ici et là, on rencontre parfois d'immenses bassins salés et asséchés: ce sont les **chotts**.

463

Le chott est un grand bassin qui forme temporairement un lac salé. Lorsqu'il est asséché, on peut voir les dépôts de sel à la surface du sol.

Dans le Sahara, l'érosion obéit à des lois particulières. L'alternance entre la fraîcheur de la nuit et la chaleur du jour fait éclater les roches, qui se réduisent peu à peu en miettes.

464

L'alternance du froid et de la chaleur...brise la roche...la réduit en sable.

Mais le paysage du Sahara est surtout modelé par le vent. Celui-ci attaque les rochers en projetant violemment contre eux les grains de sable. Sur les grandes plaines, on découvre un paysage impressionnant dont on ne trouve nulle part l'équivalent; ce sont les **ergs**, d'immenses montagnes de sable accumulées en **dunes** par le vent.

Le paysage saharien est modelé par le vent.

465

466

Des dunes de sable

Un rocher érodé

c) La végétation et la faune: une vie limitée

Un tel milieu, marqué par la chaleur et la sécheresse, offre des formes de vie limitées. À l'exception de la vallée du Nil, où la végétation est plus abondante, on ne trouve que quelques rares buissons et graminées sur de grandes étendues formant la **steppe**.

467

En bordure du désert, une maigre végétation de touffes d'herbes, appelées acheb, couvre partiellement le sol.

La vie animale est aussi réduite. Seuls les petits animaux peuvent trouver dans le désert une nourriture suffisante. La faune est surtout constituée de rongeurs, de reptiles, de petits carnassiers, comme le fennec, et d'insectes. Il ne faut pas oublier, bien sûr, le dromadaire dont les nomades ne pourraient se passer. Non seulement il sert au transport, mais il fournit aussi la laine, le lait et la viande. Sa constitution étonnante lui permet de passer une semaine sans boire ni manger. Peu exigeant, il se contente de tout ce qui lui tombe sous la dent.

468

Le dromadaire est un animal indispensable pour les nomades du désert.

B. L'aspect humain

Le peu de ressources qu'offre le désert oblige une grande partie de ses habitants à mener un genre de vie adapté à des conditions naturelles difficiles. Leur survie dépend de la recherche constante de points d'eau et de pâturages pour nourrir leur troupeau: ce sont des **nomades**.

Les Touaregs: un peuple nomade

Les Touaregs sont des nomades vivant d'élevage. Ils comptent parmi les plus nombreux et les plus anciens des nomades du Sahara. Ce surnom, qui signifie «abandonné», leur vient des Arabes. Les Touaregs préfèrent l'appellation *Imohagh*, qui, dans leur langue, signifie «libre, indépendant».

469

La cérémonie du thé est le symbole de l'hospitalité touareg.

Les vêtements

470

Les vêtements des Touaregs sont adaptés au désert.

Pour affronter l'hostilité du désert, les Touaregs ont créé des vêtements qui les préservent du soleil, du vent et du sable:
— un pantalon bouffant se referme aux chevilles pour les protéger des moustiques et des scorpions;
— une ample tunique de coton leur couvrant le corps facilite la circulation de l'air;
— un long voile de plusieurs mètres de longueur enrubanne la tête et le visage, et les protège de la poussière, du sable et de l'ardeur du soleil. Souvent de couleur indigo, il déteint et donne aux Touaregs cette teinte de peau caractéristique qui leur a valu l'appellation «les hommes bleus du désert»;
— des sandales à larges semelles leur évite de s'enfoncer dans le sable.

L'habitat

Les Touaregs n'ont pas d'habitat fixe. Lorsqu'ils accompagnent leurs bêtes au pâturage, ils vivent à la belle étoile. Abrités derrière leurs bagages, ils dorment sur une peau de mouton, enveloppés dans une couverture de laine.

Dans leur campement d'hiver, les Touaregs déploient leur tente de laine faite de peaux de chèvre et de mouton cousues les unes aux autres et soutenues par des piquets de bois. L'été, la zériba constitue l'habitation idéale. Plus fraîche que la tente, elle est fabriquée de hautes tiges d'herbes liées à une charpente de branchages.

Les Touaregs ont leur maison d'été...

471

... et leur maison d'hiver.

472

Le mode de vie

L'élevage des troupeaux de moutons, de chèvres et de dromadaires constitue l'essentiel de la vie des Touaregs. Ils se nourrissent en partie de la viande et du lait de leurs bêtes; un peu de riz, une poignée de dattes et du thé complètent leur menu. Ils utilisent la peau des bêtes pour confectionner leurs abris et tissent la laine pour en faire des couvertures ou la réduisent en cordages de toutes sortes. Faute de bois, les excréments servent de combustible.

C'est la peau de chèvre qui est la plus précieuse. Après l'avoir enlevée de l'animal, tout comme on retire un chandail, ils la font sécher au soleil. Puis, ils ferment l'ouverture des pattes et l'une des extrémités pour en faire un réservoir qui gardera l'eau plus fraîche.

Tout l'itinéraire des Touaregs est tracé en fonction des pâturages et des points d'eau. Mais comme les points d'eau sont souvent éloignés des pâturages, ils sont donc forcés de se déplacer continuellement.

473

La recherche des points d'eau et des pâturages constitue l'activité de survie des Touaregs.

Dans l'oasis de Neftah (Tunisie)

Dans le Sahara, le commerce consiste à échanger des produits, c'est-à-dire à faire du **troc**. Le sel, élément essentiel de survie dans le désert, est à la base de ce commerce. Non seulement sert-il à la conservation des aliments, mais, lors des saisons sèches, il diminue la forte évaporation en favorisant la rétention de l'eau dans l'organisme.

Pour les Touaregs en déplacement, en plus de leurs produits d'élevage, le sel devient ainsi une monnaie d'échange contre les produits agricoles des oasis.

Les oasis représentent pour le nomade un carrefour commercial.

474

L'oasis de Ghardaïa (Algérie)

475

Des commerçants touaregs dans l'oasis de Tamanrasset (Algérie)

476

Un marché dans l'oasis de Touggourt

C. L'avenir des Touaregs

Une société en sursis

Les cinquante dernières années ont vu le désert se transformer au point de mettre en péril l'existence même des peuples qui l'habitent.

Le Sahara y a connu les plus grandes sécheresses de son histoire. Le surpâturage près des points d'eau a asséché plusieurs puits. La mort d'innombrables troupeaux a ainsi forcé ces nomades à migrer vers les oasis et à se sédentariser.

À ces causes naturelles s'ajoute l'exploitation des richesses du sous-sol (pétrole, gaz), qui a profondément affecté le mode de vie au Sahara. L'implantation de nouveaux villages a attiré les nomades.

477

La découverte du pétrole a changé le mode de vie des nomades sahariens.

Un puits de pétrole dans le Sahara algérien

Pour inciter les Touaregs à se sédentariser, les gouvernements ont tenté de scolariser les enfants en leur présentant un mode de vie où la faim et la soif semblent exclus: nourriture variée et abondante, vêtements diversifiés, soins médicaux accessibles. Tout en respectant la propriété de leurs troupeaux, on a intégré peu à peu les familles dans de nouveaux villages.

Mais les Touaregs ne s'adaptent pas tous facilement à ces changements. Pour les Touaregs nomades, le travail manuel est souvent humiliant. Pour quelques sous par jour, vaut-il la peine de se soumettre à des gens venus d'un autre monde alors que depuis toujours ils ont vécu libres, dans un espace enveloppé de silence?

478

Quel est l'avenir de ce jeune Touareg?

2. Vivre en zone froide : les Inuit du Grand Nord québécois

Pendant longtemps, les mers et les terres autour du pôle Nord furent ignorées des Blancs et considérées par eux comme inaccessibles. Pourtant, ce territoire isolé est habité par les Inuit depuis des milliers d'années.

479

Ces enfants inuit sont les descendants d'un peuple qui a appris à survivre dans des conditions extrêmes.

A. L'aspect physique

a) Le climat du Grand Nord

La latitude et la proximité de la mer sont les principaux facteurs qui donnent aux températures du climat polaire une amplitude extrême. La moyenne annuelle ne dépasse pas −8 °C.

Dans l'Arctique, les hivers sont longs, avec des nuits interminables. Des vents froids abaissent brusquement la température à –50 °C. Fréquemment, un vent glacial, le **blizzard,** pousse la neige en rafales. Cette poudrerie rend la visibilité presque nulle. La glace et la neige recouvrent la terre et la mer durant une bonne partie de l'année.

480

L'été à Salluit

482

T °C

| 30 | 260 |

Ivujivik

P mm

481

L'hiver à Ivujivik

L'été, la quantité de soleil augmente, les jours s'allongent et les vents plus chauds du sud élèvent la température. La présence de la mer apporte souvent du brouillard en été et des nuages en automne. Quant aux précipitations, elles atteignent à peine 400 mm en moyenne par année, sur l'ensemble du territoire, et sont deux fois plus importantes sous forme de pluie que de neige.

b) Le paysage du Grand Nord

La région polaire arctique a l'apparence d'un désert froid. Il s'agit d'un immense bouclier, vaste plateau ondulé de faible altitude, aplani par le passage des glaciers.

483

Près de la baie Déception

Le relief est entièrement marqué par l'action du gel et du dégel qui pousse les roches à la surface et les fragmente pour former des champs de pierres.

c) La végétation et la faune

Les conditions climatiques extrêmes limitent la vie animale et végétale. Le froid très vif donne un sol perpétuellement gelé en profondeur qu'on appelle **pergélisol**. La chaleur de l'été élève à peine la température du sol au-dessus de zéro. La couche supérieure dégèle alors sur quelques centimètres, donnant naissance à d'innombrables étangs et marais remplis de moustiques.

Du nord au sud s'étale un paysage de glace, de roches et d'immensités sans arbres. La végétation, composée d'arbustes rabougris, d'herbes, de lichens, de mousses et de graminées, porte le nom de **toundra**. Elle forme une steppe qui s'étend ainsi vers le sud à la limite des dernières forêts d'épinettes rachitiques de la **taïga**.

484

485

La toundra près de la rivière George

Les arbres de la taïga, en bordure de la toundra

486

487

Du lichen

Des caribous

Pour survivre à ce climat rigoureux, la végétation reste naine et se recroqueville au ras du sol; les plantes vivaces conservent leurs tissus vivants sous terre. Quand survient l'été, la lumière prolongée du Soleil donne une floraison rapide.

Dans un milieu exposé comme la toundra, la faune demeure limitée. Seuls quelques animaux terrestres y ont élu domicile: l'ours blanc, le caribou, le renard, le loup, le lièvre arctique et le lemming. À ceux-ci, il faut ajouter les mammifères marins tels le phoque, le béluga, le morse et la baleine. Et les principaux représentants de la faune ailée sont la bernache du Canada, le lagopède et le harfang des neiges.

B. L'aspect humain

La présence humaine en zone arctique témoigne d'un combat permanent contre un environnement très hostile à la vie. Un peuple y vit: les Inuit. Ce terme signifie «hommes». Voyons comment les Inuit se sont adaptés à ce milieu froid.

a) Les Inuit, un peuple ancien

Selon les scientifiques, tout porte à croire que les premiers habitants de l'Amérique du Nord, les Inuit et les autres groupes amérindiens, seraient d'origine asiatique.

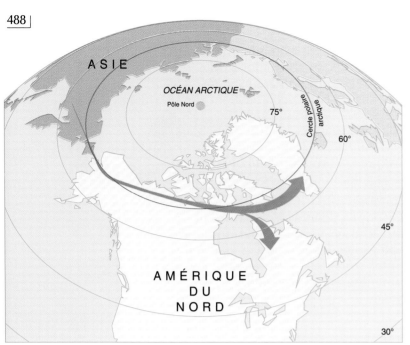

La migration des Inuit

Au cours des grandes glaciations, les Inuit seraient venus d'Asie il y a plusieurs milliers d'années.

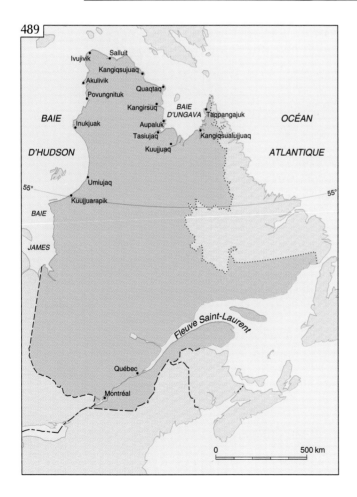

Au Québec, les Inuit constituent l'essentiel de la population au nord du 55ᵉ parallèle.

1. D'où viennent les Inuit?

2. Donne la latitude au-delà de laquelle vivent les Inuit.

3. Quelles masses d'eau entourent leur habitat au Québec?

Les communautés inuit du Nord québécois

b) Les Inuit, un peuple ingénieux

Les Inuit étaient autrefois un peuple nomade. Mais contrairement aux nomades des autres régions du monde, qui sont toujours restés en contact avec les peuples sédentaires avec lesquels ils échangeaient des biens nécessaires à leur survie, les Inuit étaient complètement isolés. Ils ont dû alors compter sur leurs seuls moyens pour survivre. Ils ont donc inventé et perfectionné des techniques de survie beaucoup plus efficaces que celles des explorateurs blancs.

Ce qui est remarquable chez ce peuple, c'est l'ingéniosité manifestée pour s'adapter à la nature et l'exploiter au maximum. Tout en vivant en harmonie avec elle, il a su tirer parti de toutes les ressources naturelles disponibles pour affronter trois défis permanents: se protéger du froid, s'alimenter, créer des outils.

Vaincre le froid

L'igloo constitue l'une des inventions les plus astucieuses des Inuit. Alors que d'autres peuples nordiques vivaient sous des abris de peaux de bêtes toute l'année, les Inuit ont utilisé la neige qui les entourait pour créer un abri beaucoup plus chaud l'hiver que la tente de peau. L'accrochage de peaux à l'intérieur de l'igloo maintenait une température assez constante.

490

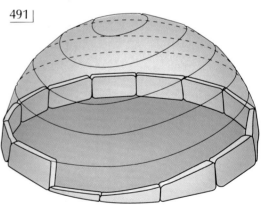

491

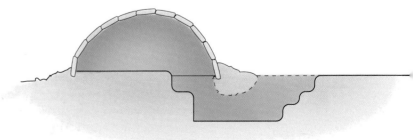

L'igloo est une construction en spirale où chaque bloc de neige s'incline de plus en plus vers l'intérieur pour former un dôme. L'Inuk accédait à l'igloo par un passage creusé dans le sol, ce qui empêchait le froid de pénétrer.

Dans un climat nordique, le vêtement constitue la première priorité. Pour affronter les rigueurs du climat, les Inuit ont conçu un habillement à partir des ressources de leur milieu: la fourrure.

Les vêtements étaient confectionnés à partir de la fourrure des animaux.

492

Un couple de Kuujjuarapik entre 1902 et 1904

Ils utilisaient la peau de phoque, très résistante et presque imperméable, pour les bottes, les mitaines et les manteaux. La fourrure plus chaude de l'ours polaire ou du caribou servait à confectionner les vêtements d'hiver. Selon la rigueur du froid, les Inuit se couvraient de deux ou trois épaisseurs de vêtements.

Vaincre la faim

Comme le climat ne permettait pas la culture, ni l'élevage d'animaux domestiques, les Inuit avaient un mode de vie semi-nomade: à l'arrivée des deux grandes saisons d'hiver ou d'été, ils changeaient le site de leur campement en fonction des ressources disponibles pour la chasse et la pêche.

493

La chasse et la pêche constituaient les deux activités de survie des Inuit.

La chasse au béluga à la pointe de Qilalugarsiuvik, dans la baie d'Hudson, vers 1865

Pour les Inuit, la saison hivernale demeurait la période la plus difficile de l'année. La migration des animaux vers des régions plus clémentes diminuait de beaucoup les activités de chasse et de piégeage, tandis que l'englacement des mers et des lacs réduisait les ressources en pêche.

L'été, certaines familles se fixaient sur la côte où elles s'adonnaient à la pêche et à la chasse aux mammifères marins; d'autres s'installaient à l'intérieur du territoire pour pêcher, chasser le caribou et la sauvagine. L'abondance des prises permettait de reconstituer les provisions avant de se regrouper en communauté dans les campements d'hiver.

Créer des outils

Les Inuit ont créé nombre d'outils pratiques. Plusieurs de ces outils ont été fabriqués grâce aux ressources qu'offraient le phoque et le caribou. On peut dire que ces animaux ont été essentiels à la survie du peuple inuit.

De ces deux animaux les Inuit tiraient non seulement leur nourriture et leurs vêtements, mais aussi leur abri d'été, fait de peaux séchées, et plusieurs de leurs outils.

Les os et les bois du caribou servaient à confectionner des harpons et des flèches. Les nerfs et les tendons de l'animal devenaient du fil ou des courroies. La peau du phoque, découpée en lanières, donnait des cordages. L'estomac et la vessie de ces animaux pouvaient servir de contenants. La graisse et l'huile de phoque étaient utilisées comme combustible. En les faisant brûler dans des vases sculptés dans le talc, les Inuit obtenaient de la chaleur et de la lumière.

Le kakivak, que l'homme est ici en train de limer, servait à pêcher.

494

En 1950

Le kayak était fait de peaux de phoques.

495

Vers 1902-1904

Le harpon servait à chasser.

496

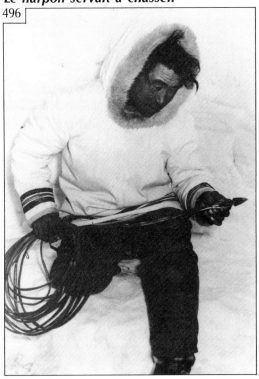

En 1947

Pour se déplacer l'été, les Inuit utilisaient le kayak, embarcation légère faite de peaux de phoque recouvrant une ossature de mammifère marin. L'hiver, un traîneau original leur permettait de se déplacer. Faute de bois, les patins du traîneau étaient fabriqués avec des poissons gelés mis bout à bout et enveloppés de peau trempée. Les barres transversales étaient des ossements d'animaux. Les Inuit découpaient la peau de phoque en fines lanières pour en faire des fouets, des cordages et des attelages pour les chiens.

c) Une culture originale

Malgré une vie difficile et bien remplie par toutes les activités nécessaires à la survie, le peuple inuit a pu développer une culture originale qui persiste toujours aujourd'hui. Les Inuit trouvaient le temps de peindre des motifs décoratifs sur leurs vêtements, de sculpter des amulettes en pierre, en os ou en bois, de graver des scènes de la vie quotidienne sur des morceaux d'ivoire.

497

Une sculpture en os de baleine

Profondément religieux, les Inuit accomplissaient de nombreux rituels. Ils aimaient chanter au son du tambour et se réunissaient pour danser et rendre hommage aux nombreuses divinités qui leur avaient donné la vie et les autorisaient à tuer les animaux essentiels à leur survie.

C. Les Inuit aujourd'hui

a) Une société qui a changé

Le mode de vie du peuple inuit a bien changé au cours du dernier siècle. Les premiers contacts avec les baleiniers étrangers ont transformé la vie quotidienne en apportant la monnaie, les barques en bois, les carabines, les allumettes et une foule d'aliments nouveaux.

Pour la première fois, le peuple inuit, traditionnellement autonome et capable de satisfaire la totalité de ses besoins, est devenu dépendant de techniques nouvelles qu'il a dû apprendre à maîtriser. Par exemple, la carabine et les munitions ont alors remplacé le harpon.

Ensuite, par le biais des marchands de fourrures, les Inuit ont peu à peu perdu leur autosuffisance au profit d'une économie d'échange. Les Inuit, qui étaient semi-nomades, se sont progressivement sédentarisés. Ils ont commencé à vendre leurs fourrures en échange d'outils, d'aliments, de vêtements et de services.

b) Une société pour demain

Aujourd'hui, le peuple Inuit reprend de plus en plus la maîtrise de sa destinée. La Convention de la Baie James et du Nord québécois, signée en novembre 1975, consacrait la prise en charge par les Inuit de leur territoire: droit de s'adonner à leurs activités traditionnelles, droit de gérer une foule de secteurs, tels la santé, les services sociaux, l'environnement, l'éducation.

498

499

Les Inuit continuent de pratiquer des activités traditionnelles comme la chasse et la pêche, avec des instruments modernes.

À Kanjiqsujuaq

À Salluit

Les Inuit ont alors instauré un vent de réformes. Pour contrôler leur économie, ils ont mis en place nombre d'entreprises de production et d'échange de biens et de services.

500

Air Inuit

Les Inuit gèrent leurs coopératives.

502

Une station de radio

501

Un atelier de gravure à Povungnituk

La culture inuit est désormais assurée. Les commissions scolaires autochtones sont responsables des programmes d'enseignement des langues, des sciences, des arts et de la culture inuit ainsi que de l'embauche du personnel enseignant. L'enseignement en inuktitut se fait dans plusieurs matières. La radio et la télévision communautaires produisent des émissions locales axées sur les besoins du milieu.

503

À l'école de Kuujjuarapik

Il y a aujourd'hui plus de 5000 Inuit répartis en petits noyaux sur la côte de la baie d'Hudson et de la baie d'Ungava.

Après quatre mille ans d'existence, les Inuit forment un peuple toujours profondément enraciné dans son territoire et sa culture, et qui contrôle de plus en plus son avenir.

VÉRIFIE TES CONNAISSANCES

1. À l'aide de la carte 488:

   a) énumère les continents qui touchent l'océan Arctique.

   b) identifie le continent d'où viennent les Inuit.

2. On dit que la région du Grand Nord québécois a un climat extrême. Dans un bref paragraphe, comment décrirais-tu ce climat?

3. Quel type d'ensemble physiographique est associé au Grand Nord?

4. Dans le Grand Nord, la vie végétale et animale est surprenante.

   a) Que signifient les termes *pergélisol* et *toundra*?

   b) Identifie quelques espèces végétales qui poussent dans le Grand Nord.

   c) Énumère quelques mammifères du Grand Nord.

5. Autrefois, les Inuit vivaient en semi-nomades.

   a) En quoi consistait leur mode de vie?

   b) Décris brièvement comment les Inuit ont pu vaincre le froid et la faim.

   c) Pour s'adapter à leur milieu, les Inuit ont manifesté beaucoup d'ingéniosité. Donne des exemples de l'utilisation que les Inuit ont faite du caribou et du phoque.

6. La société inuit s'est transformée.

   a) Quelle a été l'influence de l'arrivée des Blancs?

   b) De quelle manière les Inuit ont-ils repris leur destinée en main?

   c) Quelles activités traditionnelles ont gardé une grande importance pour les Inuit?

3. Vivre en zone tempérée: Montréal

L'adaptation à un milieu tempéré ne présente pas autant d'obstacles pour les humains que celle à un milieu chaud ou à un milieu froid. Voilà pourquoi on y trouve généralement plusieurs traces d'activités humaines.

Prenons un exemple parmi d'autres: Montréal.

504

A. L'aspect physique

a) Le climat de Montréal

Situé à mi-chemin entre l'équateur et le pôle Nord (45° 30' N), Montréal a un climat continental humide, caractérisé par quatre saisons bien distinctes.

La température moyenne du mois le plus froid (−10 °C) et celle du mois le plus chaud (20 °C) donnent une amplitude de 30 °C. Montréal est l'une des rares grandes villes du monde à recevoir autant de neige et à subir d'aussi basses températures en hiver.

505

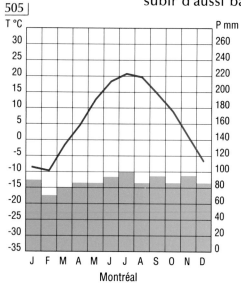

Montréal

506

Montréal, vu de l'île Sainte-Hélène, le 21 mars...

507

... le 21 juin...

508

... le 21 septembre...

509

... le 21 décembre

b) Le paysage de Montréal

La ville de Montréal jouit d'un site exceptionnel, sur une
île au milieu du fleuve, au cœur des basses terres du
Saint-Laurent. Cette région forme une grande plaine
drainée par le fleuve et ses nombreux affluents. La
région est limitée par les Laurentides au nord, et par la
chaîne des Appalaches au sud et au sud-est.

510

Montréal vu par satellite

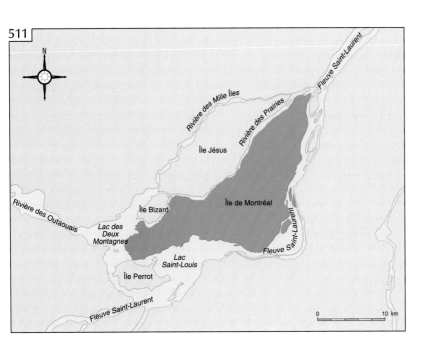

511

*Montréal est situé au confluent de la
rivière des Outaouais et du fleuve
Saint-Laurent. Tout autour s'étend
la plaine des basses terres du Saint-
Laurent.*

Le sol de la région de Montréal est très fertile. Vue des airs, la plaine qui s'étend autour de l'île ressemble à un immense damier dessiné par les différentes cultures qu'on y pratique: arbres fruitiers, légumes variés, maïs, blé, etc. Des arbres feuillus et des conifères forment de petits boisés dispersés sur le territoire.

Le mont Royal, qui s'élève au centre de l'île, est un des éléments marquants du paysage de la ville. Il constitue un point de repère important, en même temps qu'il offre aux citadins une oasis au milieu de l'agitation urbaine.

512

Le mont Royal

B. L'aspect humain

a) Les débuts de la ville

Conduits par les Amérindiens sur le mont Royal, Jacques Cartier et ses compagnons ont tout de suite vu les avantages que le site comportait: la présence du fleuve permettait la circulation des bateaux; la plaine fertile pouvait nourrir une population importante. Sur le plan défensif, l'endroit offrait aussi un grand intérêt. Un village iroquois du nom d'Hochelaga occupait d'ailleurs le site. Il était constitué d'une cinquante de maisons longues en bois, entourées d'une palissade de pieux.

Cependant, c'est seulement un siècle plus tard que des Français, dirigés par Paul de Chomedey, sieur de Maisonneuve, s'établirent à cet endroit, fondant ainsi Ville-Marie, qui allait devenir plus tard Montréal.

513

Paul de Chomedey, sieur de Maisonneuve, fonda Ville-Marie en 1642.

Les premiers colons s'installèrent en bordure du fleuve où ils vécurent de la traite des fourrures et de l'agriculture. Des traces de ces premières années de l'histoire de Montréal sont encore visibles dans le quartier du Vieux-Montréal. Ce quartier, qui continue d'être un centre d'activités administratives, commerciales et touristiques, est l'un des coins favoris des visiteurs.

514

La place Jacques-Cartier, dans le Vieux-Montréal

b) L'essor de la ville

Montréal aurait pu demeurer un village semblable à beaucoup d'autres au Québec ou ne rester qu'une ville de second plan. Mais l'arrivée des marchands, dans les années 1800, déclencha la croissance de la ville, qui devint plus tard la métropole du Québec.

Montréal, ville portuaire

C'est en exploitant ses avantages portuaires que Montréal a pu prendre son envol. En effet, la ville occupe une position unique sur le Saint-Laurent. Elle est située à un carrefour de voies naturelles où convergent la route des Grands Lacs, la rivière Outaouais qui descend du bouclier canadien vers le lac des Deux-Montagnes, et la rivière Richelieu qui remonte vers les États-Unis.

Le port de Montréal fonctionne 12 mois par année.

Ce point stratégique, ouvert à la navigation océanique et situé à plus de 1500 km à l'intérieur du continent nord-américain, fait de Montréal le plus grand port intérieur du monde. Montréal est ainsi devenu le cœur économique du Québec en accaparant au-delà de 70 % de la production industrielle de la province.

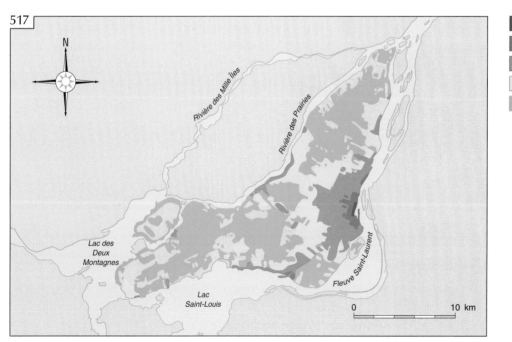

Le développement urbain de Montréal

L'industrie aéronautique

L'industrie électronique

On y fabrique, entre autres, de l'équipement, du matériel de transport, de la machinerie, des meubles et des vêtements. Les industries pharmaceutiques fournissent presque la moitié de la production canadienne; celles de l'aéronautique et de l'électronique constituent des industries de pointe.

Montréal, cœur commercial du Québec

Si Montréal est né sous le signe du commerce avec la traite des fourrures, son visage commercial a cependant bien changé. Dès les premières années, un quartier d'affaires s'est développé au nord de la zone portuaire pour former le centre-ville actuel.

Le quartier des affaires, au centre-ville

Le centre-ville abrite des sièges sociaux de compagnies, des banques, des bureaux privés et gouvernementaux et plus de 5000 commerces.

L'édifice des Coopérants

L'édifice de la Banque nationale de Paris

La rue Sainte-Catherine

Parfois, les visiteurs s'étonnent du nombre relativement peu élevé de piétons dans les rues du centre des affaires. Pour pallier aux rigueurs du climat et à la congestion de la circulation automobile, Montréal a innové en construisant un réseau de galeries souterraines, relié au métro, où les piétons peuvent circuler d'un grand édifice à l'autre du centre-ville, à l'abri des intempéries.

524

La ville souterraine compte près de 20 kilomètres de voies piétonnières qui donnent accès à de nombreux services.

Les Promenades de la Cathédrale

525

Un réseau de transport rapide, le métro, relie plus de 65 stations et transporte au-delà de 200 000 voyageurs par jour.

La station de métro McGill

Aujourd'hui, près de deux millions de personnes résident sur l'île de Montréal. Cette nombreuse population requiert des services (hôpitaux, écoles, loisirs, transport).

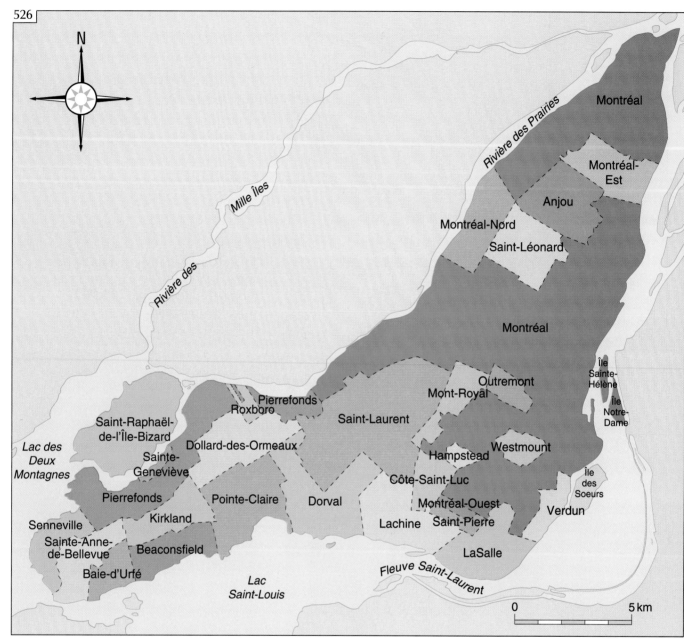

526

Les municipalités de la Communauté urbaine de Montréal

Pour mieux répondre aux besoins des villes situées sur l'île de Montréal, on a mis sur pied un organisme général, la Communauté urbaine de Montréal (la CUM). Il s'agit d'un gouvernement régional où toutes les municipalités de l'île de Montréal, ainsi que Saint-Raphaël-de-l'Île-Bizard, sont représentées. Cet organisme gère les services communs à toutes les villes de l'île tels la police, le transport public (autobus, métro), la filtration des eaux, les parcs régionaux, etc.

c) Quelques particularités de la vie des Montréalais

Le mont Royal

La colline qui domine la ville marque depuis toujours la vie des Montréalais. Elle est l'un des derniers endroits où subsiste une végétation naturelle. Sans franchir les limites de la ville, les citadins peuvent s'offrir une promenade dans la nature. L'hiver, on peut y pratiquer le ski de fond, ou patiner sur le lac des Castors. L'été, le mont Royal accueille de nombreux cyclistes, coureurs et marcheurs.

527

528

Le lac des Castors

Les habitations

Comme dans toutes les grandes villes, dans certains quartiers de Montréal, les tours d'habitation contribuent à densifier énormément la population. On y trouve aussi des maisons en rangée, des duplex, des triplex, etc. Cependant une caractéristique principale donne son originalité aux habitations montréalaises. Il s'agit des escaliers extérieurs, souvent en colimaçon, attachés à de grands balcons, qui ornent la façade de nombreuses maisons en rangée.

529

Plusieurs rues sont bordées de maisons en rangée au toit plat, à deux ou trois étages.

530

Dans les quartiers densément peuplés, les tours dominent.

Un art de vivre sous le signe de la diversité

Montréal, dont la population est majoritairement francophone, comporte néanmoins une minorité anglophone importante. C'est, par ailleurs, une ville **cosmopolite** en raison de la présence de nombreux groupes ethniques. Son caractère international se fait ressentir, par exemple, dans la restauration. La cuisine de tous les coins du monde y est représentée. De même, dans le domaine de l'alimentation, de nombreuses épiceries spécialisées offrent tous les produits nécessaires pour préparer un repas chinois, indien, marocain, vietnamien, portugais, etc.

531

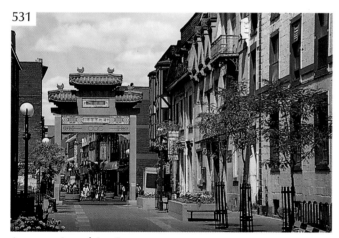

Le quartier chinois

Sur le plan des activités culturelles, Montréal reflète aussi la diversité. On y trouve plusieurs musées, théâtres, cinémas, salles de spectacle. Les manifestations culturelles abondent tout au long de l'année: expositions, concerts, pièces de théâtre, spectacles de variétés, spectacles de danse, etc. Montréal est aussi le lieu de quelques festivals prestigieux tels le Festival international de jazz de Montréal, le Festival des films du monde, le Festival international de musique de Montréal.

La Place des Arts

Le Musée des Beaux-Arts

Le Festival international de jazz de Montréal

La même variété existe pour ce qui est des manifestations sportives. Et à cause du climat tempéré, on peut pratiquer à Montréal des sports d'hiver aussi bien que des sports d'été.

Le Stade olympique

La patinoire de l'île Notre-Dame, sur le bassin olympique

Le Tour de l'île à bicyclette

C. L'avenir de Montréal

a) L'étalement urbain

L'expansion économique de Montréal fut si rapide qu'elle a dépassé les frontières de la ville, puis celles de l'île pour donner naissance à des villes de banlieue.

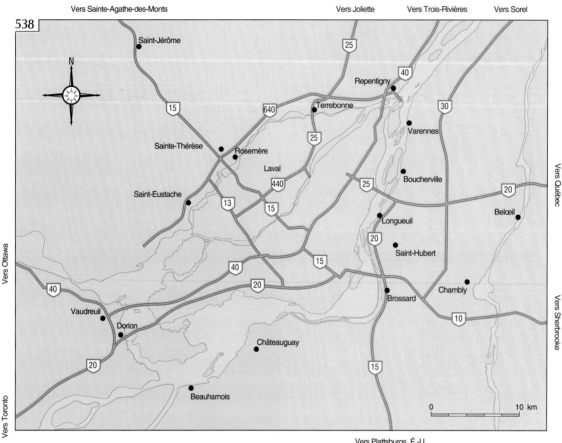

Le réseau routier de Montréal et sa banlieue

Mais les résidents de ces villes contribuent chaque jour à la vie économique de Montréal. En 1950, la ville de Montréal comptait un million d'habitants, et la banlieue, trois fois moins. Aujourd'hui, la population de Montréal a peu changé, alors que celle de la banlieue augmente constamment.

Sur le pont Jacques-Cartier, à l'heure de pointe

Cet étalement urbain provoque la migration quotidienne de milliers de travailleurs qui engorgent la trentaine de ponts de l'île. Aux heures de pointe, plus de 100 000 automobiles s'engouffrent sur les ponts reliant Montréal à ses villes de banlieue, d'où les problèmes d'accessibilité à la ville, de congestion automobile et de pollution.

Par ailleurs, un autre type d'échange s'établit entre Montréal, et sa région. Depuis plus de cinquante ans, les zones agricoles de la région de Montréal fournissent une grande partie des produits agricoles qui permettent de nourrir cet important bassin de population de la zone urbaine.

540

La culture maraîchère à Laval, en banlieue de Montréal

541

Les cultivateurs vendent au marché les produits de leur ferme.

Le marché Atwater

b) Les problèmes urbains

Bien que la vie dans une grande ville comme Montréal présente certains avantages, notamment sur le plan des services, la ville perd progressivement une partie de sa population au profit de sa banlieue. Alors qu'en 1971 Montréal comptait 1 214 352 habitants, 20 ans plus tard, sa population n'est plus que de 1 000 016 habitants.

À cause de ce déplacement de la population, Montréal connaît également un exode des investisseurs. La réduction des investissements entraîne alors des problèmes économiques sérieux: diminution des emplois et, par conséquent, augmentation du chômage, de la pauvreté et de tous les problèmes sociaux qui peuvent en résulter.

542

Un itinérant

L'arrivée du 21e siècle pose un défi important. Si Montréal veut conserver ses citoyens, des choix s'imposent:

— améliorer l'habitation;

— préserver et augmenter les espaces verts;

— développer le transport en commun;

— attirer les investissements.

VÉRIFIE TES CONNAISSANCES

1. À l'aide de la carte 511, décris le site de Montréal (eau, îles, relief).

2. La région de Montréal est caractérisée par un climat continental.

   a) Dans un bref paragraphe, comment décrirais-tu ce climat?

   b) Quelle influence ce climat a-t-il sur la vie quotidienne?

3. Quel type d'ensemble physiographique est associé à Montréal?

4. Montréal a connu un développement grâce à son site. Précise quels avantages ce site présente.

5. Quelle différence fais-tu entre la ville de Montréal, l'île de Montréal et l'agglomération de Montréal?

6. Les fonctions de Montréal sont nombreuses et diversifiées. Choisis deux de ces fonctions et décris-les.

7. Pourrais-tu dire en quoi la ville de Montréal a innové pour soustraire les piétons aux rigueurs du climat?

8. Peux-tu identifier quelques-unes des difficultés que doit résoudre Montréal pour assurer son avenir?

9. La population de la ville de Montréal a diminué au cours des dernières années. Peux-tu expliquer pourquoi?.

BILAN

Les connaissances

La zone chaude: le Sahara

1. Le Sahara est situé en Afrique du Nord.

2. Le climat désertique du Sahara est caractérisé par une chaleur et une aridité extrêmes.

3. Le Sahara est un bouclier.

4. Le paysage du Sahara se compose de grandes étendues de sol pierreux (les regs), de dunes de sable (les ergs) et de massifs montagneux.

5. La végétation est constituée principalement de touffes d'herbes, dans la steppe, et de palmiers, dans les oasis.

6. La faune du Sahara est limitée; elle se compose de reptiles, rongeurs, petits carnassiers et insectes ainsi que de quelques troupeaux de chèvres, moutons et dromadaires appartenant aux nomades.

7. Les Touaregs, peuple nomade, vivent de l'élevage de leurs troupeaux et du commerce.

La zone froide: le Grand Nord du Québec

1. Les Inuit vivent au nord du 55e parallèle.

2. Le climat polaire du Grand Nord est caractérisé par un hiver long et rigoureux et des précipitations peu abondantes.

3. Le Grand Nord québécois est un bouclier aplani par le passage des glaciers.

4. La végétation, que l'on désigne sous le nom de toundra, est constituée de mousses, de lichens, de graminées et d'arbustes.

5. La faune du Grand Nord se compose principalement du caribou, de l'ours blanc, du renard, du loup, du lièvre arctique et du lemming pour ce qui est des mammifères terrestres. Les mammifères marins sont le phoque, le béluga, le morse et la baleine; parmi les oiseaux les plus communs, on trouve la bernache, le lagopède, le harfang des neiges.

6. Autrefois, les Inuit étaient semi-nomades.

7. Aujourd'hui, les Inuit sont sédentaires; ils continuent de s'adonner à des activités traditionnelles comme la chasse et la pêche, tout en ayant des activités commerciales qu'ils contrôlent.

La zone tempérée: Montréal

1. Montréal est situé à 45° N.

2. Montréal jouit d'un climat continental qui comporte quatre saisons bien distinctes.

3. Montréal et sa région ont un relief de plaine.

4. Montréal s'est développé grâce à son site: une île au milieu du Saint-Laurent.

5. Montréal est le centre économique, commercial et industriel du Québec.

Activités de synthèse

1. Le mode de vie dans un milieu est conditionné par les caractéristiques physiques de ce milieu.

   a) Reproduis le tableau ci-dessous dans ton cahier.

   b) Donne les grandes caractéristiques physiques de chacun des milieux indiqués.

	Sahara	Grand Nord québécois	Montréal
Situation géographique			
Milieu (chaud, tempéré ou froid)			
Climat			
Relief			
Exemples de végétation			

2. a) Les Touaregs vivent dans le Sahara. Décris brièvement le paysage du désert saharien.

   b) Dans un court texte, indique en quoi le mot arabe *Sahara* est approprié à ce désert.

3. Les Touaregs ont dû s'adapter aux conditions de vie difficiles du Sahara.

   a) En quoi consistent leurs abris et de quoi sont-ils faits?

   b) Décris les vêtements que portent les Touaregs pour se protéger de la chaleur, du vent et du sable.

   c) De quoi se nourrissent principalement les Touaregs?

4. a) Quelles sont les activités principales des Touaregs?

   b) Pourquoi le dromadaire est-il si important pour eux?

5. Dans quelques années, les Touaregs auront peut-être abandonné leur mode de vie traditionnel. Quels sont les facteurs qui les amènent peu à peu à se sédentariser?

6. Les Inuit vivent dans un milieu caractérisé par la *toundra* et le *pergélisol*. Explique brièvement ces deux termes.

7. Dans le Grand Nord, les Inuit ont dû surmonter deux difficultés: se protéger du froid et se nourrir. Explique comment les Inuit utilisaient les éléments de leur environnement pour y parvenir.

8. Le mode de vie des Inuit a changé en comparaison de ce qu'il était au siècle dernier.

   a) Quels facteurs ont causé cette transformation?

   b) Les Inuit ont-ils conservé des activités traditionnelles? Donne des exemples.

9. Montréal s'est développé grâce à son site et à sa situation. Explique brièvement ces deux mots.

10. Le climat influence le mode de vie des habitants.

    a) Donne deux exemples illustrant comment chacune des saisons influence soit le travail, l'habillement, les loisirs ou toute autre particularité du mode de vie des Montréalais.

    b) Explique pourquoi on a créé le « Montréal souterrain ».

11. Montréal a aussi ses problèmes. Saurais-tu en identifier quelques-uns?

12. Voici les données climatiques de trois villes correspondant aux trois milieux que tu viens d'étudier.

a) Sur du papier millimétré, construis le climatogramme de chacune de ces villes. Colle ensuite les climatogrammes dans ton cahier.

Données pour le climatogramme 1

	J	F	M	A	M	J	J	A	S	O	N	D
température en °C	-26	-25	-20	-12	0	5	9	8	6	0	-10	-20
précipitations en mm	10	8	10	10	20	28	35	45	40	36	30	20

Données pour le climatogramme 2

	J	F	M	A	M	J	J	A	S	O	N	D
température en °C	-8	-9-	-2	5	13	18	21	20	15	9	2	-7
précipitations en mm	90	70	80	85	85	95	100	85	95	85	95	85

Données pour le climatogramme 3

	J	F	M	A	M	J	J	A	S	O	N	D
température en °C	12	14	18	22	26	28	28	29	26	22	18	13
précipitations en mm	3	2	1	3	12	5	3	13	11	3	2	2

b) reproduis le tableau ci-dessous dans ton cahier. Complète-le en répondant aux questions qui suivent:

	Climatogramme 1	Climatogramme 2	Climatogramme 3
température annuelle moyenne			
amplitude thermique annuelle			
précipitations annuelles			
climat			
ville			

— Calcule la moyenne de température annuelle de chacune des villes.

— Calcule l'amplitude thermique annuelle de chacune des villes.

— Calcule le total des précipitations pour chaque ville.

— Identifie le climat correspondant à chacun des climatogrammes.

— Associe à chacun des climatogrammes l'une des villes suivantes: Montréal (45° N), Tamanrasset (23° N), Ivujivik (63° N).

Affluent: cours d'eau qui se déverse dans un autre. Ex.: La rivière Saint-Maurice est un affluent du fleuve Saint-Laurent.

Agglomération: ensemble formé d'une ville et des villes de banlieue qui l'entourent. Ex.: L'agglomération montréalaise comprend Montréal et sa banlieue.

Agriculture commerciale: forme d'agriculture fortement mécanisée dans laquelle l'ensemble de la production est vendu afin de réaliser un profit. Ex.: La culture du blé dans l'Ouest du Canada relève de l'agriculture commerciale.

Agriculture de subsistance: forme d'agriculture dans laquelle l'ensemble de la production sert à nourrir ceux qui la pratiquent. Ex.: Dans les pays du tiers monde, une grande partie de la population pratique cette forme d'agriculture.

Agriculture familiale: forme d'agriculture dans laquelle seuls les surplus sont vendus, la plus grande part de la production servant à nourrir ceux qui la pratiquent.

Alizé: vent constant qui souffle des tropiques vers l'équateur.

Alluvion: dépôt de sédiments transportés par les cours d'eau. Ex.: La boue déposée par une rivière forme un alluvion.

Altitude absolue: hauteur d'un lieu mesurée par rapport au niveau moyen de la mer. Ex.: Le mont Everest a une altitude de 8845 mètres.

Altitude relative: hauteur d'un lieu mesurée à partir d'un point de référence autre que celui du niveau moyen de la mer. Ex.: Quand on mesure la dénivellation d'une pente de ski (différence de hauteur entre la base et le sommet), on obtient son altitude relative.

Amplitude thermique: écart entre la température la plus haute et la plus basse. Ex.: Si la température de la nuit est de 10 °C et celle de midi de 22 °C, l'amplitude est de 12 °C.

Anémomètre: instrument servant à mesurer la vitesse du vent et dont l'unité de mesure est le km/h.

Animisme: croyance qui consiste à attribuer une âme aux choses. Ex.: Croire que la mer est habitée par une puissance divine relève de l'animisme.

Anticlinal: partie haute d'un pli. Ex.: Le sommet d'une montagne est un anticlinal.

Astéroïdes: débris rocheux formant une ceinture entre Mars et Jupiter.

Astre: tout corps céleste. Ex.: La Terre est un astre; le Soleil aussi.

Atlas: recueil de cartes géographiques.

Atmosphère: couche gazeuse, constituée surtout d'oxygène et d'azote, qui entoure la Terre.

Austral: qui est situé au sud (synonyme de méridional). Ex.: L'Antarctique est le continent le plus austral de la Terre.

Axe des pôles: ligne imaginaire autour de laquelle tourne une planète.

Azimut: angle formé par la direction du Nord magnétique et une direction quelconque.

Baromètre: instrument gradué servant à mesurer la pression de l'air et dont l'unité de mesure est le kilopascal (kPa).

Basalte: roche ignée d'origine volcanique, formée de magma durci rapidement.

Bassin hydrographique: région drainée par un réseau hydrographique. Ex.: Le bassin hydrographique du Saint-Laurent s'étend des Grands Lacs à l'océan Atlantique.

Bassin sédimentaire: relief formé par l'accumulation des sédiments transportés par les agents d'érosion. Ex.: Les Prairies sont des bassins sédimentaires.

Biosphère: ensemble de tous les organismes vivant sur la Terre. Ex.: Les plantes, les animaux et les humains appartiennent à la biosphère.

Blizzard: vent glacial souvent accompagné de neige et provenant des régions polaires.

Boréal: qui est situé au nord (synonyme de septentrional). Ex.: L'océan Arctique est situé dans l'hémisphère boréal de la Terre.

Bouclier: relief de moyenne altitude formé de roches ignées et constituant la base de tous les continents. Ex.: Les Laurentides font partie du Bouclier canadien.

Bouddhisme: doctrine religieuse fondée sur l'enseignement de Bouddha, visant l'atteinte d'une sérénité éternelle appelée nirvāna.

Boussole: instrument d'orientation composé d'une aiguille aimantée dont la pointe indique la direction du Nord magnétique.

Brûlis: terrain dont on a brûlé la végétation pour le défricher ou pour rendre le sol plus fertile. Ex.: La culture sur brûlis se pratique, entre autres, en Amazonie.

Calcaire: roche sédimentaire formée de débris d'origine organique.

Canyon: vallée profonde creusée en escalier par un cours d'eau.

Carte: représentation plane de la totalité ou d'une partie de la surface de la Terre.

Carte hypsométrique: carte sur laquelle l'altitude est donnée par le procédé des teintes.

Carte routière: représentation du système routier et des localités d'un territoire.

Carte topographique: représentation à grande échelle du relief et des formes d'occupation du sol d'un territoire.

Cercle polaire: chacun des parallèles situés à 66° 33′ de l'équateur et délimitant les zones froides.

Cercle polaire antarctique: cercle polaire située à 66° 33′ de latitude sud.

Cercle polaire arctique: cercle polaire situé à 66° 33′ de latitude nord.

Chaîne de montagnes: relief formé d'une succession de montagnes. Ex.: Les Appalaches forment une chaîne de montagnes.

Chott: bassin formant temporairement un lac salé dans le désert.

Christianisme: doctrine religieuse fondée sur l'enseignement de Jésus-Christ, reconnu par les chrétiens comme le Messie promis aux juifs et comme le fils de Dieu.

Climat: ensemble des conditions du temps dans une région au cours d'une longue période. Ex.: Le Québec a un climat continental, Vancouver, un climat océanique.

Climat continental: climat caractérisé par de grands écarts de température, une pluviosité plus ou moins régulière et quatre saisons distinctes.

Climat désertique: climat caractérisé par une sécheresse constante.

Climat équatorial: climat de régions situées le long de l'équateur, caractérisé par une température élevée et peu variable, et des pluies abondantes.

Climat méditerranéen: climat caractérisé par un été sec et un hiver doux et pluvieux.

Climat océanique: climat caractérisé par de faibles écarts de température et une pluviosité abondante.

Climat polaire: climat caractérisé par un été court et sec, et un hiver long et rigoureux.

Climat tropical: climat de régions situées entre les tropiques et l'équateur, caractérisé par une saison sèche et une saison humide.

Climatogramme: graphique illustrant les variations moyennes de température et de précipitations d'un lieu.

Climatologie: science qui étudie les climats.

Clinomètre: instrument mesurant l'inclinaison du sol.

Colline: relief de faible altitude de forme arrondie. Ex.: Le mont Royal est une colline.

Condensation: phénomène par lequel un gaz ou une vapeur augmente de densité. Ex.: La vapeur d'eau se condense pour former les nuages.

Continent: vaste étendue de terre entourée d'eau. Ex.: L'Afrique est un continent.

Conurbation: région urbanisée formée de plusieurs agglomérations reliées les unes aux autres par des voies de communication. Ex.: Boston, New York, Philadelphie forment une conurbation.

Convection: voir courant de convection.

Coordonnées: ensemble de nombres ou de lettres permettant de donner la position d'un point dans un espace.

Coordonnées alphanumériques: coordonnées constituées d'une lettre et d'un nombre correspondant à des espaces délimités par des lignes horizontales et verticales sur une carte. Ex.: Sur la carte routière du Québec, Rimouski est situé à F 22.

Coordonnées géographiques: coordonnées donnant la latitude (parallèle) et la longitude (méridien) d'un lieu. Ex.: Saint-Pétersbourg est situé à 60° N 30° E.

Coordonnées topographiques (ou militaires): coordonnées constituées de quatre ou six chiffres correspondant à des lignes horizontales et verticales sur une carte topographique. Ex.: L'école est située à 2542.

Cordon littoral: bande de sable construite par les courants marins côtiers.

Cosmopolite: se dit d'une ville où vivent des citoyens d'origine ethnique différente. Ex.: Montréal est une ville cosmopolite.

Cosmos: voir Univers.

Cote d'altitude: nombre donnant l'altitude d'un lieu sur une carte topographique.

Coupe topographique: dessin illustrant le profil d'un relief.

Courant de convection: mouvement ascendant du magma se produisant à l'intérieur du manteau sous l'effet de la chaleur interne de la Terre.

Courant marin: mouvement d'une masse d'eau froide ou chaude se déplaçant à faible profondeur sous l'effet du vent, des différences de densité et de température, et de la rotation terrestre. Ex.: Le courant froid du Labrador influence le climat du Québec.

Courbe de niveau: ligne joignant les points ayant la même altitude sur une carte topographique.

Courbe intermédiaire: courbe de niveau apparaissant par groupe de quatre entre les courbes maîtresses, dont elle se distingue par son trait plus fin.

Courbe maîtresse: courbe de niveau, généralement cotée, apparaissant à toutes les cinq courbes; son trait est un peu plus épais que celui de la courbe intermédiaire.

Croissance démographique: augmentation de la population. Ex.: L'Afrique a une croissance démographique élevée.

Croûte continentale: partie de la lithosphère formée par les continents.

Croûte océanique: partie de la lithosphère formée par les fonds marins.

Croûte terrestre: voir lithosphère.

Crue: élévation du niveau des eaux.

Culture sur brûlis: voir brûlis.

Cycle de l'eau: ensemble des phases de la circulation de l'eau de la Terre vers l'atmosphère, comprenant l'évaporation, la condensation, les précipitations et le ruissellement.

Débit: quantité d'eau qui s'écoule en une seconde en un point donné. On l'exprime en mètres cubes par seconde. Ex.: Le Saint-Laurent a un débit moyen de 5000 m³/s près de Montréal.

Décalage horaire: différence d'heures entre un lieu et un autre. Ex.: Montréal et Paris ont un décalage de six heures.

Delta: accumulation d'alluvions à l'embouchure d'un fleuve qui le divise en plusieurs bras. Ex.: La ville de Vancouver est construite sur un delta.

Démographie: science qui étudie les populations et leur évolution.

Dénivellation: voir altitude relative.

Densité démographique: nombre d'habitants au kilomètre carré. Ex.: Le Québec compte 4,9 hab/km².

Densité de population: voir densité démographique.

Dérive des continents: déplacement des continents sous l'action des courants de convection du magma dans le manteau.

Dorsale océanique: grande chaîne de montagnes sous-marines formées par l'éruption du magma.

Dune: colline de sable édifiée par le vent. Ex.: Les dunes de sable font partie du paysage du Sahara.

Dynamisme interne: énergie produite par la chaleur interne de la terre et qui crée les reliefs de la planète. Ex.: Les montagnes et les volcans sont des manifestations du dynamisme interne de la Terre.

Échelle: rapport entre les dimensions d'une surface sur une carte et ses dimensions réelles.

Échelle de Richter: échelle comportant neuf degrés, qui permet de mesurer l'intensité (la magnitude) d'un séisme.

Échelle graphique: ligne graduée exprimant le rapport entre les dimensions d'une surface sur une carte et ses dimensions réelles.

Échelle numérique: fraction exprimant le rapport entre les dimensions d'une surface sur une carte et ses dimensions réelles.

Éclipse: disparition momentanée d'un astre par l'interposition d'un autre. Ex.: Le passage de la Lune entre le Soleil et la Terre cause une éclipse solaire.

Écorce terrestre: voir lithosphère.

Embouchure: endroit où un cours d'eau se déverse dans un autre.

Émigrant: personne qui quitte son pays pour aller vivre dans un autre.

Émigration: le fait de quitter un pays pour aller s'établir dans un autre.

Ensemble physiographique: grande étendue caractérisée par un même relief; les trois types d'ensembles physiographiques sont les chaînes de montagnes, les plateaux et les plaines.

Ensemble structural: grande étendue dont le relief résulte d'un même processus de formation; les trois types d'ensembles structuraux sont les chaînes de montagnes, les boucliers et les bassins sédimentaires.

Épicentre: point de la surface de la Terre situé à la verticale de l'hypocentre d'un séisme.

Équateur: parallèle d'origine séparant la Terre en deux hémisphères.

Équidistance: hauteur constante séparant les courbes de niveau sur une carte topographique.

Équinoxe: chacun des deux moments de l'année où la durée du jour est égale à celle de la nuit sur toute la Terre. Ex.: Les équinoxes se produisent en mars et en septembre.

Érosion: processus d'usure et d'aplanissement du relief.

Érosion fluviale: usure du relief sous l'action des eaux courantes.

Érosion glaciaire: usure du relief sous l'action des glaces.

Érosion marine: usure du relief sous l'action des vagues et des marées.

Espace rural: espace organisé caractérisé par une habitat dispersé et des activités surtout agricoles.

Espace urbain: espace organisé caractérisé par une forte concentration de la population et des activités économiques diversifiées.

Étiage: niveau le plus bas atteint par un cours d'eau.

Étoile: corps céleste lumineux. Ex.: Le Soleil est une étoile.

Étoile Polaire: étoile faisant partie de la constellation de la Petite Ourse, et dont l'alignement avec l'axe des pôles de la Terre indique le Nord géographique.

Évaporation: transformation d'un liquide en vapeur. Ex.: L'évaporation est la première phase du cycle de l'eau.

Exode rural: mouvement d'une population de la campagne vers la ville. Ex.: Depuis 50 ans, les industries ont entraîné un exode rural important au Québec.

Faille: cassure de la croûte terrestre.

Faille ascendante: faille caractérisée par une dénivellation montante.

Faille descendante: faille caractérisée par un affaissement.

Faille horizontale: faille sans dénivellation de terrain.

Faire le point: trouver l'intersection du parallèle et du méridien permettant de situer précisément un lieu.

Fjord: vallée glaciaire envahie par les eaux. Ex.: La rivière Saguenay est un fjord.

Fleuve: cours d'eau important alimenté par de nombreux affluents.

Fonction commerciale: rôle que joue un quartier dans lequel dominent les activités reliées au commerce. Ex.: Le centre-ville de Montréal a une fonction commerciale.

Fonction industrielle: rôle que joue un quartier dans lequel dominent les activités reliées à l'industrie. Ex.: Dans l'est de Montréal, les raffineries de pétrole sont situées dans un quartier à fonction industrielle.

Fonction résidentielle: rôle que joue un quartier dans lequel la densité de population est élevée.

Forêt boréale: forêt continentale peuplée uniquement de conifères. Ex.: La forêt de la Côte-Nord du Québec est une forêt boréale.

Forêt dense: forêt équatoriale caractérisée par sa végétation abondante et étagée. Ex.: La jungle est une forêt dense.

Forêt mixte: forêt continentale peuplée de conifères et de feuillus. Ex.: La forêt des Laurentides est une forêt mixte.

Fossé d'effondrement: affaissement causé par une faille descendante.

Fosse océanique: gorge très profonde résultant généralement du glissement des fonds marins sous la croûte continentale.

Fossile: empreinte d'un être vivant conservée dans une roche sédimentaire.

Foyer de population: région densément peuplée. Ex.: Le foyer asiatique est le plus grand foyer de population.

Fuseau horaire: portion du globe comprise entre deux méridiens distants de 15°, à l'intérieur de laquelle l'heure est partout la même. Ex.: Montréal et New York font partie du même fuseau horaire.

Galaxie: regroupement de milliards d'étoiles. Ex.: Notre galaxie est la Voie lactée.

Garrigue: type de végétation broussailleuse en climat méditerranéen.

Géographie: science qui décrit et explique les phénomènes physiques et humains de la Terre et leur interdépendance.

Girouette: instrument servant à déterminer la provenance du vent.

Glacier alpin (ou glacier de montagne): accumulation de neige et de glace sur les montagnes.

Glacier continental (ou inlandsis): accumulation de glace recouvrant le continent dans les régions polaires. Ex.: L'Antarctique est recouvert par un glacier continental.

Gorge: vallée étroite creusée par un cours d'eau.

Grande échelle: échelle permettant de reproduire avec détails une petite portion d'un territoire. Ex.: Un plan de ville est une carte à grande échelle.

Granite: roche ignée formée de magma solidifié. Ex.: Le Grand Nord québécois est constitué de granite.

Hémisphère: chacune des moitiés de la sphère terrestre. Ex.: L'équateur sépare la Terre en hémisphères Nord (boréal) et Sud (austral); le méridien de Greenwich sépare la Terre en hémisphères Est (oriental) et Ouest (occidental).

Hindouisme: religion fondée par Bhrama et pratiquée par la majorité des habitants de l'Inde.

Horizon: chacune des minces couches superposées qui composent le sol.

Humus: terre formée par la décomposition des végétaux.

Hydrosphère: ensemble des eaux constituant la partie liquide de la Terre. Ex.: Les mers et océans représentent la plus grande partie de l'hydrosphère.

Hygromètre: instrument mesurant l'humidité de l'air.

Hypocentre: foyer d'origine d'un séisme à l'intérieur de la Terre.

Iceberg: masse de glace détachée des glaciers continentaux, dans les régions polaires, et dérivant sur l'océan.

Ignée: voir roche.

Immigrant: personne qui vient s'établir dans un pays autre que son pays d'origine.

Immigration: le fait d'entrer dans un pays étranger pour s'y établir.

Inlandsis: voir glacier continental.

Intertropical: propre à tout ce qui est compris entre deux tropiques.

Inuit: Habitants des terres arctiques. Ex.: Les Inuit du Québec habitent au nord du 55e parallèle.

Irrigation: arrosage artificiel de terres asséchées.

Islam: religion fondée par Mahomet à la suite des révélations que lui a faites Allah (Dieu). Le Coran est le livre contenant ces révélations.

Judaïsme: religion issue d'Abraham, le père des juifs, et de Moïse, son législateur. Le livre sacré est la Bible.

Jungle: voir forêt dense.

Kilojoule: unité de mesure servant à déterminer la valeur énergétique des aliments.

Latitude: distance en degrés d'un lieu par rapport à l'équateur. Ex.: Le Québec est situé à 46° 30' de latitude nord.

Lave: roche en fusion éjectée par un volcan.

Légende: tableau explicatif des symboles d'une carte.

Lithosphère: partie solide du globe terrestre. On l'appelle aussi croûte terrestre ou écorce terrestre. Ex.: Les continents forment la partie visible de la lithosphère.

Littoral: zone de contact entre le continent et la mer.

Longitude: distance en degrés d'un lieu par rapport au méridien de Greenwich. Ex.: Durban a une longitude de 30° est.

Lune: satellite naturel de la Terre effectuant sa rotation en 29 jours 12 heures 44 minutes.

Magma: matière chaude et pâteuse constituant le manteau.

Manteau: couche intermédiaire du globe terrestre située entre l'écorce et le noyau.

Maquis: type de végétation composée de buissons et d'arbustes en climat méditerranéen.

Marée: mouvement montant (marée haute) et descendant de la mer (marée basse).

Méandre: sinuosité d'un cours d'eau.

Mer: vaste étendue d'eau salée, mais plus petite qu'un océan.

Mer bordière: mer située en marge d'un continent.

Mer continentale: mer située à l'intérieur d'un continent et qui communique avec l'océan par un détroit.

Mer fermée: mer située à l'intérieur d'un continent et qui ne communique pas avec l'océan.

Méridien: chacun des demi-cercles imaginaires joignant les deux pôles et servant à déterminer la longitude. Ex.: La ville de Sorel est située à 73° de longitude ouest.

Méridien de Greenwich: méridien choisi par convention pour jouer le rôle de méridien d'origine.

Méridien d'origine: méridien 0° divisant la Terre en hémisphères Est et Ouest, comptant 180 méridiens chacun.

Méridional: qui est situé au sud (synonyme de austral). Ex.: L'Inde fait partie de l'Asie méridionale.

Métamorphique: voir roche.

Météorisation: processus de désagrégation ou de décomposition des roches.

Météorisation chimique: décomposition causée par des agents chimiques. Ex.: La pollution de l'air altère la roche.

Météorisation mécanique: désagrégation causée par des agents physiques. Ex.: Le gel et le dégel fragmentent la roche.

Météorologie: science qui étudie les phénomènes atmosphériques tels que la température, la pression, les vents, les précipitations.

Méthode géographique: démarche propre à la géographie permettant de comprendre et d'expliquer des phénomènes géographiques.

Migration: déplacement de population d'un lieu vers un autre.

Migration internationale: déplacement de population d'un pays vers un autre.

Migration interne: déplacement de population d'une région à une autre à l'intérieur d'un même pays.

Minéraux: ensemble des éléments qui constituent les roches. Ex.: Le granite est composé de trois minéraux: le feldspath, le quartz et le mica.

Môle: partie de la lithosphère soulevée par des mouvements de faille.

Montagne: relief caractérisé par une altitude élevée, une grande dénivellation et des pentes fortes. Ex.: Les Rocheuses sont des montagnes.

Moraine: débris arrachés et entraînés par les glaciers.

Mosquée: édifice religieux des musulmans.

Mouvement apparent: illusion créée par la rotation de la Terre et donnant l'impression que le Soleil se lève et se couche.

Nappe phréatique: nappe d'eau souterraine.

Niveau de vie: évaluation des biens et services que permet de se procurer le revenu moyen des habitants d'un pays.

Niveau moyen de la mer: référence utilisée pour mesurer l'altitude du relief ou la profondeur des mers. Il correspond à 0 m.

Nomade: se dit d'un groupe humain en migration constante à la recherche de nouveaux pâturages ou de nouvelles terres de culture. Ex.: Les Masaïs et les Touaregs sont des nomades.

Nord géographique: direction cardinale correspondant à la convergence des méridiens aux pôles.

Nord magnétique: direction déterminée par l'aiguille aimantée de la boussole.

Noyau: partie centrale du globe terrestre.

Noyau externe: partie extérieure du noyau, à l'état liquide.

Noyau interne: partie centrale du noyau, à l'état solide.

Nuage: masse formée de gouttelettes d'eau ou de cristaux de neige ou de glace en suspension dans l'atmosphère.

Oasis: îlot de verdure dans le désert, lié à la présence de l'eau.

Occident: terme signifiant ouest.

Occidental: situé dans l'hémisphère Ouest. Ex.: Le Canada est situé dans l'hémisphère occidental.

Océan: très vaste étendue d'eau salée séparant les continents. Ex.: L'océan Pacifique est le plus grand des océans.

Orbite: trajectoire suivie par un astre autour d'un autre. Ex.: La Terre gravite autour du Soleil en décrivant une orbite elliptique.

Orient: terme signifiant est.

Oriental: situé dans l'hémisphère Est. Ex.: La Chine est située dans l'hémisphère oriental.

Oued: cours d'eau temporaire en climat désertique.

Parallèle: chacun des cercles imaginaires parallèles à l'équateur entourant la Terre et déterminant la latitude. Ex.: Montréal est situé à 40° de latitude nord.

Parallèle d'origine: parallèle 0° séparant la Terre en hémisphères Nord et Sud, comptant 90 parallèles chacun.

Parallèles fondamentaux: parallèles dont la situation est déterminée par les points des solstices et des équinoxes. Ex.: L'équateur, les tropiques du Cancer et du Capricorne, les cercles polaires arctique et antarctique sont les parallèles fondamentaux.

Pays: territoire habité par une nation.

Pays développé: voir pays industrialisé.

Pays en voie de développement: pays qui a une économie peu développée, une croissance démographique souvent rapide, et où le niveau de vie des habitants est peu élevé. Ex.: De nombreux pays d'Afrique et d'Amérique du Sud sont des pays en voie de développement.

Pays industrialisé: pays qui a une économie fortement industrialisée et où les habitants ont, dans l'ensemble, un niveau de vie élevé. Ex.: Le Canada, la France font partie des pays industrialisés.

Pente: inclinaison d'un terrain.

Pergélisol: couche profonde de sol gelée en permanence.

Petite échelle: échelle permettant de reproduire avec peu de détails un grand territoire. Ex.: La carte du Canada est une carte à petite échelle.

Pictogramme: dessin schématique servant à illustrer une réalité sur une carte.

Plaine: relief peu ondulé et de faible altitude. Ex.: Le fleuve Saint-Laurent coule dans une plaine.

Plaine abyssale: plaine située dans les grandes profondeurs marines.

Plaine inondable: rive subissant l'effet de la sédimentation fluviale à la suite d'inondations.

Plan de ville: représentation à grande échelle d'une localité, illustrant les voies de communications, les quartiers, les édifices publics et les espaces verts.

Planète: astre sans lumière propre qui gravite autour du Soleil. Ex.: Mercure, Vénus, la Terre sont des planètes.

Planisphère: reproduction plane de la Terre. Ex.: La carte du monde est un planisphère.

Plaque tectonique: chacun des grands fragments de l'écorce terrestre flottant sur le manteau et se déplaçant sous l'effet des mouvements de convection.

Plateau: relief peu ondulé, de moyenne altitude et dominant les environs. Ex.: Les Laurentides font partie d'un plateau.

Plate-forme continentale: zone située en bordure des continents, se prolongeant sous la mer à faible profondeur.

Pli: ondulation d'une couche de roches sédimentaires. Ex.: Les Rocheuses sont formées d'une succession de plis.

Plissement: structure de relief constituée d'un ensemble de plis et formant une chaîne de montagnes. Ex.: Les Andes sont un plissement.

Pluie de relief: pluie provoquée par le barrage d'une chaîne de montagnes qui force la vapeur d'eau à s'élever et à se condenser.

PNB: voir produit national brut.

Points cardinaux: directions déterminées par le mouvement apparent du Soleil, à partir desquelles il est possible de s'orienter. Ex.: Les points cardinaux sont le nord, le sud, l'est et l'ouest.

Points intermédiaires: points situés à mi-chemin entre les points cardinaux.: Ex.: Les points intermédiaires sont: le nord-est, le sud-est, le sud-ouest et le nord-ouest.

Prairie: formation végétale constituée d'herbes, propre au climat continental. La prairie est propice à l'agriculture et à l'élevage.

Précipitation: chute d'eau, solide ou liquide, sur le sol.

Pression atmosphérique: force exercée par le poids de l'air. Une basse pression est provoquée par une masse d'air ascendant, et une haute pression, par une masse d'air descendant.

Produit national brut (PNB): ensemble des biens et services produits par un pays au cours d'une année.

Projection: méthode de représentation de la surface de la Terre sur une carte géographique.

Quart monde: expression utilisée pour identifier certains pays très pauvres.

Rang: Mode de division des terres agricoles caractérisé par des lots de forme rectangulaire, alignés le long d'une route qui relie les fermes les unes aux autres.

Reg: Plaine désertique parsemée de cailloux.

Régime: débit moyen d'un cours d'eau dans une année.

Régime alimentaire: quantité d'aliments absorbés par un individu au cours d'une journée. Le régime alimentaire se mesure en kilojoules.

Relief: ensemble des inégalités du sol. Ex.: Une montagne, une vallée, une plaine constituent des formes de relief.

Repère de nivellement: cote d'altitude marquée sur le terrain et indiquée sur une carte topographique à l'aide des symboles RN ou BM.

Réseau hydrographique: ensemble de cours d'eau constitué d'un fleuve et de tous ses affluents.

Révolution: mouvement d'un astre autour d'un autre. Ex.: La Terre fait une révolution autour du Soleil en 365 jours 1/4.

Roche ignée: roche constituée de magma solidifié. Ex.: Le granite et le basalte sont des roches ignées.

Roche ignée extrusive: roche formée par la solidification rapide du magma à l'extérieur de la lithosphère. Ex.: Le basalte, qui provient de la lave volcanique solidifiée, est une roche ignée extrusive.

Roche ignée intrusive: roche formée par la solidification lente du magma à l'intérieur de la lithosphère. Ex.: Le granite, roche ignée intrusive, constitue la base de tous les continents.

Roche mère: couche rocheuse à l'origine de la formation du sol.

Roche métamorphique: roche transformée par la chaleur et la pression à l'intérieur de la lithosphère. Ex.: Le marbre, roche métamorphique, provient de la transformation du calcaire.

Roche sédimentaire: roche formée par l'accumulation de débris. Ex.: Le sable, l'argile et le sel sont des roches sédimentaires.

Rose des vents: figure circulaire en forme d'étoile, dont les pointes indiquent les points cardinaux et intermédiaires.

Rotation: mouvement d'un astre sur lui-même. Ex.: La Terre effectue sa rotation d'ouest en est en 23 h 56 min 4 s.

Saison: chacune des quatre parties de l'année déterminées par les équinoxes et les solstices.

Salinité: teneur en sel de l'eau de mer. Ex.: La salinité moyenne des océans est d'environ 35 g/l.

Satellite: corps céleste naturel ou artificiel gravitant autour d'une planète. Ex.: La Lune est un satellite de la Terre.

Savane: formation végétale constituée de hautes herbes, propre au climat tropical.

Sédentaire: se dit d'un groupe humain qui ne se déplace pas. Ex.: Au Sahara, les habitants des oasis sont sédentaires.

Sédiment: débris rocheux ou organique transporté et déposé par un agent d'érosion (eau, vent, glacier). Ex.: Les sédiments abondent dans les plaines.

Sédimentation: processus par lequel les débris se déposent et s'accumulent.

Sédimentation fluviale: accumulation de sédiments apportés par les cours d'eau. Ex.: Les deltas sont formés par la sédimentation fluviale.

Sédimentation marine: accumulation de sédiments apportés par la mer. Ex.: Le cordon littoral résulte de la sédimentation marine.

Séisme: secousse violente d'un point de l'écorce terrestre.

Septentrional: qui est situé au nord (synonyme de boréal). Ex.: L'océan Arctique borde la côte septentrionale du Canada.

Signe conventionnel: voir symbole.

Simoun: vent très sec et très chaud qui souffle dans le Sahara.

Sismographe: instrument détectant et enregistrant les mouvements de la croûte terrestre.

Site: emplacement choisi lors de la fondation d'une ville. Ex.: La ville de Québec a été érigée sur un site défensif.

Situation: position d'une ville par rapport à son environnement. Ex.: La ville de Montréal est située au carrefour de routes importantes.

Socle: voir bouclier.

Sol: couche superficielle de la croûte terrestre, de faible épaisseur, constituée de débris minéraux, végétaux et animaux.

Soleil: étoile de moyenne grosseur, noyau du système solaire, donnant chaleur et lumière à la Terre.

Solstice: chacun des deux moments de l'année où la différence entre la durée du jour et de la nuit est la plus grande. Ex.: Les solstices se produisent en juin et en décembre.

Source: origine d'un cours d'eau. Ex.: Les Grands Lacs sont la source du fleuve Saint-Laurent.

Steppe: formation végétale constituée de touffes d'herbe clairsemées en bordure des déserts.

Strate: couche sédimentaire formée par la superposition de débris.

Symbole: signe conventionnel utilisé sur une carte et servant à illustrer une réalité ou une idée.

Synclinal: partie basse d'un pli formant une vallée.

Système solaire: ensemble formé d'une étoile, le Soleil, des planètes qui gravitent autour et de leurs satellites.

Taïga: forêt continentale constituée de conifères clairsemés et de petite taille.

Talus continental: versant à forte pente reliant la plate-forme continentale à la plaine abyssale des océans.

Température: degré de chaleur plus ou moins grand de l'air. Ex.: Le thermomètre mesure la température.

Temps: état passager de l'atmosphère en un lieu donné. Ex.: Le temps qu'il fait à Montréal peut être différent de celui qu'il fait à Gaspé.

Terre: troisième planète du système solaire, composée d'une atmosphère, d'une lithosphère, d'une hydrosphère, d'une biosphère.

Thermomètre: instrument mesurant la température.

Tiers monde: voir pays en voie de développement.

Torrent glaciaire: cours d'eau formé par la fonte des glaciers.

Toundra: étendue constituée d'herbes, de mousses, de lichens et d'arbustes, typique des régions polaires.

Tremblement de terre: voir séisme.

Troc: activité économique caractérisée par l'échange direct d'un objet contre un autre. Ex.: Les Touaregs font du troc avec les habitants des oasis en échangeant du sel contre des dattes.

Tropique: parallèle situé à 23° 27′ de latitude passant par les points des solstices.

Tropique du Cancer: parallèle situé à 23° 27′ de latitude nord.

Tropique du Capricorne: parallèle situé à 23° 27′ de latitude sud.

Univers: ensemble de tous les corps célestes qui existent. On emploie aussi le terme cosmos.

Vague: ondulation créée à la surface de l'eau par le vent.

Vallée: dépression située entre deux élévations.

Vallée en auge: vallée à fond plat formée par les glaciers.

Vallée en berceau: vallée en U formée par le passage des glaciers.

Vent: déplacement d'une masse d'air entre deux zones de pression différente.

Village: concentration d'habitations en milieu rural.

Ville: concentration d'habitations plus importante que le village, où les habitants exercent des activités reliées au commerce, à l'industrie et à l'administration.

Voie lactée: nom donné à la galaxie dont nous faisons partie.

Volcan: relief créé par l'accumulation de lave et de divers autres débris provenant de la croûte terrestre et du manteau.

Zénith: point culminant de la course du Soleil. Ex.: À midi, le Soleil est à son zénith.

Zone chaude: zone climatique comprise entre le tropique du Cancer et le tropique du Capricorne.

Zone climatique: chacune des grandes divisions du globe terrestre présentant des traits climatiques communs.

Zone froide: dans l'hémisphère Nord, zone comprise entre le pôle Nord et le cercle polaire arctique; dans l'hémisphère Sud, zone comprise entre le pôle Sud et le cercle polaire antarctique.

Zone tempérée: dans l'hémisphère Nord, zone comprise entre le cercle polaire arctique et le tropique du Cancer; dans l'hémisphère Sud, zone comprise entre le cercle polaire antarctique et le tropique du Capricorne.

BIBLIOGRAPHIE

	Module 1	Module 2	Module 3	Module 4	Module 5
	Dossiers	Dossiers	Dossiers	Dossiers	Dossiers
Atlas des jeunes, Anvers, Chantecler, 1978, 166 p.	3	4	6	11	
BARTHÉLÉMY, Georgette, *La mer et ses secrets*, «Livres questions-réponses», Paris, Nathan, 1973, 71 p.				10	
BARTHÉLÉMY, Georgette, *La Terre et ses secrets*, «Livres questions-réponses», Paris, Nathan, 1975, 71 p.	2-3	4-5		9-10-11	
BEAUTIER, François, *Guide atlas du monde*, Paris, Hachette-Jeunesse, 1988, 75 p.				9-10-11	12-13
BLAIR, Calvin Leslie, SIMPSON, R.I., *Le paysage canadien*, Montréal, Éditions FM, 1974, 172 p.			8		
BLUM, Jamos K., *Le guide de l'atmosphère*, Laval, Intrinsèque, 1991, 141 p.				11	
BONSALL, G., *La météo*, «Qui? Pourquoi?», Anvers, Chantecler, 1973, 48 p.				11	
CARRIÈRE, Jean, *Atlas: monde, Canada, Québec*, Anjou, Centre Éducatif et Culturel, 1981, 82 p.	3	4	6	9-10-11	12
Le ciel, la Terre, les océans, «Sciences et techniques d'aujourd'hui», Paris, Larousse, 1985, 64 p.				9-10-11	
CLOUTIER, André, GRAF, Éric, VILLENEUVE, Michel, *Atlas thématique du Canada et du monde*, Montréal, ERPI, 1987, 185 p.	3	4	6	9-10-11	12
COLOMBO, Federica, DELFRATE, Maria Luis, SMIRAGLIA, Claudio, *Atlas du monde vivant*, Paris, Nathan, 1982, 110 p.				9-10-11	12-13
COUPER, H., MURTAGH, T., *Astronomie 90: planètes, étoiles et galaxies*, Paris, Deux coqs d'or, 1982, 64 p.	2-3				
DIXON, Dougal, CARLIER, François, *La géologie*, «Initiation à la science», Paris, Gamma, 1983, 38 p.				9	
DUCROCQ, Albert, *Le ciel*, Paris, Nathan, 1985, 59 p.	2-3				
DUCROCQ, Albert, *La vie de l'eau*, Paris, Nathan, 1983, 62 p.				10	
FORESTA MARTIN, Franco, *La planète Terre*, «Encyclopédie Pélican», Paris, GP Rouge et or — Pélican, 1986, 79 p.	2-3			9-10-11	12-13
GASCA, Luis, *En direct du futur*, Paris, Casterman, 1979, 192 p.	2-3				12

	Module 1	Module 2	Module 3	Module 4	Module 5
	Dossiers	Dossiers	Dossiers	Dossiers	Dossiers
GASCA, Luis, *La merveilleuse aventure de la Terre*, «Les chemins du savoir», Paris, Casterman, 1978, 192 p.				9-10-11	
GASCA, Luis, *Voyage dans les étoiles*, «Les chemins du savoir», Paris, Casterman, 1980, 192 p.	2-3				
GATLAND, Kenneth, *L'exploration de l'espace*, Paris, Bordas, 1984, 290 p.	2-3				
GERSI, Douchan, *La dernière grande aventure des Touaregs: expédition Tassili — Hoggar — Tombouctou*, Paris, Laffont, 1972, 280 p.					13
GILLOT-PÉTRÉ, Alain, DHONNEUR, Georges, *La météo et ses secrets*, Paris, Nathan, 1982, 72 p.				11	
GRAHAM, Harry, *La carte topographique: initiation à la lecture*, Montréal, HRW, 1977, 107 p.				9	
Le grand livre de la mer, «Grands livres de...», Paris, Deux coqs d'or, 1979, 350 p.				10	
Le grand livre de la Terre, «Grands livres de...», Paris, Deux coqs d'or, 1981, 336 p.				9-10-11	
Le grand livre du ciel tout en couleurs, «Grands livres de...», Paris, Deux coqs d'or, 1981, 384 p.	2-3				
Le grand livre du monde: dictionnaire géographique, Sélection du Reader's Digest, 1988, 735 p.	2			9-10-11	12
GRISEWOOD, John, BEAL, George, *Tout connaître*, Paris, GP Rouge et or — Pélican, 1986, 288 p.	2				
HALSTEAD, Lambert Beverly, *À la recherche du passé: la vie sur Terre, des origines aux premiers hommes*, Paris, Hachette-Jeunesse, 1984, 206 p.				9-10-11	12
IMBAR, Jean-Gérard, HUBERT, Jean-Louis, KOHLER, Pierre, *L'encyclopédie en bandes dessinées: l'Univers*, Paris, Auzou P., 1981.					
1. *Le maître des Xurs*	2-3				
2. *Les tigres galactiques*	2-3				
3. *Les sables d'Uracan*	2-3				
4. *Birabanor*	2-3				
5. *Objectif collision*	2-3				
IMBAR, Jean-Gérard, HUBERT, Jean-Louis, KOHLER, Pierre, *L'encyclopédie en bandes dessinées: notre planète, série 2*, Paris, Auzou P., 1981.					
1. *Apocalypse* (géologie)				9	
2. *Commando pollution* (météorologie)				11	
3. *Double menace* (océans/continents)			6	10	
4. *Un aller pour l'enfer* (cataclysmes)				9-10-11	
5. *Le défi du barbare* (pollution)				10-11	12

	Module 1	Module 2	Module 3	Module 4	Module 5
	Dossiers	Dossiers	Dossiers	Dossiers	Dossiers
JACQUES, Michel, *Mon atlas*, Montréal, HRW, 1980, 89 p.			6		
KLEEN, Martin L., CUNNIFF, Claire Cooper, *Air et eau*, « Qui ? Pourquoi ? » Anvers, Chantecler, 1979, 48 p.				10-11	
KRAFT, Maurice, *Volcans et dérive des continents : la Terre une planète vivante*, Paris, Hachette, 1978, 156 p.				9	
KRAFT, Maurice, *Volcans et éruptions*, « Le temps de la découverte », Paris, Hachette-Jeunesse, 1985, 90 p.				9	
LAMBERT, David, *La Terre et l'espace*, « Carrefour des connaissances », Paris, Gamma, 1981, 96 p.	2-3			9-10-11	12-13
LANCEAU, Catherine, *Atlas Jeunesse*, Paris, GP Rouge et or, 1979, 128 p.			6		
LAPOINTE-AUBIN, Monique, *La représentation du relief par la courbe de niveau*, Montréal, Éditions françaises, 1982, 40 p.				9	
MAYNARD, Christopher, *Les étoiles et les planètes à la découverte du ciel*, « Le jeune scientifique », London, Usborne, 1984, 32 p.	2-3				
Mon premier atlas, Paris, Nathan, 1977, 60 p.			6		
NEUKAMP, E., WALCH, D., *La météo et vous*, Paris, Hachette, 1991, 140 p.				11	
Le Nord du Québec, profil régional, Québec, Gouvernement du Québec, 1983, 184 p.				11	13
Notre planète la Terre, Paris, Hatier, 1979, 116 p.			6	10-11	12-13
La nouvelle géographie universelle illustrée, Paris, Deux coqs d'or, 1982, 408 p.					12-13
PELLANT, Chris, *La Terre : les origines de notre planète, les montagnes, les déserts, les océans, les fossiles et l'homme*, « Encyclopédie visuelle », Paris, Bordas, 1987, 208 p.	2-3			9-10-11	12
QUAYLE, Louise, *Le temps : comprendre les forces de la nature*, Laval, Intrinsèque, 1991, 129 p.				11	
ROBBIN, Irving, *Les régions polaires*, « Qui ? Pourquoi ? », Anvers, Chantecler, 1976, 48 p.					13
ROCHEGUDE, Anne, *Tarlift, fils de Touareg, au Sahel*, Paris, Larousse, 1983, 48 p.					13
Roches et minéraux, « Qui ? Pourquoi ? », Anvers, Chantecler, 1974, 48 p.				9	

	Module 1	Module 2	Module 3	Module 4	Module 5
	Dossiers	Dossiers	Dossiers	Dossiers	Dossiers
ROTH, Gunther, GILLOT-PÉTRÉ, Alain, *Guide de la météorologie*, Neuchâtel, Delachaux et Niestlé, 1984, 248 p.				11	
SAINT-YVES, Maurice, BROUILLETTE, Benoit, *Atlas Larousse canadien*, Montréal, Éditions françaises, 1990, 155 p.		4	6-7	9-10-11	12-13
SMIRAGLIA, Claudio, *Atlas illustré de la Terre*, Paris, Nathan, 1979, 110 p.	2-3		6	9-10-11	12-13
SAITOTI, Tepilit Ole, *Les Masaï*, Paris, Chêne/Hachette, 1989, 273 p.					12
SMIRAGLIA, Claudio, *Atlas Nathan*, Paris, Nathan, 1982, 128 p.			6	9-10-11	12-13
SMITH, Peter, *La Terre*, Paris, Armand Colin, 1987, 258 p.	2-3	4		9-10	
STURANI, Enrico, *Le grand livre de la géographie des hommes*, «Grands livres de...», Paris, Deux coqs d'or, 1980, 344 p.				9-10-11	12-13
SUTTON, Felix, *La Lune*, «Qui? Pourquoi?», Anvers, Chantecler, 1976, 47 p.	2-3				
SUTTON, Felix, *Notre planète*, «Qui? Pourquoi?», Anvers, Chantecler, 1972, 48 p.	2-3				11-12-13
SYMES, R.F., *Roches et minéraux*, «Les yeux de la découverte», Paris, Gallimard, 1988, 64 p.				9	
TAYLOR, Ron, *Cinquante questions sur notre planète*, «50 questions 50 réponses», Belgique, Hemma, 1983, 40 p.	1-2			9-10-11	
TOSELLO, Monique, *Les défis de l'océan*, Paris, Stock, 1989, 159 p.	10				
VERLET, Bruno, *Le Sahara*, «Que sais-je?», Paris, P.U.F., 1984, 128 p.				11	13
VICTOR, Paul-Émile, *Les pôles et leurs secrets*, «Livres questions-réponses», Paris, Nathan, 1982, 72 p.					13
WOODCOCK, Roy, *Volcans*, «Qui? Pourquoi?», Anvers, Chantecler, 1976, 48 p.				9	

SOURCE DES DOCUMENTS

Avertissement

Il a été impossible de retrouver certains propriétaires de droits d'auteur. Une entente pourra être conclue avec ces personnes dès qu'elles prendront contact avec l'Éditeur.

Nous tenons à remercier les personnes et les organismes qui nous ont gracieusement fourni des documents photographiques et cartographiques.

Page couverture: Sygma/Publiphoto; Bourseiller — Sygma/Publiphoto; J.L. Atlan-Sygma/Publiphoto; R. Poissant/Publiphoto; J. Lama/Publiphoto

p. 9 NASA; Gaston Côté; NASA; Planétarium de Montréal

p. 10 Gaston Côté; P. Brunet/Publiphoto; D. Ouellette/Publiphoto; Gaston Côté

p. 25 NASA; California Institute of Technology; Planétarium de Montréal

p. 40 Planétarium de Montréal; Gaston Côté; Gaston Côté; J. Boutin/Publiphoto; J. Boutin/Publiphoto; Pilloud — Jacana/Publiphoto; J. Boutin/Publiphoto

p. 55 Gaston Côté; Laurence/Publiphoto

p. 56 Laurence/Publiphoto; Gaston Côté; P.G. Adam/Publiphoto; Laurence/Publiphoto

p. 73 F. Jourdan — Explorer/Publiphoto; Gaston Côté

p. 90 © Worldsat International Inc., Miss., Ont., 1988

p. 91 Teyss/Publiphoto; NASA

p. 106 P.G. Adam/Publiphoto; Ministère des Transports du Québec, 1991

p. 127 CÉCM, 1987; Ministère de l'Énergie et des Ressources, photocartothèque québécoise, Q81544-90

p. 151 Francis Côté; Francis Côté; Gaston Côté

p. 152 Canapress; T. Campion — Sygma/Publiphoto; Francis Côté; F. Gohier — Explorer/Publiphoto

p. 201 Yvon Côté; André Bourgeois; E. Gebbardt — Mauritius/Réflexion; Gaston Côté

p. 231 Tibor Bognar/Réflexion; J.P. Danvoye/Publiphoto Pierre Brunet/Publiphoto; J.P. Danvoye/Publiphoto

p. 280 D. Alix/Publiphoto; J.P. Danvoye/Publiphoto

p. 281 G. Fontaine/Publiphoto; Van Phillips/Réflexion; Agence Tass; P. Ferron/Publiphoto

p. 320 Michel Gascon/Réflexion; Jocelyn Demers; Rolland Renaud

1	Francis Côté
2	Gaston Côté
3	Luce Goulet
4	M. Gabr/Publiphoto
5	J.P. Danvoye/Publiphoto
7	Gaston Côté
8	J.P. Danvoye/Publiphoto
9	M. Tremblay/Publiphoto
10	Observatoire du mont Mégantic, Université de Montréal
11, 12	Gaston Côté
15	Teyss/Publiphoto
16	G. Schiele/Publiphoto
17	Ministère de l'Environnement
18	A. Nogues — Sygma/Publiphoto
19	Martin Vermette
20	Gaston Côté
21	Gaston Côté
22	Hélène Létourneau
23	NASA
24	California Institute of Technology
27	Gaston Côté
28	NASA
30 à 33	NASA
34	Canada-France-Hawaii Telescope Corporation, Hawaii
35	Planétarium de Montréal
36	NASA
38	NASA
42	Francis Côté
43	NASA
45, 46	NASA
51	Gaston Côté
53	Explorer/Publiphoto
55	Gaston Côté
57, 58	Gaston Côté
61 à 65	Gaston Côté
85	Gaston Côté
96	P. Lorne-Explorer/Publiphoto
102	Gaston Côté
109	Claude Demers
110	M. Rousseau/Publiphoto
111	Francis Côté
118 à 120	Ministère des Transports du Québec, 1991
124 à 126	Ministère des Transports du Québec, 1991
130	Ministère des Transports du Québec, 1991
131	Map Copyrighted © Schwerdt Graphic Arts Ltd. (Map Art); Ministère de l'Énergie et des Ressources, photocartothèque québécoise, Q88803-81
133 à 135	Ministère des Transports du Québec, 1991
138	Énergie, Mines et Ressources Canada, 1988
139	CÉCM, 1987
142	CÉCM, 1987
144	CÉCM, 1987
147, 148	Énergie, Mines et Ressources Canada, 1988
149	Gaston Côté
153	CÉCM, 1987
156	CÉCM, 1987
157 à 162	CÉCM, 1987
165	CÉCM, 1987
166	Énergie, Mines et Ressources Canada, 1988

169	Association minière du Québec inc., Mine Minnova inc.
170	Gaston Côté
171	Laurent Duchastel
172, 173	Gaston Côté
174	Pierre Legault
175	Ministère du Loisir, de la Chasse et de la Pêche, photo: Fred Klus
176 à 180	Gaston Côté
189	Sygma/Publiphoto
190	K. et M. Krafft — Explorer/Publiphoto
191	Gaston Côté
193	F. Gohier — Explorer/Publiphoto
195	Francis Côté
197	Gaston Côté
198	Explorer/Publiphoto
199	Sygma/Publiphoto
200	Canapress
201	Krafft — Explorer/Publiphoto
203	K. et M. Krafft — Explorer/Publiphoto
206	Gaston Côté
207	André Bourgeois
208	Martin Vermette
209	Jocelyn Demers
210 à 212	Gaston Côté
213	F. Le Guen — Sygma/Publiphoto
214 à 216	Gaston Côté
217	Grand Canyon, chutes Sainte-Anne
218	Alain Thomas — Explorer/Publiphoto
219	Paul Monty
220	Claude Demers
222	Marcel Ladouceur
223, 224	Gaston Côté
226	Ted Romer/Publiphoto
227	Pierre Legault
228	Laurent Duchastel
229	Yvon Rolland
230	Francis Côté
231	Pierre Legault
232	Alain Cornu/Publiphoto
233	Gaston Côté
234	Yvon Rolland
235	Énergie, Mines et Ressources Canada, Centre canadien de télédétection
236	De Wilde — Hoa-Qui/Publiphoto
237	Yvon Rolland
238	Gaston Côté
239	Sygma/Publiphoto
240	J. Patrick Forden — Sygma/Publiphoto
241, 242	Gaston Côté
243	G. Depairon/Publiphoto
244	Francis Côté
245, 246	Gaston Côté
248	Pierre Legault
254	J.P. Danvoye/Publiphoto
257	Luc de Tienda — D.P.P.I./Publiphoto
259, 260	Gaston Côté
263 à 268	Gaston Côté
269	Ministère du Tourisme du Québec, TQ 22-01-27
270, 271	Gaston Côté
273	Anne Gardon/Réflexion
274, 275	Guy Schiele/Publiphoto
278	Sheila Naiman/Réflexion
279	MAPAQ, photo: C. Allard

OCÉAN ARCTIQUE

Mer de Beaufort

Baie de Baffin

Territoire de la fédération
Tungavik du Nunavut

Groenland / Kalaallit Nunaat
(Dan.)

Cercle polaire arctique

ALASKA
(É.-U.)

MCKINLEY
6194 m

Anchorage

Territoires
du Nord-Ouest

Territoire
du Yukon

Godthab / Nûk

ISLANDE
Reykjavik

Cercle polaire arc

Mer de Béring

Golfe de l'Alaska

CANADA

Manitoba

Baie
d'Hudson

Mer du Labrador

IRL

Îles Aléoutiennes (É.-U.)

Colombie-
Britannique

Alberta
Saskatchewan

AMÉRIQUE

Ontario

Québec

Terre-Neuve

OCÉAN

PORTUG

Vancouver

DU

Montréal
Ottawa
Toronto

Nouveau-
Brunswick

Île-du-
Prince-
Edouard

Nouvelle-Écosse

ATLANTIQUE

Archipel des Açores
(Port.)

NORD

Chicago

New York
Washington

Bermudes (R.-U.)

Madère (Port.)

San Francisco

ÉTATS-UNIS

Mer des Sargasses

Îles Midway (É.-U.)

Los Angeles

Miami
Nassau

Îles Canaries (Esp.)

Tropique du Cancer

MEXIQUE

Golfe du Mexique

La Havane

BAHAMAS

Laâyoune

SAHARA
OCCIDENTAL

Îles Hawaï (É.-U.)

Honolulu
MAUNA KEA
4206 m

CUBA

Guadalajara
Mexico

JAMAÏQUE
Belmopan Kingston

BELIZE

RÉPUBLIQUE
DOMINICAINE

HAÏTI
Port-
au-
Prince

Porto Rico (É.-U.)
Saint-
Domingue
San Juan

Guadeloupe (Fr.)
Martinique (Fr.)

MAURITAN
Nouakchott

CAP-VERT
Praia

SÉNÉGAL
Dakar

Banjul
GUINÉE-BISSAU
Bissau

GAMBIE
GUINÉE
Conakry

Acapulco de Juárez

GUATEMALA
Guatemala
EL SALVADOR
San Salvador

HONDURAS
Tegucigalpa

NICARAGUA
Managua

SIERRA LEONE
Freetown
Monrovia

Yamo
LIBÉRI

COSTA RICA
San José
PANAMA
Panama

Canal de
Panama

Mer des Antilles

GRENADE
Saint-Georges

BARBADE
Bridgetown

TRINITÉ ET TOBAGO
Port d'Espagne

VENEZUELA
Caracas

Georgetown
Paramaribo

GUYANE FRANÇAISE (Fr.)
Cayenne

ÎLES GALAPAGOS (Éq.)

COLOMBIE
Bogotá

GUYANA
SURINAME

Quito
ÉQUATEUR

AMÉRIQUE

Équateur

DU

PÉROU
Lima

SUD

BRÉSIL

Recife

Îles
Marquises

OCÉAN

SAMOA OCCIDENTALES
Apia

Îles
de la Société
Papeete

Îles
Tuamotu

PACIFIQUE

Lac
Titicaca

BOLIVIE
La Paz
Sucre

Brasilia

Rio de Janerio
São Paulo

TONGA
Nuku'alofa

POLYNÉSIE
FRANÇAISE

Tropique du Capricorne

Îles
Gambier

Îles
Australes

Île de Pâques / Rapa Nui (Chili)

CHILI

PARAGUAY
Asunción

URUGUAY
Montevideo

OCÉ

ATLANT

ACONCAGUA
6959 m

Cordoba
Rosario

Valparaiso
Santiago

Buenos Aires

Îles Tristan da Cunha (R.-

ARGENTINE

Îles Kermadec (N.-Z.)

Îles Falkland (R.-U.)

Géorgie du Sud (R.-U.)

BOSN.-HERZ.: BOSNIE-HERZÉGOVINE
LIECH.: LIECHTENSTEIN
LUX.: LUXEMBOURG
SLOV.: SLOVÉNIE

TERRE DE FEU
CAP HORN

Cercle polaire antarctique

Mer de Bellingshausen

Mer de Weddell

VINSON
5140 m

A

Mer d'Amundsen

1–	Alaska	26–	Michigan
2–	Washington	27–	Indiana
3–	Oregon	28–	Kentucky
4–	Montana	29–	Tennessee
5–	Idaho	30–	Alabama
6–	Nevada	31–	Ohio
7–	Californie	32–	Virginie Occidentale
8–	Wyoming	33–	Virginie
9–	Utah	34–	Caroline du Nord
10–	Arizona	35–	Caroline du Sud
11–	Dakota du Nord	36–	Georgie
12–	Dakota du Sud	37–	Maine
13–	Nebraska	38–	Vermont
14–	Colorado	39–	New Hampshire
15–	Nouveau-Mexique	40–	Massachusetts
16–	Kansas	41–	New York
17–	Oklahoma	42–	Connecticut
18–	Texas	43–	New Jersey
19–	Minnesota	44–	Pennsylvanie
20–	Wisconsin	45–	Maryland
21–	Iowa	46–	Delaware
22–	Illinois	47–	Rhode Island
23–	Missouri	48–	Louisiane
24–	Arkansas	49–	Floride
25–	Mississippi	50–	Hawaii